유아·놀이중심교육과정에 기초한

놀이의 의미 읽기

유아교육디자인연구소 지음

맘에드림

놀이의 의미 읽기

발행일	2021년 8월 30일 초판 1쇄 발행
	2025년 2월 1일 초판 2쇄 발행
지은이	유아교육디자인 연구소
발행인	방득일
편 집	박현주, 강정화
디자인	강수경
마케팅	김지훈

발행처	맘에드림
주 소	서울시 도봉구 노해로 379 대성빌딩 902호
전 화	02-2269-0425
팩 스	02-2269-0426
e-mail	momdreampub@naver.com

ISBN 979-11-89404-50-5 93370

놀이는 아이들에게 그들이 배우고 있는 것을 연습할 기회를 준다.

- 프레드 맥프릴 로저스(Fred McFeely Rogers) -

코로나19의 어려움 속에서
유아들과 함께 어렵게 피워낸
놀이 이야기

유아·놀이 중심의 '2019 개정 누리과정'이 도입된다는 소식은 긴 가뭄에 단비처럼 반가운 소식이었습니다. 유아들이 불투명한 미래에 보다 잘 적응하며 행복한 어른으로 성장하기 위해선 무엇보다 잘 놀아야 하기 때문입니다. '유아가 주도하는 놀이'가 유아교육에 새로운 바람을 일으키고, 유아와 교사 모두가 행복한 교육과정으로 탄생하기를, 우리 모두는 기대와 설렘으로 기다렸습니다.

그런데 느닷없는 코로나19 팬데믹이라니. 전국의 모든 유아가 교육기관에 등원조차 할 수 없는 초유의 사태가 발생하며, 놀이는커녕 교육의 일상을 마비시켜버렸습니다. 그나마 등원하는 날도 하루 종일 답답한 마스크를 착용해야 했고, 사회적 거리두기는 관계를 무너뜨리는 거리두기로 이어졌습니다. 어찌해야 하나? 놀이 중심을 적용하기도, 사회적 거리두기를 적용하기도 힘든 진퇴양난의 상황에서 유아들을 바라보는 우리 교사들의 마음은 착잡하기만 했습니다.

코로나19에 감염되는 것보다 발달의 결정적 시기인 유아기에 '놀이를 빼앗기는 것'이 더 무섭게 다가왔습니다. 수없이 고민에 고민을 거듭하던 우리는 걱정과 불안과 두려운 마음을 다잡고 결국 '놀이'를 선택했습니다. 사회적 거리두기가 엄중한 상황 속에서도 유아들은 여전히 푸른 하늘처럼 빛나는 표정으로 선생님들을 바라보며 놀이를 원했고, 교사들은 '사회적 거리두기'와 상충하는 '유아들의 간절한 바람' 사이에서 갈등했지만 유아들의 눈빛을 외면할 수 없었습니다. 놀이를 선택하는 과정은 유아들과 공유했고, 잘 놀려면 방역수칙을 더욱 잘 지켜야 한다는 공감대가 형성되었습니다. 지난 1년을 돌아보니, '함께 놀기 위해서는 절대 마스크를 벗으면 안 된다'는 무거운 약속도 스스로 철저히 지킬 만큼 '놀이'는 교사들뿐 아니라 유아들에게도 중요한 선택이었습니다.

코로나19로 인해 놀이 환경은 그 어느 때보다 열악해졌지만 유아들은 신나게 놀이를 하며 다양한 규칙을 만들었고, 여러 가지 놀이를 하면서 창작과 도전의 기회를 넓혀갔습니다. 전체가 아닌 3분의 1이나 3분의 2 등의 제한적인 등원 방법으로 인해 더 많은 또래 친구와 함께 놀이를 못하는 것을 아쉬워하면서도 유아들은 자신이 선택한 놀이에 집중하는 방법을 배우며 성장했습니다. 위축된 사회적 분위기 속에서도 유아들은 놀이를 통해 다양한 배움을 경험할 수 있었습니다.

그것을 가능하게 했던 힘은 무엇일까요? 놀이의 주도권을 과감하게 유아들에게 넘기고 '놀이의 흐름에 따라 어떻게 의미를 읽고 배움이 확장되도록 지원할 수 있을까?'를 끊임없이 고민한 교사들의 노력 덕분이 아니었을까요?

이 책은 그러한 교사들의 고민과 노력을 담아내고자 했습니다.

저자들은 유아교육 현장에서 오랜 시간 생활해온 교사들로, 3년 전부터 '유아교육디자인연구소'라는 이름으로 모여 교육의 방향과 내용에 대해 고민하고 연구하고 있습니다. 특히 지난 1년간은 함께 놀이를 고민하고 실천한 후, 각각의 놀이 사례들을 조명하고 분석하기를 반복하면서 놀이의 의미와 가치를 새롭게 발견하는 시간들이었습니다. 비록 부족한 부분은 많아도 함께 고민하고 성장했던 소중한 경험이기에, 지금도 홀로 고민하고 있을 선생님들과 다 같이 나누고자 책으로 엮게 되었습니다.

이 책에 제시된 사례들은 여러 교사가 함께 고민하고 적용한 놀이 에피소드

들입니다. 다른 놀이 사례에서 다룬 소재도 있고 비슷한 놀이 장면도 있지만, 기존의 사례에서는 충분히 볼 수 없어 아쉬웠던 '놀이 과정에서의 교사의 고민과 생각'을 담으려고 노력했습니다.

이 책에는 유아의 놀이 순간순간을 세심하게 들여다보고, 유아의 말 한마디 한마디에 귀를 기울이는 교사의 이야기가 있습니다. 진지함 속에서도 유머를 잃지 않고 유아와 함께 놀이하는 교사가 있습니다. 섣부른 개입보다 유아의 생각을 읽고 상호작용하는 교사가 있습니다. 놀이의 의미 읽기의 중요성을 알고 끊임없이 성찰하는 교사가 있습니다.

원고를 쓰면서 모두가 공감했던 것은 바로 그 '교사의 힘'이었습니다. '2019 개정 누리과정'에서도 교사의 역할을 강조하고 있는데, 놀이 에피소드 속에 드러난 우리의 민낯은 때로는 부끄럽고 때로는 뻔뻔하기도 합니다. '진짜 놀이'의 순도에 턱없이 모자라는 부족한 에피소드이기도 합니다. 그럼에도 놀이 속에 담긴 교육적 가치와 의미에 초점을 맞추어 고민한 우리의 흔적이 유아·놀이 중심 교육의 실현을 고민하는 현장의 누군가에는 조금이라도 의미 있는 시간을 제공하지 않을까 기대해봅니다.

세상에 완전히 같은 사람은 존재하지 않듯이 완전히 같은 놀이 역시 존재하지 않습니다. 유아의 성향에 따라 제각각 다르게 표출되는 놀이 사례를, 단순히 따라 하는 것보다는 전체 맥락을 들여다보고 놀이를 진행하는 '놀이쌤'의 고민과 생각을 짚으면서 읽기를 권합니다.

이 책을 쓰기까지 함께 고민하며 애써주신 맘에드림 방득일 대표님과 편집해주신 선생님들께 감사드립니다. 그리고 기꺼이 놀이 에피소드를 공유해 주신 강소연, 김수진, 김주리, 김현아, 남현희, 박보미, 박하늘, 성은비, 송숙진, 윤경희, 윤시연, 이정우, 임윤주, 채송은 선생님께 진심으로 감사드립니다. 더불어 놀이를 고민하며 '2019 개정 누리과정'을 실현하고자 부단히 애쓰고 노력하시는 이

땅의 모든 놀이쌤들을 진심으로 응원합니다.

코로나19 팬데믹이 끝나고, 푸른 하늘 아래 밝게 빛나는 얼굴과 힘찬 몸짓으로 마음껏 뛰노는 유아들의 웃음소리가 쩌렁쩌렁 울리는 날을 고대하며….

2021년8월

언제까지나 '놀이쌤'이고 싶은 저자 일동

차례

저자의 말 ● 006
참고 문헌 ● 400

PART 01
유아 놀이의 의미 읽기

01 유아에게 놀이는 '배움과 성장' 그 자체를 의미한다 ● 014 / **02** 유아는 무엇을 경험하며 어떻게 배우는가? ● 017 / **03** 교사의 놀이 신념이 중요한 이유 ● 022 / **04** 미래에 부응하는 놀이 ● 027

PART 02
짧은 에피소드 놀이에서 의미 읽기

내가 누구게? 가면 놀이 ● 032 / 너랑 나랑 집 만들기 ● 040 / 나만의 장난감 놀이 ● 050 / 무한 변신, 상자 놀이 ● 060 / 통통 튀는 공놀이 ● 070 / 하늘하늘 스카프 놀이 ● 078 / 빙글빙글 우산 놀이 ● 088 / 부릉부릉 자동차 놀이 ● 096 / 뚝딱뚝딱 자석블록 놀이 ● 104 / 높이 더 높이 점보 컵 놀이 ● 112 / 차곡차곡 종이컵 놀이 ● 120 / 슝슝 파라슈트 놀이 ● 128 / 알록달록 가을 놀이 ● 138 / 삐죽빼죽 모양 나라 ● 146 / 요술쟁이 비닐 놀이 ● 154 / 끈적끈적 테이프 놀이 ● 166

PART 03
긴 에피소드 놀이에서 의미 읽기

딩동딩동 실로폰 놀이 • 178 / 울퉁불퉁 돌멩이 놀이 • 190 / 영차영차 줄 놀이 • 200 / 나뭇잎은 내 친구 • 208 / 나풀나풀 보자기 놀이 • 218 / 가을 열매가 떼구루루 • 226 / 첨벙첨벙 바다 이야기 • 236 / 딴 딴딴딴 결혼식 놀이 • 246 / 호기심 팡팡 공룡 사파리 • 256 / 길이 필요해요 • 266 / 데굴데굴 구슬 놀이터 만들기 • 274 / 아기자기 캠핑 놀이 • 286

PART 04
의미 읽기를 통한 놀이와 활동의 연결

네 맘대로 세상을 칠해봐 • 302 / 바글바글 미용실에 손님이 몰려와요 • 314 / 아슬아슬 탑 놀이 • 326 / 놀이로 시작된 명화 감상 • 338 / 유치원과 집을 연결해주는 1미터 끈 놀이 • 348 / 과거와 미래가 연결되는 공룡 에듀테크 • 358 / 10층으로 꾸미는 겨울 놀이 이야기 • 368

PART 05
고민 풀고 놀이 풀고

Q1 어떻게 유아 놀이의 의미를 읽고 지원해야 할까요? • 380 / **Q2** 놀이 중 위험한 행동을 할 때 어떻게 대처해야 할까요? • 382 / **Q3** 놀이와 배움은 어떻게 연결할 수 있을까요? • 384 / **Q4** 놀이 중심 교육을 어려워하는 교사를 어떻게 도울 수 있을까요? • 386 / **Q5** 놀이 중심 교육에 대한 학부모 이해 교육, 어떤 방법이 있을까요? • 388 / **Q6** 항상 같은 놀이만 하는 유아, 어떻게 지원하면 좋을까요? • 390 / **Q7** 단순한 놀이가 반복될 때 어떻게 지원하면 좋을까요? • 391 / **Q8** 놀이와 생활교육은 어떻게 병행해야 할까요? • 392 / **Q9** 놀이와 활동은 어떻게 연결하면 좋을까요? • 393 / **Q10** 놀이를 하지 않는 유아에 대한 놀이 관찰 기록은 어떻게 해야 할까요? • 394 / **Q11** 어떻게 하면 놀이 자료를 적기에 지원할 수 있을까요? • 395 / **Q12** 유아들의 놀이 결과물은 어느 기간 동안 어떻게 전시하면 좋을까요? • 396 / **Q13** 등원하는 유아와 원격수업을 하는 유아 간 놀이를 어떻게 연결해주면 좋을까요? • 397 / **Q14** 원격수업은 어떻게 운영하고 있나요? • 398 / **Q15** 놀이 후 사후 놀이 이야기는 어떤 내용으로, 언제 공유하면 좋을까요? • 399

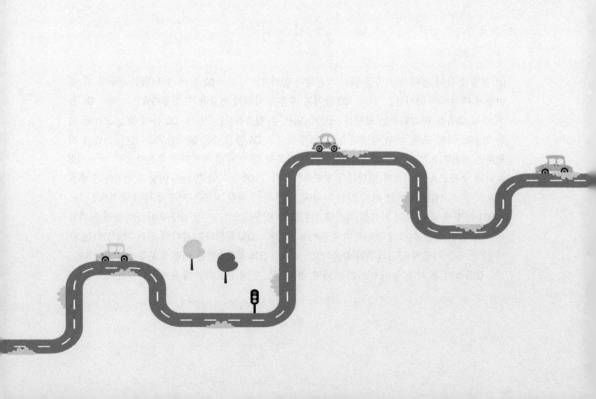

PART 01

유아 놀이의
의미 읽기

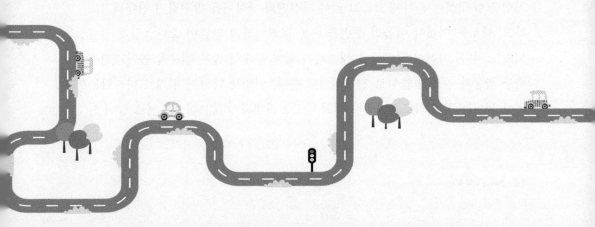

유아에게 놀이는
'배움과 성장' 그 자체를 의미한다

유아는 놀이를 통해 자신의 세계를 만들며 성장한다. 놀이 속에서 유아는 어른이 깜짝 놀랄 만한 상상력을 발휘하기도 하고, 자신을 둘러싼 주변 환경을 이해하며 스스로 문제를 해결하는 역량을 보이기도 한다. 유아는 놀이를 통해 사회가 필요로 하는 다양한 사회적 가치와 기술을 배우며 성장하는 것이다.

유아에게 놀이는 단순한 즐거움을 위한 분절적 행위가 아니라 끊임없이 배워나가는 성장 과정 그 자체이다. 놀이는 누군가로부터 배워야만 할 수 있는 특별한 능력이 아니라, 인간의 본능적 욕구를 기반으로 이루어지는 성장 과정이라는 점에 주목할 필요가 있다.

놀이는 유아의 특성에 따라 제각기 다른 방식으로 진행되고 표현되므로 어른의 눈에는 다양한 형태로 비친다. 유아의 놀이는 때로는 모노드라마의 연기자처럼 교실 구석에 혼자 웅크리고 앉아 자신만의 상상력을 발휘하며 진행되기도 하고, 때로는 여럿이 어울려 주변을 온통 무질서하게 만들며 소란스럽게 진행되기도 한다. 자신의 궁금증을 해결하기 위해 무수히 많은 질문을 쏟아내면서 탐구 활동과 접목된 놀이로 전개되기도 한다. 이렇듯 다양한 형태로 나타나는 유아 놀이는 결코 의도적이거나 계획적으로 진행되지 않는다. 그 예로 놀이 사례 하나를 들어보자.

블록 놀이에 몰두하던 유아가 갑자기 무슨 문제라도 있는 듯 손에 들고 있는 블록을 이리저리 살피며 고개를 갸우뚱했다. 그러고는 교실 한편에 있는 자료 바구니에서 나무젓가락을 들고 와 사다리를 만들기 시작했다. 유아는 사다리를 만들면서 "이제 공주를 구출할 수 있어."라고 혼잣말처럼 중얼거렸다. 젓가락으로 사다리를 만든 유아는 쌓아 올린 블록에 사다리를 세웠다. 그리고 다시 무언가 생각난 듯 초록색 끈과 종이를 이용해 젓가락으로 만든 사다리에 끈을 칭칭 감고 종이는 풀잎 모양으로 만들어 붙였다.

곁에서 유아를 유심히 관찰하던 교사가 물었다. "왜 젓가락 사다리를 감싸는 거니?" 그러자 유아는 마치 적군이 자신의 은밀한 계획을 듣기라도 하는 것처럼 선생님께 귓속말로 "이렇게 해야 적군에게 들키지 않아요. 이 사다리는 하늘에 닿을 정도로 높거든요!"라고 속삭였다.

얼마나 기발한 상상인가! 유아는 쌓기 놀이를 하던 중 자신이 쌓아 올린 블록을 보면서 높은 탑을 떠올렸고, 그 탑에 갇힌 공주를 아무도 모르게 탈출시킨다는 상상력을 실행에 옮긴 것이다.

이 이야기에서 알 수 있듯 유아에게 놀이는 자신만의 특별한 상상력을 실행에 옮길 수 있는 행복한 시간이다. 그런데 유아기의 전 과정에 걸쳐 진행되는 이러한 놀이들을 겉으로 나타나는 외형적 특성만을 보고 의미 없는 놀이로 단정 짓게 된다면 어떤 결과가 나올까?

놀이는 매일매일 반복되는 비슷한 행동으로 치부될 테고, 이는 결국 놀이 속에 담긴 교육적 가치와 배움의 소중한 기회를 유아로부터 빼앗는 안타까운 오류를 불러오게 될 것이다.

유아의 일상적인 놀이들은 동일한 놀잇감을 사용하기 때문에 언뜻 보면 비슷한 행동 패턴을 보인다. 그러나 조금만 자세히 들여다보면 유아는 어른이 미처 생각지 못하는 상상력을 동원하면서 다양한 형태의 놀이를 생성하는 중이며, 놀이 속에서 나름의 의미 있는 가치를 찾으며 보다 새로운 형태의 놀이들을 재창조해나가는 것을 발견할 수 있다. 유아에게 놀이는 자신만의 특별한 경험이면서 동시에 자신의 삶인 것이다.

유아의 놀이가 보다 유익한 방향으로 발전하기 위해서는 무엇보다 놀이에 대한 교사의 전문적 역량이 중요하다. 교사의 전문적 역량 강화는 놀이 중심 교육과정에서 줄곧 강조되어온 중점 과제이며, 동시에 놀이 중심 교육과정이 현장에 안착될 수 있게 하는 핵심이기도 하다. 즉 유아가 가지고 있는 탐구적 시선으로 놀이를 관찰하는 교사의 역할과, 놀이를 통해 표현하는 유아의 마음과 생각을 이해할 수 있는 교사의 역량은 결국 유아 놀이가 교육 현장에서 제대로 발현될 수 있게 하는 중요한 변수인 것이다.

유아는 무엇을 경험하며
어떻게 배우는가?

교사가 유아의 놀이를 관찰하고 그 놀이 속에 담긴 의미와 교육적 가치를 이해한다는 것은, 유아가 놀이를 통해 무엇을 경험하고 어떻게 놀이가 배움의 과정으로 발전하는지 이해한다는 뜻이다. 그러므로 교사는 유아 놀이를 온전히 이해하고 발전시킬 수 있도록 유아의 관점에서 놀이를 바라보고 놀이 속에 담긴 의미와 가치를 읽을 수 있어야 한다.

어느 날, 한 교사가 다음과 같이 놀이에 대한 어려움을 털어놓았다. 놀이 중심 교육과정을 이제 막 시작한 교사라면 누구나 공감할 수 있는 고민이다.

> "유아의 창의적 표현을 지원하기 위해서 새로운 놀이 자료를 제공해주었는데 교실 분위기가 너무 산만해졌어요. 놀이 자료를 용도에 맞게 사용하면 좋을 텐데. 교실이 너무 소란스럽고 지저분해서 언제까지 기다리고 수용해줘야 할지 잘 모르겠어요."

유아 중심, 놀이 중심을 핵심 키워드로 설정한 '2019 개정 누리과정'이 시행되자 교육 현장에서는 이를 제대로 실현하기 위해 많은 노력이 이어지고 있다. 그 과정에서 많은 교사들은 유아가 놀이의 주도권을 가지고 스스로 놀이를 선택했을 때 진정한 놀이가 이루어진다는 것을 깨닫게 되었다. 이는 놀이와 일의 경계를 구분 지을 경우 '선택'보다는 '즐거움'이 우선되어야 한다는 킹(King, 1982)의 연구를 경험으로 입증한 것이다.[1]

앞서 소개한 교사의 고민 사례와 관련하여 허트(Hutt, 1989)가 말한 놀이와 탐색의 차이를 살펴보는 것도 유아 놀이의 본질을 이해하는 데 도움이 될 것이다. 허트에 따르면, '탐색'은 대상이 가진 자극적 특성에 영향을 받은 유아의 호기심에 따라 행동이 일어나는 반면, '놀이'는 유아의 흥미와 요구에 영향을 받아 탐색된 대상을 활용하고자 하는 행동을 의미한다.[2] 가령 색연필에 대해 모르는 유아에게 이를 제공했을 경우를 생각해보자. 본래 용도를 모르는 유아에게 색연필은 무언가를 쓰는 도구가 아닌, 자신이 호기심을 갖고 탐색하는 대상일 뿐이다. 그러므로 유아는 색연필이라는 대상의 자극적 특징에 반응한 후 비로소 대상에 대한 탐색을 시작하게 된다.

허트는 사물에 대한 유아의 탐색이 놀이로 발전하는 과정에 대해 "이 물건은 무엇을 하는 것인가?"라는 호기심이 "이 물건으로 나는 무엇을 할 수 있을까?"라는 질문으로 바뀌는 과정이라고 설명했다.

이러한 '탐색'과 '놀이'의 특성을 이해하지 못하는 어른이 유아가 흥미를 갖고 몰입 중인 현재의 놀이에 섣불리 개입하여 놀이의 흐름을 중단함으로써 결국 유아의 훌륭한 탐구적 몰입을 방해하는 경우를 종종 볼 수 있다. 이는 자신이 생각하는 사물의 본래 용도와 다르게 유아가 놀이 자료를 나름대로 자유롭게 탐색하는 과정을 '틀렸다'라고 단정하기 때문이 아닐까?

....

1. 신은수 · 김명순 · 신동주 · 이종희 · 최석란, 『놀이와 유아』, 이화여자대학교출판부, 30쪽, 2004.

2. 앞의 책 35쪽

앞서 살펴본 허트의 설명처럼 사물이 지닌 고유의 기능을 무시하고 유아 스스로 상상력을 동원해 대상물을 활용하는 것은 지극히 자연스러운 일이며, 이는 유아에게 훌륭한 놀이와 배움의 시간이다. 그러므로 교사는 유아 스스로 자신만의 방식으로 자료를 탐색하고 활용하고 표현하는 것이 유아 놀이의 중요한 본질이라는 점을 인식해야 한다. 또한 유아가 놀이 자료를 충분히 탐색할 수 있도록 호기심을 자극하는 환경과, 놀이가 다음 단계로 발전할 수 있게 긍정적인 상호작용이 일어나도록 주의를 기울여야 한다.

다음 사례는 유아가 자신에게 주어진 재료를 어떻게 사용하는지와 함께 이를 관찰하는 교사는 유아와 어떤 상호작용을 해야 하는지를 보여주고 있다.

> 3세 유아 2명은 각자 직사각형의 파란색 '코끼리 코 악기' 하나씩을 들고 놀이에 열중하고 있다. 이때 유아들은 자신이 들고 있는 물건이 악기이고 그 악기의 이름이 무엇이며 어떻게 사용하는지 전혀 모르는 상태이다. 교사는 유아들이 어떻게 놀이를 이어가는지 관찰하기 시작했다.
>
> 악기를 들고 놀이하는 유아들은 악기 이름이나 사용 방법에는 관심조차 없다. 한 유아는 파란색 코끼리 코 악기를 가리켜 엉뚱하게도 덮고 자는 이불이라 부르면서 옆에 있는 짤막한 막대 하나를 가져와 바닥에 내려놓고는 그 위에 코끼리 코 악기가 이불이라도 된 것처럼 덮어주고 토닥거렸다. 또 다른 유아는 파란색 코끼리 코 악기를 '바다'라고 말하면서 악기를 좌우로 흔들고 구부리는 동작을 반복하며 재미있다는 듯 "바닷물이 출렁거린다!"라고 소리치고는, "구부리니까 소리가 나네? 파도 소리 같아!"라며 신기한 듯 이리저리 흔들고 구부리는 동작을 이어갔다.

두 유아는 각자 다른 상상 놀이를 하면서 동시에 서로 이야기를 주고받기도 했다. 이처럼 악기가 꼭 단순히 악기로만 쓰여야 하는 것은 아니지 않을까? 미지의 영역까지 무한대로 상상력을 확장시키는 유아들의 놀이 속에서 코끼리 코 악기는 이불도 되고 바다도 되는 등 또 다른 형태의 놀이로 유아들을 이끌어주는 즐거운 매개체가 되지 않았는가.

만약 이때 놀이를 관찰하던 교사가 놀이에 한창 몰두 중인 유아들에게 다가가 "지금 너희들이 가지고 노는 것은 이불이나 바다가 아니라 코끼리 코 악기란다. 이 악기는 이렇게 소리를 내는 거야."라고 하면서 악기의 구체적인 사용 방법과 기능을 설명한다면 유아들의 놀이는 어떻게 전개될까? 반대로 교사가 상상 놀이에 몰두하는 유아들의 모습을 충분히 관찰한 뒤 다가가서, "이 악기가 이불도 되고 바다도 되는구나. 그런데 재미있게 놀이한 이 악기 이름이 뭔지 아니? 왜 악기 이름이 코끼리 코일까."라고 말한다면 유아의 놀이는 어떻게 달라질까.

놀이 자료를 충분히 탐색하며 놀이에 몰입해 있던 유아들은 교사가 던진 질문으로 새로운 호기심을 갖게 된다. 유아의 새로운 호기심이 발생하는 이러한 순간은 악기가 새로운 형태의 놀이로 발전하는 전환점이 될 수도 있고, 악기 본연의 소리와 연주에 관심을 갖게 되는 동기부여로 작용될 수도 있다. 이렇듯 유아 놀이에서 재료에 대한 충분한 탐색의 기회와 유아 놀이를 인정하는 교사의 태도는 놀이를 유지하고 발전시키는 데 중요한 역할을 한다.

그렇다면 코끼리 코 악기로 상상 놀이를 펼친 유아들은 무엇을 경험하고 배웠을지, 배움의 관점에서 생각해보자. 유아들은 파란색의 길쭉한 직사각형 모양 악기를 직관적으로 바라보고 이불과 바다를 떠올렸다. 자신의 판단을 기준으로 친구와 어울려 이야기를 만들며 언어적 표현으로 상상 놀이의 세계에 몰입했고, 친구와 이야기를 주고받는 과정에서 상황에 적합한 단어를 선택하여 사용하려고 노력했다. 비록 악기 본연의 기능을 활용하지는 않았지만 유아들의 상상 놀이는 다양한 어휘를 사용하는 의사소통뿐 아니라 즐거움과 몰입을 경험하게 한 것이다.

즐거운 몰입은 놀이가 주는 최고의 선물이라는 점에서, 3세 유아들이 경험한 코끼리 코 상상 놀이는 악기의 사용 방법을 배우는 것보다 더 큰 의미와 가치가 있는 놀이 경험이라 할 수 있다.

따라서 교사는 유아의 놀이를 관찰하면서 유아가 놀이를 통해 무엇을 궁금해 하고, 자신의 방식으로 어떻게 배움을 경험하는지 놀이의 전체 맥락에서 이해해야 한다. 또한 교사는 놀이가 분절되지 않고 배움의 과정으로 자연스럽게 연계될 수 있도록 세심하게 배려해야 한다. 왜냐하면 앞선 놀이 사례에서 볼 수 있듯이 교사의 놀이 개입 시기와 유아와의 상호작용 방식에 따라 놀이의 교육적 효과가 크게 달라지기 때문이다.

교사의 놀이 신념이
중요한 이유

'2019 개정 누리과정'은 교육 구성원 모두가 참여하는 '함께 만들어가는 교육과정'으로서, 구성원 모두를 각각의 교육 주체로 본다는 점에서 큰 의미가 있다. 특히 '2019 개정 누리과정'은 교육과정의 운영 전반에서 교사의 자율성을 무엇보다 강조하는데, 이때의 자율성은 교사의 '책무성을 전제로 한 자유'를 뜻한다. 따라서 놀이 중심 교육과정을 실행하는 교사의 자율성과 책무성은 교사 개개인이 갖고 있는 교육적 신념에 따라 달라질 수 있음에 유의해야 한다.

교사가 어떠한 교육적 신념을 갖고 있느냐에 따라 놀이 중심 교육과정에 대한 해석은 달라질 수 있고, 교육과정의 운영 방식도 결정된다. 이 점이 바로 우리가 교사 개개인이 가진 교육적 신념에 주목해야 하는 이유다. 교사의 교육적 신념은 '2019 개정 누리과정'의 핵심 가치인 유아 주도의 놀이 중심 교육과정이 현장에서 올바로 실현되기 위한 열쇠라고 할 수 있다.

2020년 3월부터 '2019 개정 누리과정'이 시행되었지만 누구도 예상하지 못한 코로나19 팬데믹으로 인해 모든 유아가 교육기관에 등원조차 못하는 사상 초유의 사태가 발생했다. 이러한 돌발변수에 대처하는 일선 교육기관의 모습은 교사의 교육적 신념에 따라 교육과정이 얼마나 달라질 수 있는지를 보여주는 좋은 사례가 되었다.

예를 들어 코로나19 팬데믹이 끝나고 모든 유아가 등원해야 놀이 중심 교육과정을 운영할 수 있다고 믿는 기관과 교사라면 당연히 유아 놀이는 위축될 수밖에 없다. 전염병의 위험성을 강조하고 '사회적 거리두기'를 철저히 지켜야 하기 때문에 유아들은 개별 책상을 벗어날 수 없는 환경 속에서 놀이보다는 개인 활동 위주의 하루를 보내게 된다.

그러나 코로나19의 위험성을 넘어 유아의 놀이권과 놀이를 통한 유아의 발달을 더 중요하게 여기고, 놀이가 유아의 성장과 직결된다고 인식한 기관과 교사라면 상황은 달라진다. 실제로 방역과 위생관리를 철저히 하면서도 유아들이 즐겁게 놀이할 수 있도록 놀이 중심으로 다양하게 운영한 사례들을 만나볼 수 있다.

이들은 상황에 걸맞은 교육 환경과 교수 방법을 변화시키며 유아 놀이를 실현하고, 놀이에 대해 불안해하며 소극적 태도를 보이는 부모에게 놀이의 중요성을 이해시키면서 놀이 중심 교육과정을 실천하고 있다.

이렇듯 기관별, 교사별로 동일한 상황에 대처하는 차별적인 교육과정의 운영은 결국 교육 격차로 드러나고, 종국에는 유아 성장에 적지 않은 영향을 미치게 된다는 점에서 교사가 갖는 교육적 신념의 의미는 더욱 중요해진다.

신념은 사전적 의미에서 '사람의 가치관에 따라 나타나는 믿음의 형태'로서 자신의 믿음을 실현하려는 의지가 담겨 있다. 만약 교사가 유아는 스스로 지식을 구성하는 능동적 존재로 인식하는 신념을 가졌다면 유아 중심의 탐구와 놀이를 촉진하기 위해 노력할 것이다. 그러나 학습자인 유아가 교사로부터 지식을 수동적으로 받아들인다는 신념을 가진 교사는 전달식 교수법을 더 선호할 수 있다. 다시 말해 교사의 교육적 신념에 따라 유아에게 기대하는 반응이 다르고 그에 따른 교육적 행위도 달라지는 것이다. 이렇듯 교사의 신념은 교육 현장에서 구체적인 교육과정 운영으로 이어진다.

교사가 놀이 중심 교육과정을 어떻게 생각하고 있는지 알아보기 위해 다양한 경력의 교사에게 교육과정에 대한 자신의 생각을 단문의 글로 표현해보도록 했다. 그중 일부를 소개하고자 한다.

- 나에게 놀이 중심 교육과정이란 '즐거운 인내'이다. 유아들의 놀이를 기대하며 기다리는 시간이 즐겁기 때문이다.
- 나에게 놀이 중심 교육과정이란 '연필'이다. 연필은 많이 쓸수록 흔적이 남는다. 놀이를 많이 할수록 유아들의 놀이 흔적이 많아질 것이다.
- 나에게 놀이 중심 교육과정이란 '숙제'이다. 어렵지만 잘 풀고 싶은 과제이기 때문이다.
- 나에게 놀이 중심 교육과정이란 '점토'이다. 누구와 어떻게 하느냐에 따라 교육과정의 형태와 질이 달라지기 때문이다.

교육적 신념은 교사 개인의 사고 형성에 영향을 줄 뿐 아니라 교육과정의 전반에서 다양한 의사결정과 유아 놀이의 방향, 그리고 교수 행위 등에 영향을 미치는 중요 요인이다. 놀이 중심 교육과정을 '숙제'라고 말한 경우처럼 마치 하고 싶지 않은 숙제를 억지로 하는 교사보다는 어렵지만 좋은 결과를 얻기 위해 잘 풀고 싶은 숙제로 생각한 교사가 유아 주도의 놀이에 도전할 수 있는 여지가 높은 것이다.

그렇다면 교사는 어떠한 교육적 신념을 세우고 어떻게 자신의 신념을 교육 현장에서 실현할 것인가? 당연한 말이지만 교육적 신념에 대한 획일화된 표준은 필요하지 않을뿐더러 현실적으로 존재할 수도 없다. 다만, 교육을 공적 개념으로 이해하고 유아 중심 교육과정이 추구하는 방향을 고려한다면, 이를 현장에서 구현해야 하는 교사는 자신의 신념을 세울 때 유아를 존중하고 신뢰하는 것으로부터 출발해야 할 것이다.

독일의 뇌 과학자 게랄트 휘터(Gerald Huether, 2019)는 복잡한 21세기를 살아나가는 데 필요한 가치는 인간의 '존엄'이라고 하면서 그 존엄은 '우리에게 중

요한 것이 무엇인가?'를 성찰하는 과정에서 형성된다고 했다.[3]

　그러므로 교육적 의사결정과 교수 행동에 영향을 주는 신념을 구축하기 위해서 교사는 교육의 본질과 인간 존엄성에 대한 사유를 통해 스스로에게 성찰적 질문을 해야 한다. 자신의 교육적 신념을 세우고 실현하기 위해 교사는 이전보다 더 민감하게 유아를 관찰하고 그들의 소리에 귀 기울여야 한다. 그래야만 학습자 중심으로 변화하는 교육적 요구와 흐름에 적합한 교육적 신념을 세울 수 있다.

현장에서 유아들에게 가장 많이 듣는 불만을 살펴보자.

　"선생님, 더 놀고 싶어요."
　"오늘은 바깥 놀이 오랫동안 하면 안 돼요?"
　"복도에서 놀면 왜 안 되는데요?"
　"우리가 블록으로 만든 것 정리하지 않으면 좋겠어요."

유아들은 자신의 입장에서 이해되지 않고 불만스러운 사안에 대해 끊임없이 교사에게 말한다. 이에 대해 교사들은 보통 놀이 시간과 정리 시간은 이미 규칙으로 정해져 있다면서 유아들에게 규칙을 다시 한번 설명하고, 규칙을 지키지 않았을 때의 안전상 위험을 알려주면서 대화를 마무리한다. 결국 유아들의 의견은 정해진 규범 속에 묻히게 되고 교사는 아무런 문제의식 없이 교육 현장에서 이를 되풀이하게 된다.

　이와 반대의 상황을 가정해보자. 유아들의 제안이나 불만을 기존의 규칙에 얽매여 일방적으로 결론을 내리는 대신 다음과 같은 질문을 스스로에게 하는 것이다.

．．．．．．．．．．．．．．．．．．．．．．．．．．．．．．
3. 게랄트 휘터, 『존엄하게 산다는 것』, 인플루엔셜, 71쪽, 2019.

'유아는 왜 계속해서 놀이하기를 원할까?'

'유아에게 충분한 놀이 시간이란 무엇을 의미하는가?'

'복도가 이동하는 통로가 아닌 놀이 공간이 될 수는 없을까?'

'유아들이 협력하여 만든 블록의 결과물을 정리하는 대신 전시를 한다면 이후 놀이는 어떻게 발전할까?'

이렇게 성찰하는 교사는 무언가를 가르치고 이해시켜야 교실의 질서가 유지된다고 생각하여 일방적으로 결정을 내리는 대신, 유아의 이야기를 듣고 유아와 함께 문제를 고민하게 된다. 유아가 기존의 규칙을 지키고 교사의 생각을 따라와 주기를 바라기보다는 유아 스스로 행동을 조절하고 통제할 수 있는 능력을 키울 수 있도록 유아들 각자에게 기회를 제공하려고 노력한다. 이러한 교사의 태도와 노력은 유아가 주도하는 놀이를 긍정적으로 지지하고 강화하게 되고, 놀이를 통해 유아들의 배움과 성장을 경험한 교사는 자신의 신념을 견고히 하게 된다.

스스로를 돌아보자. 나는 어떤 신념을 갖고 있는가? 유아에 대해 진심으로 '놀이를 통해 스스로 배우고 성장하는 유능한 존재'라고 생각하고 신뢰하고 있는가?

교사의 신념은 교사 개인의 영역으로만 바라볼 수는 없지 않을까? 신념에 따라 교육과정의 실제 운영이 좌지우지된다면 그것은 개인의 영역을 넘어 사회적 책임으로 함께 고민할 과제이다. 사회적 관점으로 본다면, 교사 개인의 교육적 신념은 결국 사회가 지향하는 가치와 부합해야 하는 것이다. 따라서 교사는 우리의 교육이 지향하는 교육의 본질과 방향, 함께 만들어가는 교육과정을 올바로 이해해야 하며, 이를 기반으로 바람직한 교육적 신념을 세워야 한다. 자신의 신념이 어떻게 유아 놀이 속에서 실현되어 나아갈 것인지에 대한 깊은 성찰이 필요하다.

미래에
부응하는 놀이

2016년 다보스 포럼에서 논의된 '4차 산업혁명'은 이제 우리에게 익숙한 용어가 됐다. 물리적, 생물학적 경계가 사라지고 기술 융합과 초연결 시대가 도래하며, 이에 따라 산업구조는 거대한 변화를 겪게 될 것이라는 전망은 더 이상 먼 미래의 이야기가 아니다. 옥스퍼드대학교 마틴 스쿨(Martin School)에서는 우리가 영위하는 현재의 직업 중 47%가 20년 이내에 사라질 것이라고 했고, 그 예측은 하나 둘 우리 앞에 현실로 나타나고 있다. 평생 한가지 직업에 종사하는 평생직장의 개념은 사라지고 자신의 의지에 따라 자유롭게 직업을 개척하는 잡노마드(job namad)라는 새로운 용어의 등장과 함께 직업의 개념도 바뀌고 있다. 이렇듯 불확실한 시대에서 인류 앞에 등장한 코로나19라는 돌발변수는 4차 산업혁명에 가속도를 붙이며 우리들 삶의 모습을 더욱 빠르게 변화시키고 있다.

현재의 유아가 어른이 되는 20년 뒤의 사회는 어떤 모습일지 상상이 되는가? 하루가 다르게 급변하는 현재를 볼 때, 미래사회를 정확하게 예측하기는 어려울 것이다. 다만 분명한 것은 사회 전반적으로 지금과는 상이하게 달라질 미래사회에 적응하기 위해서는 어떤 교육이 필요하며, 우리는 어떻게 현재의 유아들에게 미래를 준비할 수 있는 기회를 제공할 것인지 고민해야 한다는 것이다.

이에 대해 OECD 교육 2030 학습 프레임워크는 현재의 유아들이 지금과는 현저히 달라져 있을 세상에 적응하는 방안으로 '역량' 함양을 교육의 방향으로 제시하고 있다. 유아들이 미래 사회를 살아가기 위해 필요한 다양한 역량 중 '긴장과 딜레마에 대처하는 역량'에 주목해보자. 코로나19와 같은 위기 상황과 예측 불가한 상황에 적응하기 위해서는 위기 대응과 적응력, 공감하고 함께 공존하기 위한 책임의식 등이 필요하다. 그러나 이전과 같이 교사가 사전에 계획하고 준비한 교육과정으로는 유아들에게 긴장과 딜레마 상황에 대처하고 자유로운 환경에서 스스로 책임감을 배우며 그 속에서 새로운 가치를 창출할 수 있는 교육을 제공하는 데는 한계가 있다.

따라서 교사는 미래 사회가 요구하는 교육의 방향을 인식하고 '유아 주도'의 놀이로 배움을 구현함으로써 유아들이 앞으로 살아가는 데 필요한 역량을 갖출 수 있도록 지원해야 한다. 현명한 교사라면 무엇보다 '놀이'의 역할이 더욱 중요해졌음을 알 것이다.

유아가 놀이를 주도적으로 하기 위해서는 무엇보다 자발적 참여가 필요하다. 이를 위해 교사는 놀이의 의미 읽기를 통해 유아의 내적동기를 이해하고 흥미를 지지해줌으로써 유아가 능동적으로 놀이에 참여할 수 있도록 놀이 환경을 조성해야 한다. 내적동기를 갖고 있는 유아는 놀이 자체를 즐긴다. 유아의 호기심을 자극하고 내적동기를 유발하기 위해서는 놀이의 특성에 따라 다양한 놀이 공간을 지원해주고, 새로운 놀이 자료를 추가해주며, 때로는 적극적인 상호작용으로 놀이를 지원해주기도 해야 한다.

흥미롭고 재미있는 놀이 공간은 즐거운 도전과 함께 놀이를 이어가고 싶은 욕구를 갖게 한다. 그러한 공간에서의 놀이는 또래와의 상호작용을 촉진하고 다양한 협력과 합의 과정을 경험하게 한다. 이때 유아는 몰입을 경험할 수도 있으며, 서로 합의한 규칙을 지킬 때 더욱 즐거운 놀이로 확장한다는 사실도 배우게 된다. 흥미로운 공간에서의 주도적인 놀이를 통한 이러한 배움은 사회성을 길러주고, 이는 곧 민주시민으로 성장하게 하는 힘이 되기도 한다.

앞으로의 사회는 더욱 역동적으로 변할 것이며, 새로운 기술들은 더 빠르게 확산하며 우리의 삶을 바꿀 것이다. 교사는 이러한 변화 흐름을 읽고, 유아가 놀이를 통해 스스로의 삶을 결정하고 미래 사회를 주도할 역량 있는 시민으로 성장할 수 있도록 더욱 고민하고 실천해야 한다. 더불어 교사는 미래에 부응하는 유아 놀이의 의미와 가치를 충분히 이해하는 전문적 역량뿐 아니라 유아에 대한 존엄과 존중을 바탕으로 유아의 선택을 지지하는 정서적 역량, 그리고 언제든 유아가 놀이에서 자신의 방식으로 표현하고 참여할 수 있도록 놀이 공간을 안정적으로 조성할 수 있는 심리적 역량을 갖추어야 한다.

유아와 놀이에 관한 보다 세심한 이해, 이를 기반으로 유아 주도의 놀이가 제대로 실행될 수 있도록 지원하는 역량, 그리고 무엇보다 교사를 천직으로 여기는 사명감을 갖춘 더 많은 교사들의 출현을 기대해본다.

PART 02

짧은 에피소드 놀이에서 의미 읽기

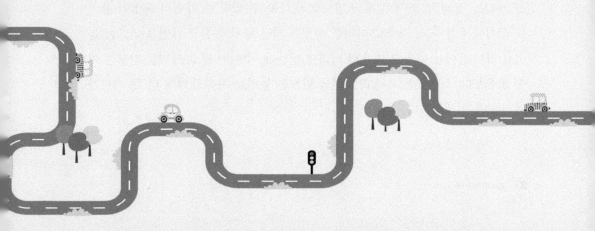

내가 누구게?
가면 놀이

▶4세반　▶자유놀이 시간　▶1주 전개

 놀이의 의미와 가치

영아 시기의 즐거운 놀이 가운데 하나가 '까꿍 놀이'이다. 손으로 얼굴을 가렸다가 다시 보이며 '까꿍' 하고 소리 내며 노는 '까꿍 놀이'는 상대와 얼굴이 마주칠 때마다 '까르르' 하고 큰 웃음을 자아낸다. 이 놀이는 유아가 점차 커 가면서 숨바꼭질, 가면 놀이 등으로 발전한다.

특히 가면 놀이는 유아가 얼굴 전체나 일부를 가림으로써 수줍음을 극복하고 자신의 감정을 표현할 수 있도록 용기를 북돋워준다. 가면을 씀으로써 유아는 가면의 대상에 감정이입이 쉬워지고, 얼굴을 가린 자신이 누구인지 알아보지 못할 것이라는 생각에 평소보다 더 당당한 표현이 가능해지기 때문이다. '얼굴을 가리는 것'과 '들키지 않게 구멍으로 내다볼 수 있다'는 가면의 속성이 흥미를 끌기에 충분하고, 스스로 이러한 속성을 지닌 물체를 찾고 가면을 만드는 놀이를 하며 유아는 다양한 배움의 기회를 얻는다. 주어진 틀로 가면을 만드는 미술 활동보다 스스로 탐색하고 가면을 만드는 놀이는 유아들에게 더 큰 의미가 있지 않을까 생각한다.

‣ 냄비 뚜껑의 작은 구멍으로 바라보는 유아의 호기심이 어떻게 놀이로 진
행되는가?
‣ 유아들이 교실에서 발견한 가면들에는 어떤 것이 있을까?

🔍 **놀이 흐름**

`episode 1` **냄비 뚜껑 구멍으로 보는 세상**

역할 영역에서 놀던 승민이는 바닥에 떨어진 냄비 뚜껑을 발견하고 이리저리 관
찰하더니, 얼굴에 대고 뚜껑에 있는 구멍으로 친구를 바라보며 혼자 히죽히죽
웃는다. 그러더니 지나가는 시준이를 보고 "시준아~ 내가 누구게? 나는 보이는
데 너는 나 안 보이지?" 한다. 시준이는 "우와~ 가면이네, 나도 나도~"라고 말하
며 승민이의 냄비 뚜껑 가면을 자기한테 달라고 한다. 승민이가 "싫어, 싫어. 이
건 내가 찾은 가면이야, 너도 가면 찾아봐."라고 말하자 시준이는 자기 얼굴을
숨기고 친구들을 볼 수 있는 것을 찾으려고 교실 곳곳을 유심히 살핀다. 이윽고
시준이는 큰 블록 숫자 8에서 구멍 뚫린 가면의 요소를 발견하고는 "나도 구멍
있는 가면 찾았지롱~" 한다. 큰 블록 숫자 8을 얼굴 앞에 대고 "얘들아~ 선생님~
숫자 8로 가면을 만들었어요." 하며 친구와 선생님에게 자랑을 한다.

👩 승민이는 냄비 뚜껑의 작은 구멍을 이리저리 살피다가 가면을 연상해내고 자기만의 놀이 방식으로 친
구들의 흥미를 유발했다. 냄비 뚜껑 가면에 뚫린 작은 구멍으로 여러 사물을 볼 수 있다는 것을 알
게 되자 유아의 호기심과 관심은 더욱 커졌고 옆에 있던 시준이도 덩달아 자신의 가면을 찾아 놀이
에 동참했다. 또래 간의 경험을 나누는 놀이의 전이와 확산이 놀라운 순간이다.

① "나는 보이는데 너희들은 나 안 보이지?"　② "숫자 8도 가면이 되지롱~"

새로운 아이디어로 기발한 가면 탄생

승민이와 시준이의 가면을 본 지호는 교실 이곳저곳을 돌아다니며 가면이 될 만
한 거리를 찾기 시작한다. 곧이어 쓰레기통의 뚜껑을 집어 들고 "선생님~ 이것
도 가면이 될 수 있어요."라고 웃으며 말한다. 놀이쌤이 쓰레기통 뚜껑을 깨끗이
씻어서 주면서 "이것으로 어떻게 만들 수 있지?" 하고 묻자, 뚜껑을 뒤집어서 테
이프로 고정한 후 얼굴을 가리며 쳐다본다. 그렇게 미세한 틈으로 상대를 볼 수
있는 멋진 가면이 탄생했다.

> 🧑 지호는 동그란 구멍만이 아니라 작은 틈만 있어도 가면 놀이에 응용할 수 있다고 생각했고, 주어진 형
> 태가 아니라 쓰레기통 뚜껑을 뒤집어 변형하고 테이프로 고정하여 만든 기발한 가면을 만든 것이다.

친구들의 가면을 관찰하던 현희는 연필통으로 쓰고 있는 페트병과 고무줄을 들
고 놀이쌤에게 왔다. 그리고 "저는 손 대지 않고 쓸 수 있는 가면을 만들고 싶어
요. 선생님 여기(페트병)에다 이걸(고무줄) 연결해주세요."라고 하며 페트병에
고무줄을 붙여 귀에 걸 수 있는 가면을 만들어달라고 부탁한다.

친구들의 가면에서 힌트를 얻은 현희의 가면은 손으로 잡지 않고 귀에 끈을 걸어 얼굴에 걸칠 수 있는 가면으로 진화했다. 유아들의 경험과 경험이 연결되어 또 다른 새로운 경험을 만들어내는 것을 볼 수 있다.

 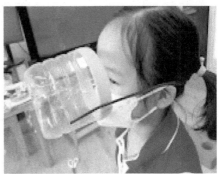

① "쓰레기통 뚜껑도 가면으로 변신!" ② "고무줄을 연결하면 손으로 들지 않아도 돼~"

`episode 3` 10인 10색의 재미있는 가면들

승민이의 냄비 뚜껑 구멍에서 시작한 '나만의 가면 찾기'는 반 전체 유아들의 가면 찾기 놀이가 됐고, 저마다 찾아낸 기발한 가면들은 모두의 탄성을 자아내기에 충분했다.

사물 2개를 합쳐서 구멍을 만든 가면, 미세한 구멍으로 비치는 보자기 가면, 작은 구멍이 촘촘한 바구니 가면, 모양이 뚫린 모양자 가면, 마스크에 구멍을 뚫은 가면, 비닐이나 유리처럼 투명하게 비치는 가면 등 유아들은 얼굴을 가리고 구멍으로 볼 수 있는 가면의 속성을 다양한 물건에 적용했다.

만약 예전처럼 교사가 미리 계획하여 가면 만들기를 했다면 어땠을까? 지정된 가면 모양의 틀에 여러 가지 색깔 종이를 찢어 붙이거나 물감으로 채색하여 그럴듯한 멋진 가면들을 만들 수 있었을지는 모르나 유아들이 탐색하고 발견한 가면들처럼 다양한 경험을 공유하기는 어려웠을 것 같다.

① 숫자 블록을 이어 붙인 가면

② 자석의 모양과 성질을 이용한 가면

③ 보자기 가면

④ 작은 구멍이 촘촘한 바구니 가면

⑤ 모양자 가면

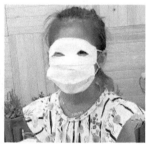

⑥ 마스크에 구멍을 뚫은 가면

⑦ 장난감 투명 포장지 가면

⑧ 돋보기 가면

⑨ 테이프 2개로 만든 가면

⑩ 자석 블록으로 만든 가면

가면 퍼레이드

유아들은 교실 곳곳에서 자신들이 발
견한 서로 다른 가면들을 보면서 신
기해했다. 몇몇의 유아가 "선생님~
이거(우리가 만든 가면을) 다른 반 친
구들에게 자랑해요."라고 제안한다.

각자 발견한 가면을 자랑하고 싶은
마음을 읽은 놀이쌤은 신나는 음악을
준비하여 유아들의 흥을 복돋웠다.
가면 퍼레이드를 하는 동안 유아들은
창문 너머로 만나는 친구들과 동생들
에게 부끄러우면서 자랑스러운 감정
을 살포시 전했다.

가면 전시회

퍼레이드를 마친 유아들은 가면놀이
에 사용한 각각의 놀잇감을 손에서 놓
지 않았다. 그러다가 이내 교실 한쪽
바닥에 늘어뜨려 놓고는 "가면 전시회
같아요."라고 하면서 친구들의 가면을
돌려 써보며 한동안 즐거워했다.

교육과정 관련

| 신체활동 즐기기 | 실내외에서 신체활동에 자발적으로 참여한다. |

- 유아들은 자기가 발견한 가면을 쓰고 유치원 여기저기를 누비며 가면 퍼레이드를 한다. 부끄러움을 많이 타는 유아도 가면을 쓰게 되자 신나는 음악에 맞춰 활발한 신체활동에 자발적으로 참여한다.

| 듣기와 말하기 | 말이나 이야기를 관심 있게 듣는다. |
| | 자신의 경험, 느낌, 생각을 말한다. |

- 유아는 친구가 하는 동작이나 이야기를 관심 있게 듣고 이에 알맞은 의사소통을 한다. 자신이 발견한 가면을 쓰고 자랑하기도 하고 다른 친구의 가면을 보고 칭찬하기도 한다.

| 더불어 생활하기 | 서로 다른 감정, 생각, 행동을 존중한다. |

- 유아는 다른 친구들이 발견한 가면 모양에 관심을 갖고 환호와 감탄으로 반응하며 존중하는 태도를 보인다.

| 예술 감상하기 | 서로 다른 예술 표현을 존중한다. |

- 가면 찾기는 유아의 생각과 표현에 적절한 재료를 찾아 구성하는 과정에 즐거움을 주며 서로 다른 방식의 표현을 존중하며 격려하는 태도를 기른다.

| 탐구과정 즐기기 | 탐구과정에서 서로 다른 생각에 관심을 가진다. |
| 생활 속에서 탐구하기 | 물체의 위치와 방향, 모양을 알고 구별한다. |

- 유아는 가면의 속성 중 하나가 구멍이라는 사실을 발견하고 비슷한 모양의 물건을 찾고, 다양한 물건들의 위치와 방향, 모양을 변형하여 새로운 형태의 가면을 만들기도 한다.

'가면 놀이' 하면 모양을 낸 종이에 구멍을 뚫거나 일정한 틀을 색칠하거나 꾸며서 만든 가면을 떠올린다. 교사가 혼자 준비하고 제시했던 가면 만들기에서 유아들은 무엇을 배우고 경험했을까? 교사가 제시한 방식을 따라 하면서도 어떤 유아는 창의적인 시도와 심미적 감성을 길렀을지 모른다. 그러나 어떤 유아는 흥미 없는 과업을 수행하기 위한 참여가 힘들었을지도 모른다. 그와 비교하여 유아가 스스로 찾아내고 만든 가면 놀이는 어떠한가? 스스로 재료를 선택하고 놀이 방식을 결정하는 것은 모든 유아가 소외되지 않고 자신만의 속도로 놀이에 참여하며 자신만의 놀이를 만들어가는데 그 의미가 있다.

우연히 찾은 냄비 뚜껑의 구멍으로부터 시작된 유아들의 가면 놀이는 다양한 물체를 이용해 자신의 얼굴을 가리고 사물을 새롭게 바라볼 수 있어 큰 재미와 흥미를 선물했다. 교실을 돌아다니며 다양한 물건을 탐색하고 가면의 속성을 반영한 물건을 찾고 활용하는 과정에서 유아들은 사물의 특성을 즐겁게 배웠고 친구들의 다양한 생각을 함께 나누며 경험도 넓히게 됐다. 여기저기서 친구들의 아이디어가 표현될 때마다 탄성을 터뜨렸고, 친구들의 경험은 또 다른 친구에게 모티프를 제공하며 새로운 아이디어로 탄생했다.

가면 놀이는 각자의 관찰과 탐색을 넘어 서로의 경험과 경험이 이어지고 생각과 생각이 합쳐지는 모두의 배움이 되었다. 유아들은 누군가의 "가면 찾았다!" 하는 소리에 보물이라도 찾은 듯 설레며 즐거워했고, 그 탄성이 놀이쌤에게는 '배움을 찾았다'는 유레카로 들렸다. 이런 게 바로 놀이의 힘이 아닐까? '가면 놀이'는 놀이쌤에게도 '유아들이 놀이를 통해 스스로 배우는 존재'임을 다시 느끼는 소중한 경험이었다.

상상한 대로, 원하는 방식으로 언제든 빠르게 전환이 가능한 유아들의 놀이는 항상 즐겁고 행복하다. 이제 놀이쌤은 유아가 어떻게 놀이를 시작하고 새로운 방식으로 놀이를 이어가는지 기대감과 설렘으로 지켜보려고 한다.

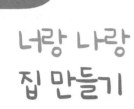
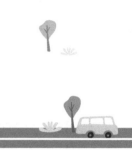

너랑 나랑
집 만들기

▶4세반 ▶자유놀이 시간 ▶1주 전개

📍 놀이의 의미와 가치

유아들은 놀이를 하며 서로 끊임없이 상호작용한다. 놀이에 대한 생각을 나누기도 하고 의견을 모아 과제를 수행하기도 하며, 함께 의논하며 문제를 해결하기도 한다. 유아의 가장 좋은 선생님은 '함께 놀이하는 유아'가 아닐까? 실제로 유아가 주도하는 놀이에서는 '교사-유아'보다는 '유아-유아' 사이의 상호작용이 더 중요하게 작용할 때가 많다. 이런 '유아-유아' 사이의 상호작용을 촉진하려면 놀이쌤은 어떤 역할을 해야 할까?

기존의 놀이 프레임을 깨고 새롭게 놀이에 접근하도록 환기시켜주는 것도 한 방법이다. 예를 들면 유아가 교실 내의 모든 놀잇감과 재료뿐 아니라 필요한 경우 책상과 의자까지도 자신의 방식으로 사용할 수 있는 기회를 제공하는 것이다. 언제나 제자리에 반듯하게 놓여진 책상을 뒤집거나 옆으로 눕히는 등의 변화를 허용해주는 것만으로도 유아들의 생각은 훨씬 더 유연해진다.

놀이쌤은 기존의 익숙한 교수 방식에서 탈피해 유아의 다양한 놀이를 존중하며 지지해주는 개방적인 태도를 가져야 한다.

📍 놀이 관찰의 시작

▸ 유아가 좋아하는 블록은 어떻게 놀이 주제로 이어지는가?
▸ 놀이 과정에서 유아들 간의 소통은 어떻게 일어나는가?
▸ 놀이에서 유아들은 필요한 재료를 어떻게 이용하는가?

📍 놀이 흐름

episode 1 타임머신으로 시작된 놀이

유아들이 블록으로 타임머신을 만들고 있다. 타임머신 안에서 영수와 민철이는 공간이동 놀이에 빠져 있다. "우리 큰 블록으로 길을 만들자. 여기는 공간이동을 하는 곳이야." 영수의 제안에 민철이도 같이 큰 블록을 연결하여 블록 길을 만든다. "어떻게 공간이동 하는데?" 놀이쌤이 궁금해서 질문하자, "타임머신에서 삐리리 하고 소리가 나면 저쪽으로 빨리 이동하는 거예요."라고 민철이가 대답한다.

> 🧑‍🦰 유아들은 타임머신을 공간을 순간적으로 빠르게 이동할 수 있는 기계로 알고 있었으며, 타임머신이 공간을 이동하는 데에는 길이 필요하다고 인식하고 있었다. 타임머신에서 중요한 것은 빠르게 이동하는 것이라고 생각하는 듯했다.

"우리 저기까지 길을 연결해보자. 멋지게~" 영수와 민철이는 여기저기 흩어져 있던 블록들을 모아 연결하여 구불구불하고 기다란 길을 만들기 시작한다. "우와! 정말 멋지고 길다." 타임머신을 만들기 위해 시작한 길이 쌓기 영역을 벗어나 길게 이어진다. 유아들이 만든 길 양옆으로 우레탄 블록을 쌓아 만든 길의 경계가 명확하게 드러났다.

👧 유아는 사실적 표현보다 자신의 상상력을 덧붙여 표현하는 것을 즐긴다는 것을 알 수 있다.

① 블록으로 타임머신 만들기

② 타임머신이 이동하는 길 만들기

블록으로 도로 2개가 만들어지자 옆에서 놀던 희훈이와 정민이가 와서 "여기에 자동차와 건물 만들어도 돼?"라고 묻는다. 영수와 민철이가 고개를 끄덕이자 희훈이와 정민이가 소품으로 준비되어 있던 자동차와 건물, 나무들로 도로를 꾸미기 시작한다.

👧 유아는 자기만의 방식대로 놀이를 하면서도 다른 친구들의 놀이를 주의 깊게 관찰한다. 그리고 기회가 되면 함께 놀이하기를 제안한다. 혼자보다는 여럿이 함께 놀이할 때 완성도와 만족감이 더 높아짐을 알기 때문일까? 유아들은 어울려 놀이를 하면서 조금씩 협력하는 방법을 배우는 것 같다.

블록 길이 이어지다 교실 한쪽에 놓인 책상과 닿는다. 영수는 책상을 가리키며 "나는 여기에 내 집을 만들 거야."라고 하면서 보자기를 들고 와 책상 다리 부분을 감싸고 아래쪽 공간으로 들어간다. "아야, 머리가 부딪혀. 뚜껑이 없으면 되는데…." 책상집에 들어간 영수의 하소연에 놀이쌤은 "책상을 뒤집을까?"라고 제안한다. 영수는 놀이쌤과 친구들의 도움으로 '거꾸로 책상집'을 짓는다. 어느새 '타임머신 놀이'는 사라지고 '집 만들기 놀이'가 새롭게 시작된 것이다.

👩 놀이에서의 자유는 유아가 놀이의 시작과 마무리를 결정하는 것이라고 했다. 놀이쌤은 블록으로 만든 타임머신이 어떻게 전개될지 궁금했으나 이내 집 만들기로 놀이가 전환되는 것을 보면서 그 의미를 더 잘 이해하게 되었다. 책상이 놀이 매개체가 된 순간 유아의 흥미와 관심이 새롭게 전이되는 것을 볼 수 있다.

① 타임머신 이동 공간을 도로로 만들기　　② 책상을 뒤집어 집 만들기

<episode 2> **나만의 집 만들기**

영수가 만든 책상 집에 친구들이 관심을 보이며 모여든다. "나도 들어가고 싶다."라고 민수가 혼잣말을 하자 "여기에 너희들 들어오면 더 복잡해져"하고 영수가 난처한 듯 말한다. 영수의 반응에 실망한 유아들은 "선생님, 우리도 책상 뒤집어서 집 만들어도 돼요?"하고 놀이쌤에게 물어본다. 규태가 교사를 쳐다본다. "그럼, 선생님이 도와줄까?" 규태는 놀이쌤과 함께 책상을 뒤집고 책상다리 위에 보자기를 씌워 자기 집을 만든다. "이름표를 붙여야지." 규태는 노란 보자기 집에 자기의 이름표를 붙이고 환하게 미소 짓는다.

👩 책상을 뒤집어 놀잇감으로 사용해보자는 놀이쌤의 제안에 유아들이 정말 그래도 되는지 확인하고 허락을 구한다. 이제껏 용도가 제한되었던 책상의 변신이 무척이나 놀라운가 보다.

"나는 책상이 무거우니까 다른 걸로 집을 만들 거야." 유진이는 한참을 고민하며 교실을 두리번거리다가 책들을 들고 온다. 유진이는 여러 권의 책을 세우고 연결하여 새로운 공간을 만든다. 책을 펼치고 세워 완성한 공간 안에는 유진이의 이름표가 놓여 있다. 또 하나의 '책집'이 완성된다.

유아 개개인이 집을 만드는 데에는 나름의 공식이 있어 보인다. 자신이 들어갈 수 있는 공간을 확보하거나 이름표를 붙여 소유권을 표시하는 유아들의 모습을 보면서 놀이쌤은 자신만의 영역을 만들고 싶어 하는 모습이야말로 인간의 본능적 욕구가 아닐까 하는 생각이 들었다.

① 책상을 뒤집어 만든 거꾸로 책상집   ② 펼친 책으로 만든 책집

episode 3 옆으로 누운 책상집

"나는 다른 친구들보다 더 크고 멋진 집을 만들 거야." 야심가 지환이가 책상 2개를 옆으로 눕히고 다리를 이어 붙여 커다랗게 공간을 만들기 시작한다. 옆으로 누운 '책상집'은 그렇게 지어졌다. "와~ 정말 크고 멋지다. 문이 없으니까 내가 블록으로 만들어줄게." 곁에서 지켜보던 승현이가 완성물을 보고 기뻐하며, 블록을 가져와 문을 만들어준다. "고마워, 너도 같이 들어와." 지환이의 초대에 승현이는 '책상집' 안으로 들어갔다가 다시 나와서는 자기만의 놀이를 이어간다.

책상을 뒤집어서 사용한 친구의 경험이 책상을 눕히고 공간을 확장하는 경험으로 이어졌다. 그리고 문을 달아주는 친구의 배려는 곧 그 친구를 집 안으로 초대하는 다른 배려로 이어졌다. 친구들의 놀이 경험을 관찰하면서 유아들은 새로운 놀이를 창조하고, 함께 구현하는 과정을 통해 협력적 사고를 배운다.

① "책상 2개를 붙이면 더 넓은 집이 돼."

② "우리 블록으로 벽 만들자."

episode 4 막대와 천으로 만든 파라솔집

승현 : 유민아, 우리도 집 만들자.
유민 : 우리는 큰 우산을 만들어서 안에서 쉬면서 놀자.
승현 : 어떻게 만들지?
유민 : 천과 기다란 막대가 필요해.

승현이는 유민이와 교실 이곳저곳을 탐색하기 시작한다. 놀이쌤이 책상에 씌우려고 준비해둔 테이블보를 발견한 두 유아는 "선생님, 이거 우리가 갖고 놀아도 돼요?"라고 조심스럽게 물어본다 유아들은 테이블보와 막대 걸레를 찾아 교실 한쪽에 집을 짓기 시작한다. 테이블보 중앙에 막대 걸레를 놓고 세우니 접은 파라솔 모양이 만들어진다.

유민 : 그런데 어떻게 세우지?

승현 : 막대가 쏙~ 들어가는 거면 좋겠다.

유민 : 페트병에 들어갈 수 있을지 몰라. 우와, 들어간다. (잠시 후) 그런데 넘어져.

승현 : 페트병 안에 물을 넣으면 뚱뚱해져서 안 넘어져.

유민 : 그래도 넘어지네, 어떡하지?

승현 : 기다란 바구니가 있으면 좋겠다.

유민 : 아~ 저기 쓰레기통에 넣어볼까?

승현 : 우와! 섰다, 섰어.

유민이와 승현이는 파라솔을 고정할 만한 방법을 찾으려고 고민하고 있다. 하나의 문제를 해결하면 또 다른 문제가 발생하고, 또다시 직면한 문제를 해결하기 위해 두 유아는 서로 의견을 나눈다.

유민 : 그런데 파라솔처럼 넓은 모양이 아니네. 어떻게 하지?

승현 : 파라솔을 펴는 방법을 찾자.

유민 : 음, 이렇게(천의 끝부분을 잡고 당기며) 잡아봐. 이렇게 우산이 되게 붙잡아주는 걸 찾으면 돼.

승현 : 천에 테이프를 붙여서 의자에 붙이면 되겠다. 봐, 붙었어!

유민 : (붙잡아줄) 친구들이 더 필요해. 얘들아 도와줘.

　　　 (친구들의 도움으로 파라솔을 일곱 갈래로 펼쳐 고정한다.)

유민 : 테이프가 자꾸 옷에 붙어서 놀기가 힘들어.

승현 : 테이프를 반으로 접으면 옷에 붙지 않아.

유민 · 승현 : 완성이다!

유아들은 파라솔을 고정하기 위해 한참을 고민했고, 또다시 파라솔을 펼치기 위해 긴 시간 동안 의견을 나누었다. 놀이 과정에서 발생하는 다양한 문제 상황은 유아들 간의 상호작용을 더욱 활발하게 한다.

유민이와 승현이가 만든 파라솔집에 다른 유아들이 관심을 보이며 모여든다. 현정이와 윤아는 예쁜 꽃그림 이름표를 만들어 붙인다. 의자에 앉아 이야기를 나눌 수 있는 멋진 파라솔집에서 유아들의 재잘거림이 끝없이 이어진다.

① 막대와 천으로 파라솔 만들기

② 물이 든 페트병으로 파라솔 고정

③ 테이프로 의자에 고정하기

④ 파라솔집에 표시할 이름표 만들기

교육과정 관련

신체운동·건강

안전하게 생활하기	일상에서 안전하게 놀이하고 생활한다.

- 유아들은 무거운 책상을 뒤집어서 집을 만들 때 다칠 수 있음을 인지하고 친구에게 "이거 무거우니까 같이 들자."라고 말하며 조심스럽고 안전하게 책상을 뒤집는다. 테이블보와 막대 걸레를 이용해 파라솔집을 만들 때도 친구들에게 "막대 부분을 조심해."라고 하며 이동한다.

의사소통

듣기와 말하기	말이나 이야기를 관심 있게 듣는다. / 자신의 경험, 느낌, 생각을 말한다.
읽기와 쓰기에 관심 가지기	자신의 생각을 글자와 비슷한 형태로 표현한다.

- 유아는 파라솔집을 만들 때 친구들이 하는 이야기를 관심 있게 듣고 그동안 자신들의 경험과 생각을 이야기하여 파라솔을 세우고 펴는 다양한 방법을 알아보고 해결점을 찾는다. 또한 다양한 집을 만들고 나서 자신들이 생각하는 글과 그림을 그려 집의 이름표를 만든다.

사회 관계

더불어 생활하기	친구와 서로 도우며 사이좋게 지낸다. / 서로 다른 감정, 생각, 행동을 존중한다.

- 유아들은 물리적인 도움이 필요할 때 친구들에게 지원을 요청하고, 파라솔을 세우는 과정에서는 문제해결을 위해 서로의 생각을 공유한다.
- 책상에 보자기를 씌운 집, 책으로 만든 집, 책상을 뒤집어 만든 집, 파라솔집, 책상 2개를 붙여 만든 집 등 친구들의 다양한 생각을 통해 나온 작품들을 존중한다.

예술 경험

창의적으로 표현하기	다양한 미술 재료와 도구로 자신의 생각과 느낌을 표현한다.
예술 감상하기	서로 다른 예술 표현을 존중한다.

- 유아는 나만의 집을 만드는 과정에서 책상, 책, 블록, 천 등 다양한 재료를 이용해 자신만의 창의성이 담긴 집을 만든다. 친구들이 만든 집을 보며 서로 다른 집의 형태를 인정하며 존중한다.

자연탐구

탐구과정 즐기기	탐구과정에서 서로 다른 생각에 관심을 가진다.

- 천과 막대로 파라솔집 만들기를 하자는 친구들의 의견에 어떻게 막대를 세울 수 있을지 의논한다. 유아들은 페트병의 크기와 물의 양, 물체를 고정하기 위한 방법 등을 고안하며, 서로 다른 의견을 듣고 실행하고 수정하면서 탐구 능력을 기른다.

유아들은 넓고 평평한 장소에서 마음껏 뛰어다니며 친구들과 어울려 놀이하는 것도 좋아하지만, 종종 다락방 같은 작고 은밀한 공간에서 자신만의 세상을 즐기기도 한다. 네모난 블록으로 만든 타임머신, 거꾸로 책상집, 옆으로 누운 책상집은 바로 그런 작고 조용한 공간이다. '집 만들기' 놀이는 '나만의 공간'에만 머물지 않고 공간을 연결하는 도로를 만들고 함께 모여 놀이하는 파라솔집을 세우는 등 '우리의 세상'을 만들었다. '나'와 '우리'를 조화롭게 경험하는 장이 바로 '놀이'인 것이다.

'너랑 나랑 집 만들기' 놀이는 놀이쌤에게 여러 가지 의미가 있다. 우선 놀이쌤의 제안으로 유아 놀이의 흐름이 달라진 것을 보며, 책상을 뒤집도록 제안한 것은 용기 있는 개입으로 바람직했다고 자평한다. 놀이 과정에서 유아들이 좀 더 다양한 것들을 활용하면 좋겠다는 생각에 책상을 뒤집어서 사용할 수 있도록 했는데, 이 개입 여부와 시기를 놓고 결정하기까지 고민이 컸다. 묵묵히 지켜봐야 하는지, 아이디어를 제공해야 하는지, 적절한 자료를 제시해주어야 하는지, 때로는 질문을 해야 하는지 등등…. 유아들의 놀이에 개입해야 할 경우 적절한 시기와 유형을 판단하고 결정하는 것은 결코 간단한 문제가 아니다. 그럼에도 나름대로 적절한 상호작용을 시도해볼 용기를 내본다.

또 하나는 교사와의 상호작용보다 유아들끼리의 상호작용이 더 중요하다는 깨달음이다. 처음에는 어떤 집을 만드는지 창의성에 초점을 맞춰 놀이를 관찰했는데 점차 유아들끼리의 상호작용이 귀에 들어오기 시작했다. '타임머신'으로 시작한 상상 놀이는 '집 만들기'란 창의 놀이로 이어졌고, 함께 문제를 해결하는 협력 놀이인 '파라솔집'으로 발전했다. 이 과정에서 놀이쌤은 유아들이 놀이하면서 주고받는 대화를 들으며 서로가 서로에게 어떻게 영향을 미치는지 알게 됐다.

몇 번의 경험을 거치며 유아들은 이제 교실의 책상과 의자와 모든 비품을 놀잇감으로 활용한다. 놀잇감의 범위가 넓어지면서 놀이는 한층 더 '신나는 놀이'가 되고, 이로 인한 기분 좋은 에너지는 창의적 발상을 샘솟게 한다.

나만의
장난감 놀이

▶4세반 ▶자유놀이 시간 ▶1주 전개

 놀이의 의미와 가치

유아에게 놀잇감은 어떤 의미일까?

어떤 유치원은 '장난감 없는 유치원'을 기획해서 실행했다고 한다. '아무것도 없는 공간에서 유아들은 창의적으로 놀았다'는 이야기를 듣고, 반드시 놀잇감이 다양하고 많아야만 하는 것은 아니라는 생각을 하게 된다.

유아들에게 좋은 놀잇감, 꼭 필요한 놀잇감은 어떤 것일까?

유아들 스스로 흥미를 가지고 찾거나 선택한 놀잇감, 친숙한 느낌을 주는 놀잇감, 덜 정형화되어 자유롭게 변화를 줄 수 있는 놀잇감 등 유아들에게 많은 흥미와 생각거리를 주는 놀잇감이 좋지 않을까?

그럼 놀잇감과 관련하여 놀이쌤의 역할은 무엇일까? 다양한 놀잇감을 풍성하게 지원하는 것만이 역할의 전부는 아니라고 생각한다. 유아들이 놀이를 통해 창의적인 생각을 펼칠 수 있도록, 때로는 놀잇감을 아쉽게, 때로는 놀잇감을 풍성하게 제공할 수 있는 지혜가 필요하지 않을까?

📍 놀이 관찰의 시작

  ▸ 재활용품으로 유아들은 어떻게 놀이할까?
  ▸ 유아들은 '내가 가지고 놀고 싶은 장난감을' 만들 수 있을까?

📍 놀이 흐름

`episode 1` **병뚜껑 골인 놀이**

유치원 복도에 '우리가 만든 초록 발자국'이 있다. 다양한 재활용품을 모으는 통으로 이 재료들은 유아들이 언제든지 가지고 가서 사용할 수 있다. 주로 간식 용기나 생활 속에서 나오는 깨끗한 용기들인데 미술 활동에서 아주 귀한 재료가 되기도 한다.

재활용품으로 만든 민주의 장난감에 유아들이 관심을 보이면서 '나만의 장난감 만들기'가 시작됐다. 재활용 통에서 '장난감 포장 박스'를 발견한 민주는 "우리 골인 놀이 하자~"를 외치며 친구들을 부른다. "어떻게 골인해?" 궁금해하는 친구들에게 "아~ 여기에다가 병뚜껑을 골인시키는 거지~" 하며 설명한다. 그런데 막상 병뚜껑을 던지면 다시 튕겨 나오기 때문에 골인은 쉽지 않다.

유아들이 머리를 맞대고 고민하기 시작한다. "다시 던져 봐, 자세히 보게." 승주는 민주가 던지는 것을 유심히 관찰한다. 그러다가 백보드판에 맞아 통에 골인하는 경우를 발견하고는 "저거야. 여기 맞히면 무조건 골인이 되는 거야." 하며 맞힌 자리를 지적한다.

"선생님, 여기에 동그라미 좀 그려주세요. 그냥 골인하면 다시 튕겨 나오는데 여기(백보드)에 맞히면 골인이 잘되거든요. 동그라미가 있으면 여기에 맞히기만 하면 골인할 수 있어요."

놀이쌤이 백보드에 동그라미를 그려주자, 유아들은 동그라미에 맞히기를 시도한다. 승주의 주장대로 백보드 동그라미에 맞히니 골인 확률이 훨씬 높아진다. 유아들은 던지기 순번을 정하고 차례로 골인 놀이에 참여한다.

민주가 통에 가까이 가서 뚜껑을 던지자 바로 승주가 규칙 한 가지를 제안한다. "우리 여기에다가 선을 그리고 절대로 넘어가면 안 되기로 약속."

처음 그린 선에서 뚜껑을 던져 골인을 잘하는 유아는 바닥에 여러 개의 선을 그린다. 승주는 "난 골인이 잘되니까 조금 더 뒤에 가서 골인할게."라고 말하며 골인이 될 때마다 더 뒤에 그려진 선에서 뚜껑을 던진다.

"난 여기서도 잘 안 되니까 조금 더 앞으로 가서 던질게."

"그래, 우리가 할 수 있는 선에서 던지고 제일 처음 선에서 들어가면 1점, 두 번째 선에서 들어가면 2점, 세 번째 선에서 들어가면 3점 하자."

유아들은 거리에 따라 난이도 단계를 정한 후 놀이에 적용한다.

유아들은 놀이를 하다가 문제가 생기면 함께 고민하고 연구하여 방법을 찾기도 했고, 공정한 게임을 위한 규칙을 만들기도 했다. 거리가 멀수록 골인 확률이 낮으므로 난이도에 따라 점수를 더 주는 놀이 방법도 개발했다. 스스로 만든 장난감 놀이이기에 더 관심을 갖고 즐겁게 활용하는 것을 볼 수 있었다.

① 장난감통을 이용한 골인 놀이　　② 거리에 따라 난이도 적용하기

과일 포장지로 구슬 돌리기 게임

'병뚜껑 골인 놀이'에 재미를 붙인 유아들은 자기만의 놀이를 만들겠다고 재활용품 상자로 몰려들었다.

과일을 싸는 부직포 포장용기를 고른 원우는 어떻게 놀이를 만들지 한참을 들여다보며 고민한다. 원우는 포장용기를 뒤집고, 구슬을 가지고 와서 돌려본다. 뒷부분이 둥글어서 손으로 잡기가 불편하자 원우는 포장용기 안에 테이프로 병뚜껑을 붙여 손잡이를 만들어낸다. "원우야, 정말 멋진 아이디어다." 원우는 놀이쌤의 칭찬에 활짝 웃고는 이내 친구들을 불러 모아 게임을 설명하기 시작한다. "이거 구슬 돌리기 게임이야."

원우가 가르쳐준 게임에 몰입하던 정민이가 포장용기 밑부분에 난 구멍을 발견하고 테이프를 붙이기 시작한다. "여기다가 테이프를 붙이니까 더 잘 돌아~" 유민이도 포장용기 아래쪽에 테이프를 붙인다. "여기를 미끄럽게 만드니까 잘 돌아, 그지?" 유아들은 서로를 바라보며 알아낸 정보에 공감한다.

"히히~ 이런 방법도 있지롱~" 희준이는 돌리기가 아닌 구슬을 던졌다가 받는 방법을 선보이며 자랑한다. 유아들은 부직포 포장용기로 구슬을 돌리기도 하고 구슬을 던지고 받기도 하면서 즐겁게 몰입한다.

① 과일 포장 용기로 구슬 돌리기

② 포장 용기 뒤에 붙인 병뚜껑 손잡이

③ 바닥에서 팽이처럼 잘 돌도록 테이프를 붙인 포장 　④ 구슬을 던졌다 받는 놀이
　용기

episode 3 ❯ 휴지심 뚜껑 골인 게임

연숙이는 다양한 재료를 뒤적이다가 두꺼운 휴지심과 줄, 병뚜껑을 가지고 장
난감을 만들기 시작한다. 이전에 솔방울과 종이컵으로 만들었던 솔방울 골인
놀이 경험을 살려 병뚜껑에 테이프로 줄을 붙이고 휴지심에 연결하여 장난감을
만들어낸다.

"이건 이렇게 뚜껑을 구멍에 넣으며 골인하는 놀이야."

연숙이는 손목의 스냅을 이용해 줄에 매달린 뚜껑을 테이프 심 구멍에 넣는
시범을 보이며 설명한다. 그런데 줄이 길어서인지 골인이 되지 않는다. 연숙이
는 문제의 원인을 알겠다는 듯 가위로 줄을 잘라 짧게 만든 다음 다시 놀이를
시도한다. "골인!" 줄이 짧아지면서 골인 확률이 훨씬 높아진다.

이것을 본 정수가 우유통을 이용해 골인 장난감을 만들기 시작한다.

"내 건 왜 잘 안 들어가지?"

자기가 만든 장난감으로 골인 놀이를 하던 정수가 속상해하자 옆에서 지켜보
던 연숙이가 조언한다.

"너의 통구멍이 내 것보다 더 작아서 그래. 구멍이 큰 다른 통을 찾아봐."

정수가 구멍이 큰 다른 통을 찾아서 다시 만들어 도전한다.

"아, 또 노골이야."

"줄을 더 짧게 잘라서 해봐."

그래도 골인이 잘되지 않자 정수는 이내 눈물을 흘릴 듯이 속상해한다.

놀이쌤이 보기에 통의 크기나 줄의 길이와 상관없이 정수가 선택한 우유통은 바닥이 있는데다 깊지 않아 뚜껑이 다시 튀어나오는 것이었다. 문제를 해결해가는 유아들의 과정이 궁금했지만 속상해하는 정수를 위해 해결점을 이야기해주기로 하였다.

"뚜껑이 바닥에 부딪혀서 다시 튕겨나오는 것 같아. 바닥이 없는 통을 찾아보자."

놀이쌤은 골인이 되지 않는 원인을 설명해준다. 정수는 놀이쌤의 제안대로 밑바닥이 없는 휴지심을 찾아 다시 만들고 마침내 성공한다.

"골인 골인~ 드디어 골인이야~" 즐거워하는 정수의 환호성에 연숙이도 같이 뛸 듯이 기뻐한다.

정수와 연숙이가 긴 시간 스스로 충분히 탐색하고 탐구했음에도 여러 번의 실패로 힘들어하는 것을 보고 놀이쌤은 직접적인 개입이 필요하다고 판단하여 해결점을 알려주었다.

휴지심을 이용한 병뚜껑 골인 놀이

구멍이 있는 박스에 뚜껑 골인시키기

정우는 재활용 통에서 부피가 크고 두꺼운 구멍 난 종이를 찾아온다.

"이거 가지고 골인 놀이하면 재밌겠다."

정우는 바닥에 종이를 놓고 손가락으로 병뚜껑을 튕겨 집어넣는 골인 놀이를 선보인다. 친구들이 신기한 듯 몰려든다. 그러나 종이가 바닥에 맞닿아 골인이 잘되지 않자, 시우가 빈 바구니를 가져와 종이 아래를 받쳐준다. 영준이가 좋은 생각이라며 칭찬을 한다.

한 명씩 돌아가며 골인 놀이를 하던 유아들은 기다림이 힘든지 "우리 다 같이 골인하자"라고 제안한다. 4명의 유아는 각자 병뚜껑을 가지고 동시에 골인을 시도한다. 전원 모두 쉽게 골인에 성공한다.

구멍이 커서 골인이 너무 잘되자 희준이가 다른 방법을 제안한다.

"우리 골인이 너무 잘되니까 재미없다, 그지? 우리 골인 안 하기 게임할래?"

4명의 유아가 모두 동의하고 다시 놀이에 몰입한다. '골인 하기'보다 '골인 안 하기'가 더 어렵고 재밌는 게임이 된다.

익숙한 방법을 버리고 거꾸로 생각해내는 유아들의 창의성이 놀랍다. 유아들은 자신들의 한계를 뛰어 넘어 도전할 수 있는 놀이에 더 즐겁게 몰입함을 볼 수 있다.

① 구멍 난 상자에 병뚜껑 골인하기

② 구멍 난 상자에 골인 안 하기 게임

요플레 통과 병뚜껑도 장난감으로 변신

나율이와 창모는 요플레 통과 병뚜껑을 찾아 함께 장난감을 만든다.

"둘이서 함께하는 장난감을 만드는 거 어때?"

둘은 어떤 놀이를 만들까 궁리하면서 요플레 통을 이리저리 돌려본다.

"내가 이렇게 넣어서 던지면 네가 받으면 되는 놀이하자."

나율이가 제안한 방법대로 둘은 요플레 통으로 병뚜껑 주고받기 게임을 시작한다. 거리가 가까워서 너무 쉽게 들어가자 뒤로 한 발자국씩 물러나며 거리를 조정하며 놀이한다.

"병뚜껑을 높이 쌓으면 재있겠다."

"왜 자꾸 무너지지?"

원인을 찾아보던 유아들은, 병뚜껑 위에 바로 병뚜껑을 올리는 것보다 벽돌 쌓기처럼 병뚜껑을 어긋나게 쌓는 것이 더 안정적임을 알아내고 적용한다.

"이건 얼음성이야."

유아들은 하얀색, 하늘색, 연두색의 느낌을 살린 성의 이름도 붙여보고, 쌓다가 무너지는 시행착오를 거듭하며 꽤 오랜 시간 놀이에 몰입한다.

> 유아들은 이전의 경험을 바탕으로 다양한 놀이를 만들어낸다. 유아들의 손에서 재활용품이 다양한 장난감으로 탄생되는 놀이 시간이 내내 즐겁다.

① 병뚜껑 주고받기 놀이

② 병뚜껑으로 얼음성 쌓기

교육과정 관련

신체활동 즐기기	신체 움직임을 조절한다.

- 유아는 자신이 만든 장난감을 가지고 장난감 통에 병뚜껑을 골인시키거나 구슬 돌리기 놀이를 하며 신체 움직임을 조절한다.

의사소통

듣기와 말하기	말이나 이야기를 관심 있게 듣는다.
	자신의 경험, 느낌, 생각을 말한다.

- 유아는 장난감을 만드는 과정에서 친구들에게 자신의 놀이 방법을 설명하거나 놀이에 대한 이야기를 주고받는다.

사회 관계

나를 알고 존중하기	내가 할 수 있는 것을 스스로 한다.

- 유아는 자신이 놀고 싶은 장난감을 생각하여 스스로 만들고, 친구들이 제시한 다양한 게임 방법을 존중하며, 친구들과 합의한 방법을 놀이에 적용하는 경험을 한다.

예술 경험

창의적으로 표현하기	다양한 미술 재료와 도구로 자신의 생각과 느낌을 표현한다.
예술 감상하기	서로 다른 예술 표현을 존중한다.

- 유아는 다양한 재활용품들로 자신의 생각이 담긴 '나만의 장난감'을 만들고 친구들이 만든 장난감을 칭찬하며 즐겁게 놀이한다.

2019 개정 누리과정 이전에는 정형화된 상업용 교구를 활용하는 놀이가 주로 이루어졌다. 돌이켜보니 유아 발달에 맞지 않는 너무 쉬운 교구도, 흥미를 끌지 못하는 너무 지루한 교구도 많았다. 그럼에도 놀이쌤은 영역별로 주제에 맞는 교구를 빠짐없이 완비해 놓으려는 마음이 컸었다.

그런데 '나만의 장난감 만들기 놀이'는 별다른 놀잇감이 없는데도 유아들이 자신의 흥미를 반영하여 놀잇감을 만들고 자신의 능력에 맞게 난이도를 조절하여 도전하기 때문에 놀이가 훨씬 더 흥미롭게 진행되었다. 유아들이 처음 만든 방법을 고수하지 않고 상황에 맞게 방법을 바꾸고 조율하는 과정을 보면서 유아들의 유능함을 새삼 느끼게 되었다.

놀이쌤은 유아의 놀이 과정을 보면서 교사보다 유아들이 더 창의적이라는 생각을 하게 된다. 아마 유아들은 정형화된 방식에 물들지 않았기 때문에 사고가 더 유연한 것이 아닐까? 솔직히 '나만의 장난감 만들기 놀이'에서 놀이쌤의 역할은 그때그때 나온 다양한 재활용품을 모아 제공해준 것밖에 없다. 그럼에도 유아들의 배움이나 경험이 적었던 것은 아니다.

놀이쌤은 직접적인 지도나 개입보다는 유아들의 자유로움이 더 중요한 요소임을 확인할 수 있었다. 무조건 직접적으로 개입하기보다는 유아들의 놀이를 제대로 읽고 필요를 채워주는 것이 놀이쌤의 더 중요한 역할이 아닐까?

변신 로봇이나 관절이 움직이는 화려한 인형보다 더 변신을 잘하고 더 멋진 생각을 펼칠 수 있는 재활용품은 유아들의 창의성을 키워줄 수 있는 훌륭한 놀잇감이라고 생각한다. 늘 새로운 무언가를 찾아서 특이한 놀이를 고민하기보다는 주어진 환경 안에서 유아들이 다양한 경험을 할 수 있도록 돕는 것이 더 중요하지 않을까? 일상적인 소재라도 쉽게 변화시킬 수 있는, 구조가 정해지지 않은 놀잇감들을 제공하면 유아들은 여러 가지 소재들을 결합하고 변형하여 또 다른 놀이를 만들어갈 수 있다.

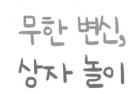
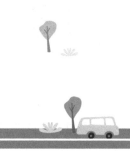

무한 변신,
상자 놀이

▶4세반 ▶자유놀이 시간 ▶1주 전개

 놀이의 의미와 가치

유아는 놀잇감을 통해 무엇을 볼까? 그리고 놀잇감을 통해 무엇을 배울까?

교사는 유아가 스스로 놀이를 찾고 그 놀이에서 무엇인가 배우기를 기대하며 다양한 놀잇감을 제공하지만, 어떻게 활용하느냐에 따라 놀이가 되기도 하고 활동이 되기도 한다.

유아의 놀이에 자주 등장하는 것이 미술 놀이이다. 자유롭게 표현하는 미술 놀이를 통해 표현력과 미적 감각, 그리고 창의성을 길렀으면 하는 기대가 크다. 그런데 미술 놀이를 들여다보면, 어디까지가 놀이이고 활동인지 경계가 모호하다. 때로는 유아들이 즐겁게 표현하면 모두 놀이가 아니냐고 우기기도 하지만, 누구나 한 번쯤은 단순한 미술 활동에 그친 경우를 경험했으리라.

상자 놀이는 만들고 오리고 붙이기를 겸한 미술 놀이지만 단순한 미술 활동을 넘어 유아의 다양한 사고 과정을 볼 수 있는 놀이다운 놀이이다. 놀잇감에 대한 충분한 탐색, 선택과 표현의 자유, 유아가 주도하는 놀이의 흐름, 그리고 유아의 다양한 사고 과정이 살아 있기 때문이다.

📍 놀이 관찰의 시작

▸ 상자와 같은 비구조화된 놀잇감은 유아의 사고 과정에 어떻게 작용할까?
▸ 유아의 사전 경험과 배경 지식은 상자 놀이에 어떤 영향을 미칠까?

📍 놀이 흐름

`episode 1` **울퉁불퉁한 상자, 있는 그대로 상자 놀이**

물건을 포장한 상자는 유아들에게 요긴한 놀잇감이 된다. 청소기를 포장한 기다란 상자는 유아들의 흥미를 끌 만하다. 울퉁불퉁한 충격 방지용 속 상자는 기이한 모양 때문에 유아의 본능적 호기심을 자극하며, 일정하지 않은 모양은 다양한 용도로 활용된다.

유아들은 주어진 상자 모양을 있는 그대로 놀잇감으로 활용 중이다. 지우는 상자를 뒤집어쓰고 괴물이 된다. "으흐흐흐, 나는 괴물이다!" 지우의 귀여운 괴성에 친구들은 도망가기 바쁘다. 한쪽에서는 승민이와 예준이가 상자를 뒤집어 놓고 인형 놀이를 한다. "여긴 바다야, 배를 타고 가는 거야." 상자배에는 백설 공주와 인어 공주와 신데렐라가 타고 있다.

승하와 친구들은 상자를 엎어놓고 구멍을 활용해 놀이 중이다. 유아들은 구멍 사이사이로 블록을 집어넣어 감추는 놀이를 하고 있다. "보물 창고에 넣으면 아무도 못 훔쳐가지?" 승하의 설명에 친구들이 공감하듯 고개를 끄덕인다. 구멍에 블록을 넣는 과정에서 구멍이 커지기도 하고 찢어지기도 하지만 개의치 않는다. 모든 블록을 숨기고 나면, '짜잔' 하고 다 같이 상자를 들어 올리고 숨겨진 보물들을 확인한다.

보물 상자 놀이가 끝나자 승하는 상자의 멀쩡한 구멍에 손가락을 넣고 찢기 놀이를 한다. "와~ 잘 잘린다." 구멍과 구멍들을 연결하니 상자가 길게 반으로 잘리기 시작한다. 끝부분에 두껍게 막힌 부분은 잘리지 않고 이어져 있다. 승하가 자기 키만큼 잘린 상자를 머리에 걸치자 길게 늘어진 모습이 그럴듯하다. 도하는 얼굴 반쪽을 가린 후 발소리를 쿵쾅거리며 걷기 시작한다. "뭐야?" 영재가 묻자, "난 티라노사우루스다." 하며 응대한다. 교실은 이내 티라노사우루스의 포효 소리와 도망가는 유아들의 발소리로 어지러워진다.

유아들은 처음 상자의 원형과 외형적 특징을 이용해 놀이를 만들어내는 것을 관찰할 수 있다. 따라서 유아들의 놀이는 서로 비슷한 양상을 보인다. 좀 더 익숙해지면서 유아 개인의 성향과 그동안의 경험에 따라 새롭게 발견한 특징을 살려 다른 놀이로 이어간다. 탐색이 중요함을 알 수 있다.

① 상자를 쓰고 괴물 놀이하기

② 상자를 뒤집어 뱃놀이 하기

③ "손가락으로 구멍을 낼 수 있어. 구멍 속에 장난감을 숨기자."

④ "우리가 힘을 합쳐 가운데에 구멍을 내니까 상자가 반으로 잘렸어."

episode 2 **상자의 틀을 활용한 놀이**

상자가 부족한 듯하여 놀이쌤은 커다란 비품을 포장했던 네모 상자를 추가로 제공한다. 은서와 현이가 상자를 보더니 "선생님, 뚜껑 좀 떼어주세요." 하고 요청한다. 놀이쌤이 뚜껑을 잘라내자 은서와 현이는 무엇을 만들지 의논한다. "은서야 뭐 만들고 싶어?" 현이의 물음에 은서는 머뭇거림 없이 "엘리베이터." 라고 대답한다. "그래." 은서의 의견을 들은 현이는 함께 엘리베이터를 만든다. 두 유아는 몸이 들어갈 수 있도록 상자를 세운 후, 엘리베이터에 필요한 것들을 만들기 시작한다. "엘리베이터에 몇 층인지 누르는 거 있어." 하고 은서가 번호판을 만들어 붙이면, "카메라도 있어." 하며 현이가 종이컵에 가위집을 내어 CCTV를 만들어 붙인다. "소리는 어떻게 만들어?", "종을 붙이면 되지." 유아들은 이렇게 서로 아이디어를 더한다. 엘리베이터를 운행할 때마다 소리가 나도록 상판 한쪽에 핸드 벨도 붙인다. "엘리베이터 이름 좀 써주세요." 현이의 요청에 놀이쌤은 외곽선 글씨로 '**엘리베이터**'라고 적어준다. 현이와 은서는 글씨를 색칠한 후 엘리베이터에 붙이고 그림도 그려 꾸민다.

"나도 끼어주라." 두 친구의 동의로 들어온 하율이는 "난 인형 엘리베이터." 라고 하며 측면에 줄을 붙여 매단다. "이거 움직여야 하는데 어려워." 하율이를 지켜보던 놀이쌤이 측면에 구멍을 뚫고 줄을 끼워 도르래처럼 움직일 수 있도록 지원해준다. 하율이는 줄 끝부분에 종이컵을 달고, 줄을 당기면 종이컵이 올라가고 줄을 놓으면 종이컵이 내려가도록 만들어낸다.

현이가 엘리베이터 안에서 운행을 맡고 은서는 몰려드는 꼬마 손님들이 한 명씩 탈 수 있도록 줄을 세우고 안내하는 중이다.

엘리베이터에 부착된 물건들을 찾고 만드는 유아들의 아이디어가 기발하다. 유아의 개인적 경험과 엘리베이터에 대한 사전 지식이 놀이에 반영되면서 창의적 사고가 더해진다. 엘리베이터는 한동안 좁은 공간을 좋아하는 유아들의 쉼터로 활용됐다.

① 상자로 만든 엘리베이터

② 엘리베이터 놀이

채영이는 네모난 상자를 보며 한동안 고민하더니, 놀이쌤에게 가운데 부분을 커다란 네모로 잘라달라고 요청한다. 채영이가 손으로 그리는 부분을 따라 놀이쌤이 칼로 오려낸다. 채영이는 색종이에 그림을 그려서 오려 붙이더니, 다음에는 종이에 그림을 그리고 색칠하며 분주하게 만들기를 시작한다. 관심을 보이며 다가온 유아들도 채영이의 동의를 얻어 만들기에 합류한다. 원하는 모양대로 완성되자 채영이가 다시 놀이쌤에게 요청한다. "인형극 상자라고 써주세요." 그렇게 놀이쌤의 도움으로 간판도 달았다.

"너희는 여기 앉아." 친구들을 의자에 앉힌 후 채영이는 진서와 인형극을 시작한다. "제목은 토끼와 거북이야." 언제 만들었는지 빨대 손잡이를 단 토끼와 거북이가 등장하면서 인형극이 전개된다. "다음에 누구 할 사람?" 마음씨 좋은 채영이 덕분에 친구들은 인형 극장의 운영을 돌아가면서 맡고 다양한 스토리가 펼쳐진다.

놀이는 과정이다. 공들여 만들었기에 소유하고 싶을 만도 한데 만들고 놀이하는 과정에서 충분히 재미와 즐거움을 느낀 경우 그 결과물을 공유하는 데 인색하지 않다. 스스로 생각한 대로 표현하는 것에 대한 성취감과 만족도가 매우 큰 듯하다.

① 상자로 만든 인형극장

② 인형극 놀이 관람하기

상자에 조각을 덧붙여 만든 냉장고

청소기 포장 상자를 길게 세운 은지와 서진이는 고민이 많은 눈치다. 냉장고를 완성하고 싶은데 칸을 어떻게 만들어야 할지 생각이 떠오르지 않는 모양이다. 고민하던 서진이는 친구들이 자르고 남은 상자 조각들을 가져온다. "네모난 조각을 냉장고 상자 폭에다 대고 손가락으로 표시를 하더니 ㄷ자 선반 형태로 꺾어서 모은다. 선반을 5개 만든 서진이는 은지와 함께 상자 안에 고정하기 시작한다. 폭이 안 맞는 선반은 가운데 부분이 꺾이도록 억지로 붙여본다. 폭이 모자란 선반은 버리고 다시 만들기를 여러 번 시도한다.

 선반을 만들어 붙여가는 여러 차례의 시행착오를 거쳐 완성됐다. 어림잡아 눈대중으로 잰 길이가 맞지 않아 늘리고 줄이기를 반복하는 유아들의 끈기가 놀랍다.

"여기는 냉동실로 하자." 냉동실에 알맞은 아이스크림과 오징어를 그려서 붙인다. 놀이쌤의 도움을 받아 '행복냉장고'라는 이름도 붙이고 냉장실과 냉동실을 구분하는 이름도 붙인다. "손잡이가 있어야 해." 서진이는 길쭉한 상자를 찾아

손잡이를 만들어낸다. 때마침 휘재가 들고 가던 작은 상자는 "휘재야, 그거 빌려주라, 응?" 하는 은지의 부탁으로 선반 사이에 끼워진다. 서랍까지 갖춘 멋진 냉장고가 완성된 것이다. 냉장고 안의 음식들은 기꺼이 동참하는 친구들의 도움으로 이내 가득 찬다.

👩 은지와 서진이가 만든 냉장고는 반 친구 모두의 놀잇감이 됐다.

  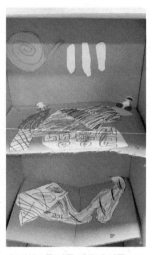

① 상자 조각으로 만든 선반 서랍　　② 냉장고 이름과 손잡이　　③ 냉장고를 가득 채운 음식들

episode 4 ◀ **진짜 텔레비전처럼 크게 만들면 어떨까?**

상자를 이용한 다양한 놀이가 진행되자 놀이쌤은 우산 포장용 긴 상자 4개를 추가로 지원했다. 다인이와 친구들이 상자의 귀퉁이를 맞추기 시작한다. 큰 네모 틀이 만들어진다. "이거 텔레비전하고 똑같다." 유아들은 상자를 텔레비전에 대어본다. 준서가 발견한 대로 정말 크기가 비슷하다. "이걸로 진짜 큰 텔레비전을 만들자." 유아들은 뿅뿅이를 붙여 전원 버튼도 만들고 알록달록한 액세

서리도 만들어 붙이며 순식간에 텔레비전을 완성한다. "선생님, 동화 보여주세요." 유아들은 자신들이 만든 텔레비전으로 재미있는 동화 한 편을 시청한다.

사물을 있는 그대로 묘사하지 않아도 좋다. 굳이 오랜 시간 동안 많은 작업을 하지 않아도 좋다. 유아 스스로 필요하다고 판단한 요소를 주변 재료로 간단하게 표시하는 것만으로도 충분한 놀이가 이루어지기 때문이다.

① 텔레비전 만들기

② 텔레비전 동화 보기

상자 놀이를 마무리하는 날, 유아들은 마지막 남은 상자를 펼치고 붙여서 돗자리를 만들기 시작한다. 상자는 마지막까지 기꺼이 유아들의 쉼터가 되어준다.

"상자를 펼치면 돗자리가 되지요."

교육과정 관련

| 건강하게 생활하기 | 하루 일과에서 적당한 휴식을 취한다. |

● 유아는 상자를 이용해 괴물이 되어보거나 감추기 놀이를 하는 등 다양한 놀이를 경험하면서 에너지를 마음껏 발산한다. 또 넓지 않은 상자 안에 들어가서 휴식 공간으로 활용하며 재미있게 생활한다.

의사소통

| 읽기와 쓰기에 관심 가지기 | 주변의 상징, 글자 등의 읽기에 관심을 가진다. |

● 유아들은 놀이쌤의 지원을 받아 엘리베이터와 인형극 상자에 이름표를 붙이며 상징과 글자, 읽기와 쓰기에 관심을 가진다.

사회 관계

| 더불어 생활하기 | 서로 다른 감정, 생각, 행동을 존중한다. |

● 유아들은 엘리베이터를 꾸미며 번호판, 카메라, CCTV, 핸드 벨을 만드는 과정에서 서로의 감정, 생각, 행동을 존중한다.

예술 경험

| 창의적으로 표현하기 | 극놀이로 경험이나 이야기를 표현한다. |

● 유아는 종이 상자로 인형극 상자를 만들고, 빨대 손잡이로 토끼와 거북이를 꾸미며 다양한 이야기를 창의적으로 표현한다.

자연탐구

| 생활 속에서 탐구하기 | 도구와 기계에 대해 관심을 가진다. |

● 유아는 상자로 엘리베이터를 만들며 엘리베이터의 특성에 관심을 가지고 엘리베이터가 하는 기능을 안다. 도르래를 지원받은 유아는 도르래의 쓰임에 관심을 가진다. 냉장고와 텔레비전을 만들어서 놀이하면서 기계가 생활에 어떤 영향을 주는지 관심을 가진다.

물건 포장에 사용된 여러 가지 모양의 상자들은 유아들에게 창의적 놀잇감이 된다. 우리 유치원은 문을 연 지 얼마 되지 않아 상자들을 많이 얻을 수 있었기에 유아들에게 크고 작은 다양한 상자들을 넉넉히 공급할 수 있었다. 유아들은 주로 만들고 꾸미는 용도로 상자를 사용했다. 상자를 뒤집어 쓰고 뛰어다니는 유아, 오리고 뜯고 구멍을 내어 주변을 어지럽게 하는 유아, 상자 속에 들어갔다 나왔다 하는 유아들을 보며 단순한 놀이를 한다고 생각했다. 그러나 자세히 들여다볼수록, 유아들 간의 이야기에 귀 기울일수록 흥미로운 아이디어가 숨겨져 있음을 발견할 수 있었다. 유아들은 예쁘게 만들거나 꾸미기에 치중하기보다 필요한 요소들을 만들며 여러 가지 기능을 갖춘 사물들을 표현했다. 실제로 사용할 수는 없어도 부족함이 없는 물건들이었다.

유아들은 때로 모양이 특이한 상자는 있는 그대로 상상 놀이에 활용했다. 상자는 괴물이 되기도 하고 배가 되기도 하고 보물 창고가 되기도 했으며, 그러다가 찢어지면 찢어진 대로 사용하기도 하고, 필요하면 뚫거나 잘라서 활용했다. 필요한 선반을 만들어 넣기도 했고 필요한 길이만큼 이어 붙여 만들어내기도 했다. 만드는 과정 내내 길이를 재단하고 내용을 고민하는 유아들의 모습을 보면서, 단순한 미술 놀이가 아니라 복잡한 사고를 요하는 창의 놀이를 하고 있음을 확인할 수 있었다. 적절한 길이로 만들기까지 여러 번의 시행착오를 거쳤고, 무엇이 필요한지 파악하여 조목조목 만들기도 했다. 스스로 할 수 있는 일과 놀이쌤의 도움이 필요한 일을 구분할 줄도 알았고 만든 결과물을 활용하는 방법도 고안해냈다. 예전처럼 여러 종류의 상자를 제시하고 그중 하나를 고르게 한 후 만들기 활동을 전개했다면 결코 맛볼 수 없는 기쁨과 의미를 찾을 수 있었다.

아쉬운 점이 있다면 여러 번의 시행착오를 거치며 길이를 재단하는 유아들에게 놀이 속에서 자연스럽게 '자'의 쓰임을 경험할 수 있도록 연결시켜주지 못한 것이다. 그랬다면 유아들은 즐겁게 또 하나의 경험을 확장할 수 있었을 텐데….

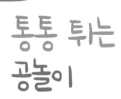

통통 튀는
공놀이

▶5세반 ▶자유놀이 시간 ▶2주 전개

 놀이의 의미와 가치

유아에게 놀이의 자유와 주도권을 허용하는 것은 매우 중요하다.

"유아들은 천성적으로 어른들의 간섭을 받지 않고 스스로 놀고, 스스로 탐색하도록 유전적으로 설계되어 있다."라고 『언스쿨링』에서 피터 그레이가 말한 것처럼, 놀이를 자세히 들여다보면 '유아는 스스로 놀면서 배울 수 있음'을 충분히 확인할 수 있다. 선택하고 결정하는 데 더 많이 고민할수록 유아들은 다양한 사고를 하게 되고 시행착오를 많이 겪을수록 배움이 많아짐도 느낀다.

과연 우리는 놀이의 자유와 주도권을 유아에게 충분히 허용하고 있는가?

세밀하게 계획을 세우고, 그 계획대로 충실하게 이행하는 수업을 좋은 수업이라고 교육을 받아왔던 우리가, 하루아침에 예전 방식을 내려놓고 유아들의 놀이 흐름을 좇아가는 것은 결코 쉬운 일이 아니다. 그럼에도 조금씩 유아들에게 주도권을 주고자 노력하는 것은 그것이 유아들의 '놀이', 곧 '행복한 삶'과 연결되어 있기 때문이다. 공놀이는 유아들에게 놀이 주도권을 주고자 한 놀이쌤의 고민과 노력을 담고 있다.

📍 놀이 관찰의 시작

▸ 유아는 공의 특성을 어떻게 이해하고 놀이로 확장해나갈까?
▸ 사용하지 않는 신문지로 어떤 놀이를 할까?

📍 놀이 흐름

`episode 1` 풍선도 공일까?

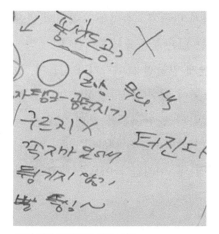

공에 대한 유아들의 생각 나눔

유아들은 '공'에 대해 어떻게 생각할까?
궁금한 놀이쌤이 유아들과 이야기를 나눈다. "풍선도 공이에요."라는 지은이의 말에 유아들은 고개를 갸웃거린다.
"풍선은 동그라니까 공이야."
"풍선은 동그랗지만 굴러가지 않으니까 공이 아니야."
"풍선은 묶은 곳이 있으니까 공은 아니지?"
"풍선은 둥둥 뜨니까 공이 아니야."

"풍선은 말랑말랑하니까 공이 아니야."
"말랑말랑한 공도 있잖아?"
공에 대해 이런저런 의견을 내놓던 유아들의 관심이 이내 공놀이로 이어진다.

온몸으로 느끼는 공놀이

① 다양한 색깔의 볼들

② 블록으로 볼 풀장 만들기

놀이쌤은 유아들이 마음껏 공을 탐색할 수 있도록 다양한 색의 볼풀 공을 충분히 제공해준다. "와~ 진짜 공 많다." 공을 본 유아들은 흥분하여 공을 뿌리고 던지며 놀기 시작한다. "공이 아무 데나 굴러가잖아. 우리 공을 가둬놓게 볼풀을 만들자." 연우의 제안에 유아들은 큰 블록을 가져오더니 곧 볼풀 공사를 시작한다. "우리 마음껏 놀 수 있게 넓게 만들자." 유아들은 복도의 반을 차지하는 넓은 볼풀을 만들어간다.

"다 높게 만들면 들어가기가 힘들어. 들어가는 곳이 있어야지." 일정한 높이로 볼풀을 쌓아가는 친구들을 보며 현우가 제안하자, 지성이가 이리저리 블록을 이동시키더니 입구를 구분하여 만들어낸다. "맨 위에 있는 블록을 빼서 여기에 연결시키면 돼. 여기는 들어오는 데고, 나갈 때는 이쪽으로 나가야 해. 알았지?"

놀이를 진행하는 과정에서 유아들은 놀이 상황에 대한 다양한 생각들을 주고받았다. 볼풀을 만드는 공동의 목표를 달성하기 위해 힘을 합쳐 노력했고, 문제가 발생하면 그때그때 의견을 내며 해결했다.

볼풀이 완성되자 유아들은 색색의 공들을 채우기 시작한다. "와~ 키즈 카페 같다.", "난 헤엄치고 있어.", "난 공 스케이트 타는 중이야. 하하, 발바닥이 간지러워." 공을 던지고 뿌리며 신나게 놀이하는 유아들의 웃음이 복도를 가득 메운다.

볼을 담았던 상자들을 재활용품 수거함에 넣어놨더니, 역시나 유아들에게 요긴한 놀잇감으로 변신한다. 채은이는 큰 상자와 작은 상자를 가져와 집 만들기를 한다. 큰 상자는 집 몸체가 되고 작은 상자는 펼쳐서 지붕처럼 얹는다. 앞뒤로 뻥 뚫린 지붕이 고민인 듯 채은이는 작은 상자 하나를 더 펼쳐서 지붕 앞면을 이어 붙인다. 지붕의 높이보다 상자의 너비가 작아 틈이 생긴 지붕이 완성된다. 안으로 들어간 채은이는 지붕 틈으로 밖을 내다본다.

채은이의 집을 본 유아들은 너도나도 집 만들기를 시도한다. 민기와 우준이가 채은이의 집 앞에 상자 하나를 놓고 고민하는 눈치다. "우리 미니 볼풀 만들래?" 민기의 제안에 둘은 상자의 반을 공으로 채우기 시작한다. 채은이의 집은 미니 볼풀을 구비한 근사한 주택이 된다. 채은이는 집 안에서, 민기는 볼풀 안에서 그렇게 따로인 듯 함께 어울려 놀이를 즐긴다.

👩 유아들의 놀이는 놀잇감의 소재로 연결되기도 하고, 유아들의 경험으로 연결되기도 한다. 그래서 전혀 다른 놀이인 듯 보여도 놀이의 흐름이 연결됨을 알 수 있다.

① 미니 볼풀을 만든 유아들

② 지붕 만들기에 성공한 채은

신문지 공으로 재밌게 농구해요

공을 탐색하던 우진이가 신문지를 뭉치기 시작한다. 손으로 구기고 주무르고 튀어나온 부분은 누르기도 하면서 둥글게 만들어간다. 신문지 공을 바닥에 던져보기도 하고 위로 던져서 받기도 한다. 농구를 하듯 "슛, 골인~" 하며 신문지 공을 던져서 받을 때마다 골인의 기쁨을 표현하기도 한다.

"농구를 하려면 무엇이 있어야 할까?" 놀이쌤의 물음에 우진이는 그제야 생각난 듯 농구 골대를 만들기 시작한다. 우진이는 블록에 대를 세운 다음, 가위로 신문지 한가운데를 동그랗게 자르고 대에 붙여 구멍이 2개인 골대를 만든다. 신문지 골대 완성! 우진이의 농구대에 관심을 보인 친구들이 모여들고 유아들은 차례대로 농구를 즐긴다. 그러나 신문지 공에 맞을 때마다 골대가 찢어지더니 이내 너덜너덜해진다.

규민이가 보더니 "우리 훌라후프로 농구 골대를 만들자."라고 제안한다. 유아들은 이전에 스카프 놀이에서 골대를 만들어보았던 놀이 경험을 살려 훌라후프에 줄을 엮어 농구 골대를 만들어낸다. 교실 문에 걸린 농구 골대를 향해 우진이와 친구들은 신문지 공으로 골인을 시도하고, 성공할 때마다 친구들의 함성과 박수가 이어진다.

① 신문지로 만든 농구 골대

② 훌라후프로 만든 농구 골대

준서는 통통 튀는 탁구공에 관심이 많다. 유치원에 있는 다양한 크기의 용기를 모아놓고 우진이와 함께 탁구공을 바닥에 튕겨서 통에 넣는 놀이를 하고 있다. "큰 통에는 잘 들어가는데 작은 통에는 잘 안 들어가." 우진이의 발견에 준서가 "그럼, 우리 큰 통은 점수를 1점만 주고 작은 통에는 10점을 줄까?" 하며 놀이 방법을 제안한다. 둘은 점수 내기 놀이에 푹 빠져든다.

👩 유아는 다양한 용기에 공을 넣는 놀이를 하면서 용기의 크기와 깊이가 관련성이 있음을 알고 규칙을 만들어 새로운 놀이로 발전시킬 줄도 안다. 스스로 만든 놀이이기 때문에 즐거움이 식을 줄 모른다.

탁구공으로 게임 놀이하기

교육과정 관련

신체활동 즐기기	신체 움직임을 조절한다.

● 볼풀을 만들기 위해 블록을 옮기면서 친구들과 함께 신체활동에 자발적으로 참여한다. 신문지 공으로 농구 놀이를 하면서 신체를 인식하여 움직임을 조절한다.

의사소통

듣기와 말하기	자신의 경험, 느낌, 생각을 말한다.
	상황에 적절한 단어를 사용하여 말한다.

● "풍선도 공일까?"에 대한 질문에 공에 대한 다양한 생각을 나누면서 다른 사람의 이야기를 잘 듣고 관련지어 말한다. 놀이 상황에서 적절한 단어를 사용하여 말한다.

사회 관계

나를 알고 존중하기	내가 할 수 있는 것을 스스로 한다.
더불어 생활하기	친구와의 갈등을 긍정적인 방법으로 해결한다.
	서로 다른 감정, 생각, 행동을 존중한다.

● 친구와 협력하여 볼풀을 만들고, 규칙을 정해 놀이를 하면서 약속이나 규칙을 지켜야 하는 이유를 알게 된다.

예술 경험

창의적으로 표현하기	다양한 미술 재료와 도구로 자신의 생각과 느낌을 표현한다.

● 상자를 이용해 집을 만들고 꾸미면서 다양한 미술 재료와 도구로 자신의 생각과 느낌을 표현한다.

자연탐구

생활 속에서 탐구하기	물체의 특성과 변화를 여러 가지 방법으로 탐색한다.
	물체를 세어 수량을 알아본다.

● 규칙을 만들어 탁구 놀이를 하며, 용기의 크기와 공의 관계를 파악하고 점수를 배정하며 수의 기초 개념을 안다.

공은 대부분의 유아가 좋아하는 아주 흥미로운 놀잇감이다. 온몸으로 즐기며 탐색하고, 다양한 놀이를 즐기면서 유아들은 순발력과 민첩성, 판단력 등을 기를 수 있다.

예전에는 공을 이용한 게임이나 운동 놀이를 많이 했다. 놀이쌤은 주로 공 주고받기나 던지기, 차기, 나르기, 치기 등의 활동이나 농구, 피구 등의 운동 게임을 수업에 활용했다. 물론 그때도 유아들은 즐겁게 수업에 참여했고 그 시간이 끝날 때면 아쉬운 한숨을 쉬곤 했다.

그런데 돌아보니, 유아들 각자가 공을 만지거나 경험하는 시간이 많이 짧았다는 생각이 든다. 차례를 기다려서 게임을 해야 했고, 자기 차례가 되어도 만지고 놀이하는 시간은 기대에 못 미쳤을 것이다.

이와 비교해보면 이번 공놀이는 오롯이 유아들이 마음껏 공을 탐색하고 즐길 수 있어 정말 좋았다. 유아들은 스스로 놀이하고 싶은 공을 선택할 수 있었고, 그만두고 싶을 때까지 마음껏 즐기며 갖고 놀았다. 그뿐 아니라 스스로 공을 만들기도 하고, 공을 활용한 놀이를 창안하기도 했다. 공놀이가 주제라고 해서 공만 갖고 노는 것이 아니라, 집도 짓고 그림도 그리고 골대도 만드는 등 놀이의 자유로움을 만끽했다.

그러고 보니 놀이쌤의 역할도 많이 달라졌다. 놀이쌤이 주도하는 수업이 아니라 유아들에게 놀이의 주도권을 주고 놀이를 지원하기 위한 노력이 주를 이루었다. 아직까지는 유아들에게 놀이의 주도권을 완전하게 넘겨주지 못하고, 놀이의 흐름을 잡아주는 차원에서 질문도 하고 제안도 하지만, 점차적으로 개입보다는 관찰과 지원 중심으로 전환하고자 노력 중이다.

유아가 주도하는 놀이 중심으로 접근하고 있지만 놀이쌤의 고민은 여전히 깊다. 놀이를 어떻게 관찰해야 하는지, 놀이의 의미는 어떻게 읽어야 하는지, 놀이 기획의 주도권을 유아들에게 어떻게 넘겨야 하는지, 그리고 유아들의 놀이를 확장하려면 어떻게 지원해야 하는지 등등….

하늘하늘
스카프 놀이

▶5세반 ▶자유놀이 시간 ▶1주 전개

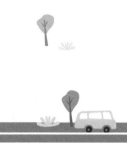

 놀이의 의미와 가치

놀이는 결과에 상관없이 과정만으로도 다양하고 창의적인 경험을 선물한다. 놀이 과정에서 유아들은 스스로 많은 선택과 결정을 하며 빈번하게 발생하는 크고 작은 문제들을 해결한다. 이는 곧 유아들의 생각이 넓어지고 깊어질 좋은 기회이다. 선택과 결정을 위해 결과를 예측하고, 문제를 해결하기 위해 상황과 맥락을 읽고 관계를 이해하는 일은 생각을 키우기 때문이다. 비록 말로 정확하게 설명은 못하더라도 유아의 머리는 반짝이며 돌아간다. 이런 점에서 놀이는 좋은 생각 연습이 아닐까?

　놀이쌤은 그런 놀이 기회를 많이 만들어주고 놀 거리를 풍부하게 지원해주되, 유아들이 스스로 선택하고 결정하며 문제를 주도적으로 해결하도록 지켜봐주어야 한다.

📍 놀이 관찰의 시작

> ▸ 알록달록 스카프에 대한 호기심이 어떤 놀이로 확장될까?
> ▸ 놀이 과정에서 유아들은 어떤 선택과 결정을 할까?
> ▸ 놀이 과정에서 빈번하게 발생하는 크고 작은 문제들을 유아들은 어떻게 해결해나갈까?

📍 놀이 흐름

episode 1 알록달록 스카프 탐색

"우아~예쁘다." 포장지를 뜯고 일곱 가지 색의 알록달록한 스카프가 나오자 유아들이 탄성을 지른다. 포장지 속 스카프들이 유아들의 호기심을 자극한 듯하다. 마치 선물 포장을 풀어보는 것처럼 설레는 표정으로 색색의 스카프를 한 장한 장 꺼내면서 어떻게 놀이할지 궁리하기 시작한다. 유아들은 스카프를 만져보고, 밟아보고, 던져보고 비벼보며 질감과 성질을 탐색한다. 몸에 두르며 망토와 치마를 만들기도 하고 두건으로 쓰고 멋을 내기도 한다.

"야, 색깔이 변했어." 스카프 두 장을 겹쳐서 들여다보던 하윤이가 대단한 발견을 한 듯 흥분한다. 각각의 스카프를 섞어가며 색의 변화를 관찰하던 하윤이는 빨주노초파남보의 무지갯빛 순으로 나열해보기도 한다.

"많이 겹치면 이상한 색이 나와."

스카프 일곱 장을 모두 겹쳐서 관찰하던 하윤이가 표현하기 애매한 듯 친구들을 불러모은다.

"이건 아무색이라고 하자."

무슨 색인지 명명하기가 어려운 듯 유아들은 '아무색'이란 색 이름도 지어준다.

유아들의 반응이 궁금해서 스카프를 포장한 채 제공했는데 이것이 유아들의 관심을 자극했던 것 같다. 선물처럼 받아들이고 다양하게 탐색하는 유아들의 반응을 보며 놀이쌤의 마음도 흡족했다.

① 스카프 탐색 놀이 1

② 스카프 탐색 놀이 2

episode 2 **스카프로 할 수 있는 놀이가 많아요**

민지가 스카프를 이어서 끈을 만들자 유아들은 너나 없이 모두 스카프를 잇기 시작했다. 스카프가 미끈거려서 묶기가 쉽지 않은 듯 여러 번 시도하다가 놀이 쌤에게 도움을 청한다. "선생님, 이 스카프들을 모두 이어주세요." 길게 연결된 스카프를 하늘 높이 던져서 받기 놀이가 이어진다. 한쪽에서 던지면 반대쪽에서 받기도 하고 천장까지 닿도록 높이 던졌다가 받기도 한다. 긴 스카프 줄을 어깨에 메고 끌고 다니며 붙잡기 놀이도 한다. 길게 이어진 스카프를 서로 잡으려고 당기다가 놀이는 어느새 줄다리기 시합으로 이어진다.

"우리 이거 붙여놓고 놀자." 승찬이의 제안에 유아들은 테이프를 이용해 책상 위에 스카프 줄을 붙이려고 시도한다. "왜 안 붙지?" 여러 차례 시도해도 붙이기가 안 되자 승찬이가 의자 다리에 스카프 줄을 묶는다. 찬윤이가 반대쪽 끝을 잡고 조금 떨어진 책상 다리에 묶는다. 길게 이어진 스카프 줄들이 여기저기 고정되면서 교실은 마치 거미줄에 갇힌 듯 복잡하게 얽힌다. 유아들은 복잡한 줄을 뛰어넘고 다니며 신나게 놀이한다. 누군가가 스카프를 밟고 미끄러지자 유아들은 아예 양말을 벗고 놀이한다.

"우리 지금 만들기를 하니까 방해하지 마." 블록으로 작업 중이던 지우가 볼멘소리로 항의한다. 연이어 희진이가 책을 옮기다가 줄에 걸려 넘어진다. "미안해." 승찬이와 찬윤이는 묶어놓은 스카프 줄이 친구들에게 방해가 되자 서둘러 푼다.

이제 승찬이와 찬윤이는 서로 거리를 두고 스카프 끝을 잡아당겨 긴 줄을 만든 다음 친구들에게 외친다. "스카프를 지나가 봐." 두 유아는 친구들이 뛰어넘기를 성공할 때마다 높이를 조절하며 더 어려운 단계를 제공한다.

"이제부턴 밑으로 지나가 봐." 점점 스카프 줄이 아래로 내려가고 유아들은 그에 맞춰 과제를 수행한다. "이건 너무 낮은데. 기어야 할 것 같아." 두 유아가 스카프 줄을 바닥에 닿을 듯 내리자 유아들은 바닥에 찰싹 붙어서 기어가며 스카프 줄을 통과한다.

유아들은 스카프를 이용해 다양한 놀이를 만들었다. 놀이 과정에서 발생된 갈등 요소는 크게 문제삼지 않았고 적극적으로 함께 해결했다. 유아들은 놀이의 단계를 점점 높여가며 도전했고, 성취할 때마다 즐거움과 환호성도 높아졌다. 이 모든 것을 유아들이 '스스로' 해낸 것이다.

① 스카프를 연결하여 줄 만들기

② 스카프 줄 통과하기 놀이

episode 3 라푼젤 놀이

"난 라푼젤이야, 이것 봐. 내 머리카락이 정말 길지?" 하윤이가 줄줄이 연결된
긴 스카프를 목에 건 마스크 줄에 묶고 한쪽으로 쓸어내린다. "그럼 난 마녀 할
래. 라푼젤, 머리카락 좀 내려줄래?" 민지의 반응에 지윤이는 스카프 머리카락
을 던져준다. 그렇게 교실 곳곳에서 라푼젤 놀이가 시작된다. 지윤이는 의자
위에 올라서서 긴 머리카락을 늘어뜨렸고 지나가는 유아들은 저마다 다양한 마
녀 흉내를 낸다.

라푼젤 놀이를 위해 긴 머리카락으로 변신한 스카프

episode 4 스카프 놀이의 확장

몇몇의 유아가 라푼젤 놀이를 하는 동안 승찬이는 책상 아래에 숨는다. 놀이쌤
이 주황색 스카프 한 장으로 책상 다리를 가리며 장난을 건다. "어, 선생님이 주
황색으로 보여요." 승찬이는 여러 색의 스카프를 번갈아가며 비춰본다. 스카프
를 통해 알록달록한 세상을 관찰하는 승찬이를 보며 지우와 영훈이도 책상 아
래쪽으로 모여든다. "아, 좁아." 3명이 들어가기에는 책상 아래 공간이 좁은지
승찬이가 밖으로 나온다. 그러고는 책상 2개를 벌리고, 연결해놓은 긴 스카프

를 책상에 두른다. "이야! 이제 넓어졌다. 아이, 편해." 스카프 텐트가 완성된 것이다.

"여기는 산속. 우리 이제 캠핑하는 거야." 승찬이의 주도로 캠핑 놀이가 시작된다. 유아들은 누가 먼저라고 할 것도 없이 역할 영역에서 음식 재료와 그릇, 수저 등을 챙겨서 텐트 옆으로 옮겨온다. 그러고는 나무를 이용해 장작처럼 쌓고, 삼겹살을 구우며 바비큐 상을 차린다. "승찬이 형도 먹어." 동생이 된 영훈이가 한 쌈 싸서 입에 넣어준다. "지우야, 너도 먹어봐." 마음이 넉넉한 큰형 승찬이가 막내 역의 지우도 챙긴다. 형제애인지 우정인지, 따뜻한 사랑이 넘치는 캠핑 놀이가 계속된다.

단순히 음식을 만들어서 먹는 캠핑 놀이가 아니라 만든 음식을 서로 나누어 먹는 따뜻한 모습이라니. 놀이쌤은 늘 티격태격 부딪히는 세 친구가 놀이로 우정을 쌓아가는 모습이 마냥 흐뭇하기만 하다.

① 스카프를 연결하여 넓은 텐트 만들기

② 캠핑 놀이를 위해 음식 만들기

episode 5 ◀ 스카프를 천장에 매달아요

교실 곳곳에 다양하게 펼쳐지던 스카프들이 급기야 천장으로 이어진다.

"선생님, 이것 좀 저기에 매달아주세요." 유아들의 요구에 스카프는 천장에

색색이 매달려 늘어진다. 교실 가운데로 늘어진 스카프를 당겨 얼굴에 비추며 깔깔거리고 웃는다.

"여기에 줄을 연결하면 재밌겠다." 천장에 매달린 스카프 줄에서 여러 갈래의 줄들이 이어지자 교실 전체가 미로처럼 엉키기 시작한다. 어떤 줄은 위로 통과하고 어떤 줄은 아래로 통과하며 장애물처럼 만들어졌다.

"점심시간에 밥 먹을 땐 어떡하지?" 놀이쌤이 걱정하자 "줄 없는 곳으로 책상을 옮기면 되잖아요."라고 한 유아가 대답한다. "지나가려면 많이 불편하지 않을까?" 놀이쌤의 고민을 공감한 듯 유아들은 자발적으로 책상 배치를 바꾸고, 한결 더 조심스러운 태도로 움직이기 시작한다.

생활의 불편까지도 기꺼이 감수하며 놀이를 이어가고자 하는 유아들의 욕구에 놀이쌤은 적잖이 놀랐다. 유아들은 놀이에 단순한 활동 이상의 중요한 의미를 부여하고 있음을 느끼며, 그러한 놀이를 더 존중하고 지원해야겠다고 다짐해본다.

① 유아들의 제안을 반영해 만들어진 스카프 줄

② 스카프 줄 잇기

교실에서는 스카프 놀이와 더불어 비닐 놀이가 함께 진행되고 있다. 하얀 비닐
봉지를 찾아낸 유아들이 매직으로 그림을 그리고 전시해달라고 한다. "벽에 더
이상 붙일 공간이 없는데 어쩌지?" 놀이쌤이 짐짓 걱정하는 표정을 짓자 유아
들은 붙일 공간을 탐색하기 시작한다. "복도는 안 돼. 가방이랑 옷이 있어서 붙
일 곳이 없어." 연수의 의견이 꽤나 설득력이 있었는지 유아들은 복도 대신 교
실 이곳저곳을 살피고 다닌다.

"야, 우리 저기 붙이자." 현지가 천장을 가리킨다. "안 돼, 스카프가 붙어 있어
서." 연수의 지적에 "스카프 밑에 달면 되잖아."라고 현지가 반박한다. 결국 현
지의 의견대로 스카프 아래에 비닐봉지를 전시하기 시작한다.

스카프는 꽤 높이 달려 있지만 그 아래 비닐봉지는 손에 닿을 듯 가깝다. 현지
와 지우가 막대를 들어 비닐 치기를 시도한다. 간당간당한 시도 끝에 막대에 부
딪힌 비닐봉지가 팔랑거린다. 교실엔 어느새 비닐 맞추기 놀이가 성행한다.

유아들의 아이디어는 정말 재밌고 기발하다. 이전의 경험이 놀이에 더해져 새로운 놀이가 만들어진다.

① 스카프와 비닐봉지가 어우러진 교실 풍경

② 비닐봉지 맞추기 놀이

교육과정 관련

신체운동·건강

신체 활동 즐기기	기초적인 이동 운동, 제자리 운동, 도구를 이용한 운동을 한다.
안전하게 놀이하기	일상에서 안전하게 놀이하고 생활한다.

- 스카프를 던져서 주고받기, 스카프를 연결한 줄다리기와 림보 놀이 등을 통해 다양한 신체활동을 즐기고 조절하는 경험을 한다.
- 유아들은 스카프를 밟고 미끄러지지 않도록 스스로 양말을 벗으며 안전하게 놀이한다.

의사소통

듣기와 말하기	상대방이 하는 이야기를 듣고 관련해서 말한다.
책과 이야기 즐기기	말놀이와 이야기 만들기를 즐긴다.

- 스카프를 이용한 놀이 경험과 생각을 서로 공유하며 놀이 상황을 조절하는 경험을 한다.
- 스카프 일곱 장을 모두 겹쳐서 나온 색깔의 이름을 '아무색'이라고 지어주며 새로운 단어를 창작하는 말놀이를 경험한다.

사회 관계

더불어 생활하기	서로 다른 감정, 생각, 행동을 존중하며 갈등을 긍정적인 방법으로 해결한다.

- 놀이의 즐거움이 때로는 다른 친구에게 방해가 될 수 있음을 인식하고 갈등을 긍정적인 방법으로 해결한다.
- 갈등 해결의 경험을 통해 다른 사람의 감정, 생각, 행동을 존중하는 경험을 한다.

예술 경험

창의적으로 표현하기	다양한 미술 재료로 자신의 생각과 느낌을 표현한다.
예술 감상하기	다양한 예술을 감상하며 상상하기를 즐긴다.

- 스카프의 성질을 이용하여 도구의 용도로 사용하는 등 놀이의 단계를 높이는 과정에서 자신의 경험과 이야기를 창의적으로 표현한다.
- 유아들은 하얀 비닐봉지를 찾아내고는 매직으로 그림을 그리고 다양한 공간을 탐색하여 전시하며 서로의 작품을 감상한다.

자연탐구

탐구과정 즐기기	궁금한 것을 탐구하는 과정에 적극적으로 참여한다.
생활 속에서 탐구하기	물체의 특성과 변화를 여러 가지 방법으로 탐색한다.

- 스카프를 만져보고, 밟아보고, 던져보고, 비벼보며 질감의 성질을 탐색하고 스카프의 비치는 성질을 활용하여 색을 만들어 나열하는 등 탐구과정을 즐긴다.
- 책상에 스카프를 고정하려고 테이프를 사용했으나 뜻대로 되지 않자 책상다리를 이용하여 묶는 방식으로 해결하고, 이후 책상의 간격을 넓혀가며 간격에 따라 스카프의 길이를 조절하는 등 여러 가지 방법으로 탐색 경험을 한다.

놀이쌤의 고민과 성찰

스카프를 던지거나 흔드는 표현 놀이를 생각했던 놀이쌤의 상상과 달리 유아들의 놀이는 매우 다양하고 기발했다. 놀이쌤이 아무리 고민하고 연구한다고 한들 이런 기발한 놀이를 제안할 수 있었을까? 그래서 유아들이 주도하는 놀이가 중요하다고 하는 것 같다.

유아들의 놀이를 지원하면서 놀이쌤은 지도한다거나 돕는다는 생각보다는 궁금해서 묻고, 재밌어서 참여하고 싶다는 마음을 갖게 된다. 놀이쌤도 유아들과 함께 놀이를 즐기고 싶은 것이다. 그래서 가끔 장난을 걸기도 하고 유아들의 입장에서 질문을 던지고 놀이자로 참여한다.

유아에게 놀이쌤은 어떤 존재일까? 재미있는 놀잇감을 제공하는 존재, 필요할 때 도움을 받을 수 있는 존재로 생각하는 것 같다. 그 이상을 넘어 정말 놀이 친구가 되려면 어떻게 접근하면 좋을까? 요즘 놀이쌤의 고민이다. 유아들과 같이 놀이를 고민하고 함께 재밌게 놀이하고 싶은데, 자칫 끼어들면 놀이의 흐름을 방해하는 것은 아닌가 싶어 망설이곤 한다. '놀아주는 선생님'이 아니라 '같이 놀이하는 선생님'이고 싶은데, 아직은 많이 부족한 것 같다.

놀이쌤은 가끔 유아들이 떠난 빈 교실에서 놀잇감을 만지며 놀아본다. 그러면서 무엇을 더 지원해주면 좋을지 놀이의 그림을 그려본다. 유아들의 마음을 읽기 위한 놀이쌤 나름의 노력인 것이다. 때론 상상했던 대로 유아들이 놀이할 때는 속으로 쾌재를 부르기도 한다. 맞혔다는 생각보다는 유아들의 마음을 읽었다는 기쁨이 크기 때문이다.

유아의 놀이는 놀이쌤이 관심을 갖고 애정을 쏟아 지원하는 만큼 재밌게 진행되고 지속된다는 것을 종종 경험하게 된다. 결국 놀이 중심 교육은 놀이쌤의 역량에 달려 있는 것인가? 부담도 되고 무거운 책임감도 느끼지만, 한편으로는 놀이쌤이 열심히 노력하면 유아들의 놀이가 더 의미 있는 배움으로 진행될 수 있다는 생각에 자부심도 느껴진다. "그래, 조금 더 힘을 내고 조금 더 노력하자, 아자, 아자!" 오늘도 놀이쌤은 이렇게 또 다짐한다.

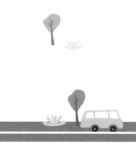

방글방글 우산 놀이

▶3세반 ▶자유놀이와 바깥놀이 시간 ▶1주 전개

놀이의 의미와 가치

놀이에도 가짜 놀이와 진짜 놀이가 있다. EBS 다큐 프라임 「놀이의 반란」에 나온 주장이다. 유아는 스스로 놀이를 시작했어도 끝을 낼 수 없을 때는 그것을 놀이로 생각하지 않으므로, 그만두고 싶을 때 언제든 그만둘 수 있어야 한다는 것이다. 진짜 놀이와 가짜 놀이를 구분하는 기준은 유아가 놀이의 주체자로서 선택과 결정의 주도성을 갖는 것이다. 3세 유아의 놀이에서 고민하는 지점이 바로 이 주도권이다. 이는 유아가 놀이 계획을 세우고 스스로 진행 과정을 결정할 수 있도록 어떻게 허용하고 지원해야 좋은지에 대한 고민이다.

이에 대해 "3세도 유능하다."라고 답하고 싶다. 적응이 필요한 학기 초에는 놀이쌤이 제안하고 개입하여 지원하는 부분이 필요하더라도 시간이 지날수록 유아 스스로 놀면서 고민하고 배울 수 있도록 허용하는 폭을 넓혀가야 한다.

'우산 놀이'는 우산의 투명한 소재와 오목한 형태를 이용해 3세 유아가 그 이상의 다양한 놀이를 전개하면서 온전한 놀이의 주체자와 협력자가 될 수 있음을 보여준다.

📍 놀이 관찰의 시작

▸ 3세 유아는 투명 우산으로 놀이를 어떻게 진행하며 어떤 배움을 갖게 될까?
▸ 유아가 놀이의 주도권을 가지고 스스로 놀이하는 모습은 어떨까?

📍 놀이 흐름

episode 1 ◀ **세상에 하나밖에 없는 나만의 우산**

놀이쌤이 투명 우산을 제공하자 유아들은 우산을 폈다 접었다를 반복하며 탐색하기 시작한다. "선생님, 여기에 그림 그려도 돼요?" 지윤이의 요청에 놀이쌤은 그리기 도구와 스티커를 제공한다. 유아들은 이내 세상에서 하나밖에 없는 우산을 만들기 시작한다. 투명한 비닐에 그린 그림을 전등에 비춰보며 감상하기도 하고 빙글빙글 돌려보며 관찰하기도 한다.

👩 놀이쌤은 우산을 모두에게 제공하되 희망하는 유아들만 우산을 꾸며도 된다고 안내했다. 꾸미기보다 접고 펴는 탐색을 더 즐기는 유아도 있었기 때문이다. 하고 싶은 것과 하고 싶지 않은 것을 선택할 수 있는 자유를 허용하고 싶었다.

① "선생님, 여기에 그림 그려도 돼요?"

② "불빛에 비추니까 예뻐요."

유아들이 우산으로 다양한 놀이를 하고 있다. 창중이와 영훈이는 해변에서 본 기억이 있는지 우산을 파라솔처럼 세운 뒤 그 아래에 고래, 상어 등 다양한 물고기 모형을 줄지어 놓는다. "바다에서 헤엄치다가 힘들면 여기서 쉬는 거야."

다빈이와 하율이는 우산을 위로 들고 두 손으로 빙글빙글 돌리기 놀이를 하다가 다시 뒤집어 바닥에 놓고 팽이처럼 돌려본다. "야, 우산팽이가 됐어." 팽이놀이가 재밌어 보이는지 교실 여기저기에서 우산팽이가 돌기 시작한다. 우산끼리 부딪혀 금세 멈추는 팽이가 많다. "누가 더 오래 돌리나 시작~" 또 하나의 놀이가 시작된다. 짓궂은 남아들은 일부러 친구의 우산팽이와 부딪히게 장난을 걸기도 한다.

① 비치파라솔로 변신한 우산

② 우산팽이 놀이

현진이가 매직콘 한 줌을 가져다가 뒤집혀진 우산 안에 놓고는 콩콩거리며 우산을 두드리자 매직콘이 쉴 새 없이 튕겨지며 춤을 춘다. 창중이도 현진이를 따라 매직콘을 튕기며 놀이한다. 그러다 매직콘을 넣은 채 우산을 돌리자 우산 안에서 매직콘이 회전하기도 하고 튕겨 나오기도 하며 즐거움이 더해진다.

준서는 바닥에 떨어진 매직콘을 높이 뿌리기 시작한다. 매직콘 비가 내리기

시작한다. "비 온다. 더 많이 뿌려줘." 시우가 우산으로 매직콘을 맞으며 즐거
워한다. 하빈이까지 합류하면서 한참 동안 교실에는 매직콘 비가 내린다. 교실
바닥 가득 매직콘이 고이자 이번엔 준서가 발바닥으로 밟고 비비며 놀기 시작
한다. 매직콘이 밟혀서 찌그러지기도 하고 굴러가면서 발바닥을 간지럽히기도
한다. "너도 해봐, 진짜 재밌어." 준서를 따라 시우와 하빈이도 매직콘을 비비며
미끄러지기를 반복한다.

① 매직콘 비 놀이

② 우산집 놀이

교실 한쪽에서는 연수와 친구들이 우산을 쓰고 앉아 집 놀이를 하고 있다.
"우리 집을 크게 만들래?" 연수의 제안에 몇 개의 우산이 합쳐지자 조금 더 넓
은 집이 만들어진다. "너도 이리 들어와." 모여든 친구들로 복잡하지만 우산 안
에서는 오순도순 즐거운 이야기가 이어진다.

우산 하나로 다양하게 펼쳐지는 유아들의 놀이가 재미있고 놀랍다. 유아들은 주어진 우산에만 제한
받지 않고 교실에 있는 놀잇감들을 섞어 새로운 놀이를 만들어내는 유연함을 보였고, 친구의 놀이를 모방
하면서 아이디어를 보태 다시 새로운 놀이를 만들어내는 창의성도 보여주었다. 그러면서 함께 놀이하는
사회성도 엿볼 수 있었는데, 각자의 놀이가 이어져 게임이 되기도 하고 함께 모여 상상 놀이를 하기도
했다. 놀이쌤은 유아들의 놀이를 좇아가는 내내 행복했다.

하늘에서 비가 내려요

매직콘 비를 경험한 유아들은 비가 오기를 기다리고 있다. 무심하게도 장마가 지나갔는지 하늘은 맑기만 하고 비가 올 기미는 전혀 보이지 않는다.

고민하던 놀이쌤은 유아들의 바람을 들어주고 싶어 바깥에서의 우산 놀이를 제안한다. "밖에서 우산을 쓰고 놀이하면 어때? 비가 올지도 모르잖아." 유아들은 환호성을 지르며 신나게 교실을 나선다. "진짜 비가 오면 좋겠다, 그지?" 유아들의 소원이 간절하다. 놀이쌤은 모래장의 호스를 이용해 비를 만들어준다. 간절한 유아들의 눈빛에 놀이쌤의 마음이 움직인 것이다.

유아들은 우산으로 물줄기를 맞으며 떨어지는 소리를 탐색한다. 또르르 구르는 물방울을 관찰하기도 하고 우산을 돌리며 물방울을 튕겨내기도 한다. 떨어지는 물방울을 손으로 만져보기도 하고 물줄기가 햇빛에 비칠 때의 반짝이는 느낌을 경험하기도 한다.

👩 평소 우산을 쓸 때는 흘려 넘겼던 경험을 놀이를 통해 새롭게 접근했다. 우산에 부딪히는 물방울 소리, 물방울의 움직임 햇빛에 비치는 물방울의 느낌 등 보고 듣고 만지는 탐색을 통해 다양한 경험을 할 수 있었다.

① 물방울 관찰하기

② 물방울을 튕기며 놀이하기

놀이쌤은 물 호수에 이어 비눗방울을 뿌려준다. 우산에 부딪힌 비눗방울들이 톡톡 터지면서 즐거움이 더해진다. "아, 무지개다!" 비눗방울에 어리는 무지개를 발견한 범준이가 놀라서 외치자 너도나도 무지개를 찾는다. "무지개를 잡자." 유아들은 비눗방울을 따라 뛰어다니며 무지개 잡기 놀이를 한다.

① 비눗방울 관찰하기   ② 비눗방울 잡기 놀이

교육과정 관련

신체운동·건강

신체활동 즐기기	신체 움직임을 조절한다.

- 유아는 우산을 들고 빙글빙글 돌리기를 하다가 뒤집어 팽이처럼 돌리거나 우산을 쓰고 돌리며 물방울을 튕겨내기도 한다.

의사소통

듣기와 말하기	자신의 경험, 느낌, 생각을 말한다.
	상대방이 하는 이야기를 듣고 관련해서 말한다.

- 유아는 우산 놀이를 하며 파라솔처럼 세운 우산 아래에 다양한 물고기 모형을 줄지어 놓으며 "바다에서 헤엄치다가 힘들면 여기서 쉬는 거야." 하며 자신의 생각을 표현한다.
- 유아는 "이번엔 우산이 팽이가 되는 거야 누가 더 오래 돌리나 시작~", "다시 우산이야, 비를 더 많이 뿌려줘"라는 친구의 제안에 매직콘 비를 뿌리는 등 관련해서 반응한다.

사회 관계

더불어 생활하기	친구와 서로 도우며 사이좋게 지낸다.
	서로 다른 감정, 생각, 행동을 존중한다.

- 유아의 상상 놀이는 서로의 생각을 존중하게 하며, 우산팽이 돌리기, 매직콘 비 뿌리기, 우산 파라솔 놀이를 함께 하면서 사이좋게 지내는 긍정적인 감정을 경험한다.

예술 경험

아름다움 찾아보기	자연과 생활에서 아름다움을 느끼고 즐긴다.
예술 감상하기	서로 다른 예술 표현을 존중한다.

- 투명 우산을 이용하여 형형색색 하나밖에 없는 자신만의 우산을 만들고, 감상을 통해 서로 다른 표현의 방식을 존중하고 아름다움을 느끼는 경험을 한다.

자연탐구

탐구과정 즐기기	주변 세계와 자연에 대해 지속적으로 호기심을 가진다.
생활 속에서 탐구하기	물체의 특성과 변화를 여러 가지 방법으로 탐색한다.

- 우산의 생김새와 특성은 유아에게 호기심을 갖게 하였고 파라솔, 팽이, 우산집 등으로 변화하며 상상 놀이를 촉진한다.
- 우산에서 나는 빗소리와 빗방울을 탐색하는 과정에서 빛의 반사에 따라 반짝이는 정도가 다름을 느끼고, 비눗방울 놀이에서 '무지개'가 발생하는 현상에 대해 관심을 갖는다.

3세반 담임을 맡으면서 유아가 주도하는 놀이가 가능할지 고민이 많았다. 교육기관에 처음 발을 내디딘 유아들. 학기 초엔 적응을 못해 우는 유아도 있었고, 제멋대로 돌아다녀서 붙잡으러 다니기 바빴던 유아도 있었다. 놀이는커녕 적응만 잘해도 좋겠다고 생각했던 유아들이었는데 이제는 함께 놀 수 있는 게 신기하기만 하다.

우리 반의 경우 아직까지는 유아가 먼저 놀이를 제안하거나 시작하지는 못한다. 놀이쌤이 유아들이 흥미를 보일 만한 놀잇감을 찾거나 의미와 가치가 있는 놀이를 제안하는 경우가 대부분이다. 유아들이 전적으로 놀이를 주도하지는 못하지만 일단 시작한 놀이 과정에서 유아들의 의견을 듣고 반영하려고 노력하며 유아들이 선택하고 결정하는 대로 놀이의 흐름을 맡기려고 노력한다.

우산 놀이는 바로 그러한 맥락으로 전개한 놀이이다. 여름 장마철을 보내면서 유아들이 우산을 써본 경험이 많기에 관심이 많을 것으로 예상하고 기획한 놀이였다. 놀이쌤이 나름대로 예상한 것은 우산을 꾸미거나 탐색해보는 정도의 놀이였는데, 막상 놀이가 시작되자 유아들은 우산의 모양과 특색을 살려 다양한 아이디어를 내며 주변의 자료를 이용하여 자기만의 놀이를 만들어냈다.

3세라고 유아들을 과소평가한 것은 아닐까?
3세도 무슨 놀이를 하고 싶은지 스스로 놀이 기획이 가능하지 않을까?

유아에게 놀이의 주도권을 줄 때는 선택과 결정권만이 아니라 기획을 할 수 있는 권한도 함께 주어야 한다고 생각한다. 무엇을 하고 싶은지 놀이의 시작에 유아들의 생각과 목소리가 반영되어야 하지 않을까? 이제 놀이쌤은 3세 유아라 할지라도 놀이의 시작점에서 유아의 목소리에 귀를 기울이고자 한다. 그리고 점차 유아에게 놀이의 주도권을 넘겨주자고 스스로에게 다짐한다.

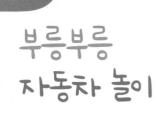

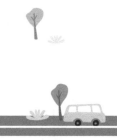

부릉부릉
자동차 놀이

▶4세반 ▶자유놀이 시간 ▶1주 전개

 놀이의 의미와 가치

유아에게는 놀잇감을 탐색하고 활용하기까지 충분한 시간이 필요하다. 대다수 유아들은 처음에는 보이는 대로 직관적인 놀이를 즐기다가 놀잇감을 충분히 탐색한 후에는 상상력이나 창의력을 발휘하기 때문이다.

때로는 탐색 과정이 한없이 길어져서 지켜보는 것이 쉽지 않지만, 유아가 스스로 놀잇감을 탐색하고 탐구하고 이해할 수 있도록 인내심을 갖고 지켜보는 것은 매우 중요하다. 탐색이 바탕이 되어야 놀이 과정에서 발생하는 여러 가지 문제나 과제를 해결하기가 쉽고, 그러한 해결 과정을 통해 생각이 더해지고 놀이가 확장될 수 있기 때문이다.

따라서 유아가 시작한 놀이가 자신만의 방식으로 전개될 수 있도록 충분한 시간을 제공하고 동일한 시간에 서로 다른 형태의 놀이가 병행되더라도 존중해 주는 것이 필요하다. 개인마다 탐색 시간이 다르고 놀이를 전개하는 흐름이 다르기 때문에, 모든 유아가 같은 놀이를 해야 한다는 생각보다는 개개인의 놀이를 존중하고 지원하는 것이 더 효과적일 수 있다.

📍 놀이 관찰의 시작

▸ 자동차를 움직이게 하려고 어떤 탐색과 시도를 하며 놀이를 할까?
▸ 충분한 놀잇감 탐색은 이후 놀이의 변화와 발생하는 문제를 해결할 때
　어떤 영향을 줄까?

📍 놀이 흐름

episode 1 ◀ 자동차를 움직이게 하는 방법을 찾아라

산책길 공터에서 보았던 교통기관이 교실로 이어진다. 진우와 친구들은 상자 하나를 놓고 자동차를 어떻게 만들까 고민 중이다. 유아들은 자동차 앞뒤에 전면 창문을, 옆면에는 창문과 문을 색종이로 만들어 붙인다. 자동차 좌우로 까맣고 동그란 색종이 바퀴도 달려 있다.

① 공터의 자동차 관찰하기

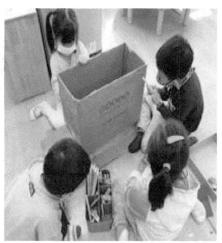

② 관찰한 자동차를 상자로 만들기

자동차를 완성한 별이가 상자 안에 앉아서 운전을 한다. "부릉부릉. 근데 이거 움직이면 진짜 좋겠다, 그지?" 별이의 말에 경서와 하인이가 자동차를 밀어준다. 자동차는 조금 밀리다가 매트에 걸린다. "우리 복도에서 놀자." 경서의 제안에 유아들은 자동차를 들고 복도로 나간다.

　이번에는 하인이가 타고 별이와 경서가 밀어준다. 자동차는 조금 밀리다가 앞으로 쏠린다. "바퀴가 없어서 안 움직여. 움직이는 걸 찾아야 해." 하인이의 말에 경서는 남아 있는 상자를 가지고 온다. "이걸로 어떻게 움직여?" 하인이가 의아한 듯 쳐다보자 경서는 상자를 펼쳐서 자동차 밑에 받쳐준다. "네가 이걸 잡고 당겨. 내가 밀어줄게." 경서의 말대로 별이가 탄 자동차를 하인이가 끌고 경서가 뒤에서 밀어준다. 자동차를 그냥 밀 때보다 훨씬 더 잘 움직인다. 유아들은 차례대로 자동차에 타고 서로를 밀어주면서 즐겁게 놀이한다.

　　유아들은 자동차가 움직이지 않는 문제를 해결하기 위해 자동차 바닥에 상자를 덧대는 방법을 택했다. 잡아당기는 것이 쉬워지고 잘 밀리면서 조금 더 수월하게 움직일 수 있었다. 눈앞에 닥친 과제를 스스로 해결하고자 노력하는 경험이 중요한 것 같다.

① 움직이는 상자 자동차 놀이

② 뚜벅이 자동차 놀이

"근데 너무 힘들지? 우리 저절로 움직이는 자동차 만들자." 하인이가 힘이 드는지 가쁘게 숨을 내쉰다. "선생님, 이 바닥 좀 떼어 주세요." 하인이가 요청하자 놀이쌤은 상자 바닥을 잘라준다. 힘들게 밀지 않아도 저절로 움직이는 뚜벅이 자동차가 완성된 것이다. 유아들은 혼자 타기도 하고 둘이 같이 타기도 하면서 자동차 놀이를 이어간다.

episode 2 택배차가 왔어요

교실 한쪽에서 성수와 예찬이가 의자를 모아 붙이고 있다. "야, 뭔데? 나도 끼워줘." 태성이가 달려와서 합류한다. "택배차를 만들 거야." 성수가 설명하자 유아들은 의자를 이어 붙여 함께 택배차를 만든다. "택배차니까 여긴 물건을 실어야 해." 성수의 설명에 의자 사이사이에 택배 상자들이 놓인다. "어떻게 배달해?" 태성이가 궁금한 듯 묻자 성수는 양쪽 발을 딛고 의자를 흔들어 앞으로 조금씩 움직이며 보여준다. "김지현 택배 왔어요." 성수가 부르자 다른 놀이 중이던 지현이가 달려와 택배 상자를 받아간다. "나도 불러줘." 유아들의 성화에 택배차는 쉴 틈이 없다.

① 택배차 만들기

② 택배 놀이

구불구불한 길도 있어요

① "매트 위에 길 만들자."

② "도로가 너무 좁아. 더 넓게 만들자."

놀이쌤이 자동차 도로를 만들 수 있도록 도로 테이프와 미니 자동차들을 제공해준다. "여기에 길을 만들고 놀자." 예찬이와 친구들은 매트 위에 도로 테이프를 붙여 길을 만들기 시작한다. 유아들은 매트 가장자리에 사각으로 테이프를 붙인 후 직선으로 길을 만든다. 만든 길 위로 자동차들이 다닌다. "계속 앞으로만 가니까 너무 멀어. 옆으로도 길을 만들어야 해." 시준이의 지적에 유아들이 테이프를 가로질러 붙이며 교차로를 만든다. 매트 위에서만 놀기에는 길이 너무 좁자 유아들은 교실 전체로 이어진 길을 만들기 시작한다. "구불구불한 길도 있지?" 휘서는 테이프를 굴려 곡선 길도 만들어간다.

2차선이 필요한 이유

전날에 이어 유아들은 또 다른 길을 만들기 시작한다. 길을 따라 우현이와 시준이가 자동차를 움직이며 놀이한다. 가장자리를 멀리 돌아 달리던 시준이 차가 좌회전을 해서 돌아올 때 우현이의 차가 맞은편에서 달려온다. 외길에서 만난 것이다. "이러면 사고가 나는 거지? 길을 더 만들어야 해." 우현이의 말에 시준이가 외길 옆에 도로 한 줄을 더 붙인다. "여기는 저쪽으로 가는 길이고 여기는 이쪽으로 오는 길이야." 시준이의 명쾌한 설명에 2차선 도로가 무리 없이 사용된다.

하인이가 도로 옆에 신호등을 설치한다. "빨간불을 어떻게 알 수 있어?" 태성이의 질문에 하인이는 "내가 빨간불 들면 멈추고 초록불 들면 가는 거야. 알았지?"라고 답한다. 하인이의 수동 신호등 덕분에 자동차는 가고 서기를 반복하며 달린다.

① "사고를 막으려면 길이 2개 있어야 해."

② "신호등도 필요해."

교실에서의 자동차 놀이는 바깥 놀이에서도 이어진다. 유아들이 도로 테이프로 넓은 공원 한쪽에 고속도로를 만들자 미니 자동차들이 그 위를 질주한다.

공원에서 고속도로 만들기

교육과정 관련

신체활동 즐기기	신체 움직임을 조절한다.
안전하게 생활하기	일상에서 안전하게 놀이하고 생활한다.

- 유아들은 자신이 만든 상자 자동차가 움직일 수 있도록 서로 협력하여 밀어주거나 끌어당기는 등 다양한 방법을 시도하며 신체 움직임을 조절한다.
- 외길에서 만난 자동차 놀이 경험은 사고 방지를 위해 차선을 늘리고 신호등을 만들어 설치하는 등 일상에서 교통안전을 생활화하는 경험이 된다.

의사소통

듣기와 말하기	자신의 경험, 느낌, 생각을 말한다. / 상대방이 하는 이야기를 듣고 관련해서 말한다.

- 상자로 만든 자동차를 쉽게 움직이도록 하기 위한 다양한 방법, 한 방향의 길보다는 교차로가 자동차의 흐름을 용이하게 한다는 것 등 놀이 상황에서 발생하는 문제를 인식하고 해결하는 과정에서 유아들은 서로의 경험과 느낌, 생각을 자유롭게 주고받으며 의사소통을 경험한다.

사회 관계

더불어 생활하기	친구와 서로 도우며 사이좋게 지낸다. / 친구와의 갈등을 긍정적인 방법으로 해결한다.
	서로 다른 감정, 생각, 행동을 존중한다.

- 유아들은 자신이 만든 자동차와 도로 테이프를 가지고 자유롭게 놀이하며, 놀이 중에 발생하는 다양한 문제들에 대해 규칙과 질서를 스스로 만들어서 긍정적으로 해결한다. 사이좋게 놀이하며 서로의 감정, 생각, 행동을 존중하는 법을 배운다.

예술 경험

창의적으로 표현하기	다양한 미술 재료와 도구로 자신의 생각과 느낌을 표현한다.

- 자동차와 도로를 꾸미는 과정에서 유아들은 자신이 알고 있는 지식을 표현하기 위해 적절한 재료를 활용하는 한편, 그동안의 놀이 경험을 바탕으로 새로운 놀이를 표현하기 위해 독창적으로 사고하며 생각과 느낌을 표현한다.

자연탐구

탐구과정 즐기기	궁금한 것을 탐구하는 과정에 즐겁게 참여한다.
생활 속에서 탐구하기	물체의 위치와 방향, 모양을 알고 구별한다.

- 바퀴가 없어서 움직이지 못하는 자동차 밑에 상자를 펼쳐서 받치면 더 잘 끌 수 있음을 경험한다.
- 물체의 위치와 방향을 알고 구별한 유아들은 외길에서 만나는 자동차들은 서로 부딪쳐서 사고가 날 수 있다는 것을 알고, 도로 테이프로 새로운 길을 만들며 문제를 해결한다.

유아들의 놀이에는 끊임없이 문제나 과제가 생긴다. 놀이는 그 문제를 풀고 과제를 해결하면서 더 확장된다.

자동차 놀이에서 상자로 만든 자동차를 끌기 위해 바닥에 상자를 깔았던 해결 방법은 참 신기했다. 가끔 성인들이 무거운 짐을 나를 때 바닥의 긁힘을 방지하고 미끄럽게 잘 움직이도록 천을 대고 끌기도 하는데 유아들의 놀이에서 그런 모습을 보게 될 줄은 생각도 못했다.

직선으로 만든 도로에서 좀 더 편리하게 움직이기 위해 교차로를 만든 것이나, 외길에서 쌍방 통행이 어려워지자 도로 테이프를 한 줄 더 붙여 2차선을 만든 것은 지혜로운 해결 방법이었다. 마치 성인의 삶을 옮겨다놓은 것처럼 유아들의 놀이 속에는 삶의 문제들이 들어 있었고, 유아들은 사회의 발전이 그러했던 것처럼 문제를 단계적으로 해결해갔다. 유아의 놀이는 삶의 연장이고 생활의 반영이 아닐까?

유아들은 이렇게 놀이 속에서 삶의 질서를 배우고 규칙이 필요함을 알아가며 더불어 살아가는 사회 구성원으로 성장한다.

놀이가 좋은 이유는 그 모든 것을 '~해야 한다'는 의무나 규율로 무겁게 배우는 것이 아니라, 스스로 필요성을 느끼고 만들며 즐겁게 익히기 때문이다. 외적인 요인에 의해 억지로 해야 할 때는 필요한 규칙도 통제로 느껴지고 불편하지만 놀이를 통해 스스로 자신을 조절하고 다스릴 때는 긍정적인 배움이 가능하다. 즐겁게 놀면서 몸으로 익힌 배움은 쉽게 잊히지 않고 생활 속에서 습관화하기도 쉽다.

놀이쌤은 유아들의 놀이를 보면서 자신의 모습을 돌아보게 된다. 실제로 외길에서 다른 차와 마주하게 된다면 갈등 없이 서로 양보하고 잘 해결할 수 있을까? 유아들처럼 서로의 생각을 주고받으며 적극적으로 수용하고 있는가? 문제가 생길 때마다 짜증 내지 않고 즐겁게 그것을 극복할 수 있는가?

놀이쌤은 오늘도 유아들이 놀이하는 모습을 보며 큰 배움을 얻는다.

뚝딱뚝딱
자석블록 놀이

▶3세반　▶자유놀이 시간　▶1주 전개

 놀이의 의미와 가치

블록 놀이는 '무한 상상'과 '창조성'을 지닌 매력적인 놀이다. 유아들은 때로는 예술가, 때로는 발명가처럼 자신이 그리고 상상한 것을 블록으로 만들어낸다. 마음껏 표현하는 놀이 과정은 그 자체만으로도 즐겁고 행복한 배움이다. 블록 놀이는 구성을 넘어 다양한 놀이로 확장한다. 작품에 담긴 의미를 직접 설명하며 소개하고, 작품을 가지고 친구와 계속 상상을 이어가며 놀이하는 사례는 쉽게 볼 수 있다.

　블록 놀이의 또 다른 매력은 '도전하는 용기'를 심어준다는 점이다. 애써 만든 블록이 무너져도 유아들은 쉽게 포기하지 않는다. 이전 과정을 반복하는 어려움은 있지만, 즐거웠던 경험 덕에 유아들은 다시 도전할 용기를 낸다. 실패를 경험해도 다시 일어설 힘을 내는 중요한 배움을 블록 놀이가 일깨워준다. 놀이를 통해 '실패를 극복하고 다시 일어서는 경험'은 유아들에게 성장 과정에서 겪는 어려움을 이겨낼 '삶의 힘'으로 작용할 게 틀림없다. 안전한 환경에서 놀이를 통해 경험하는 실패는 '끊임없는 도전과 용기'를 배울 좋은 기회이다.

📍 놀이 관찰의 시작

▸ 자석블록을 자유롭게 구성하고 놀이하며 유아들은 어떤 상상력을 펼칠까?
▸ 블록 놀이를 통해 3세 유아들은 친구들과 어떻게 소통할까?
▸ 부서진 블록을 다시 구성하며 유아들은 어떤 배움을 얻게 될까?

📍 놀이 흐름

episode 1 **거미 로봇을 만들었어요**

하진이와 은수가 자석블록으로 만들기를 하고 있다. 하진이는 자신이 만든 블록으로 "발사~" 하며 혼자 놀이를 한다. "무얼 만든 거지?" 하고 놀이쌤이 묻자 "거미야."라고 답한다. "이건 뭔데?" 하고 놀이쌤이 한 부분을 가리키자 "이거 불 나오는 엔진, 불이 뿡~~" 한다. "어떻게 움직이지?"라고 놀이쌤이 다시 묻자 하진이가 거미 로봇을 두 손으로 감싸들고 일어서서 "붕~~" 하고 다른 책상까지 갔다가 돌아온다. 거미 로봇을 책상에 놓고 파란 블록으로 거미의 다리 부분에 차례차례 붙이며 놀이하길래 궁금한 놀이쌤이 묻는다. "지금 뭘 하는 건데?", "충전하

① 자석블록으로 거미 로봇 만들기

② 자석과 자석을 연결하여 충전하기

는 거야. 이렇게." 하며 충전하는 동작을 반복한다.

　놀이 중에 "선생님, 거미가 나타났어요." 하는 병준이의 소리를 듣고 하진이가 창문 쪽으로 달려간다. 돋보기를 들고 들여다보던 하진이가 "거미 아니야." 하며 되돌아와서 다시 놀이에 몰입한다.

　👩 유아는 놀이 중에 다른 관심사가 생기면 잠시 그것에 흥미를 빼앗기기도 하지만 다시 원래의 놀이로 빠르게 복귀한다. 놀이의 즐거움이 몰입을 지속하게 하는 힘인 듯하다.

`episode 2` 놀이의 변신은 무죄

하진이는 거미 로봇에 다른 블록을 추가하며 놀이를 이어간다. 시준이가 다가와 "야, 뭐야?" 하고 묻자 하진이가 "거미 로봇."이라고 대답한다. 시준이는 "난 곤충 로봇." 하며 블록으로 곤충 로봇을 만들기 시작한다. 시준이가 "우리 합체할래?"라고 하자 하진이가 "그래." 하며 흔쾌히 응한다. 시준이는 하진이가 만들었던 거미 로봇의 일부를 떼어 자기 곤충 로봇에 붙인다. "이것도 합체할까?" 시준이가 묻자 "그래. 이것도 합체해." 하며 하진이는 블록을 더 떼어준다.

　👩 시준이가 얘기한 합체는 협동 놀이보다 자신이 원하는 블록을 얻기 위한 그럴듯한 제안이었나 보다. 힘으로 빼앗지 않고 제안하는 시준도 기특하고 흔쾌히 놀던 블록을 내어주는 하진이도 신기하다.

하진이는 남은 블록을 챙겨서 새로운 놀이를 시작한다. 만든 블록에 원뿔을 붙인 후 "이거 엔진, 로켓이다." 하며 로켓 2개를 양손에 잡고 위로 쏘아 올리며 놀이한다. 그러다가 2개를 하나로 합체하여 기다란 모형을 만들고 "붕~" 하며 위로 들어올린다. "어디까지 날아갈 거야?" 하고 놀이쌤이 묻자 "우주까지~"라며 손을 머리 위로 높이 올려 발사한다.

① "엔진 로켓 완성~"

② "우주까지 날아가자~"

시준이는 자신이 만든 곤충 로봇을 부수고 하진이의 블록을 합쳐 무엇인가 새롭게 만들기 시작한다. 궁금한 놀이쌤이 "무슨 로봇이야?"라고 묻자 "자동차 로봇이요. 이거 변신하는 거예요."라고 답한다. 시준이는 서슴없이 방금 만든 자동차 로봇을 부수고 "변신!" 하며 다시 만들기를 즐긴다. "이렇게 변신하는 거예요."라며 가로로 긴 자동차를 만들었다가 다시 서 있는 로봇을 만들어낸다. 자동차 로봇은 이전의 곤충 로봇과 비교해보면 다리가 두꺼워지고 사선으로 움직이는 팔이 추가되었다. "이건 애니스타예요. 사자랑 상어랑 해랑 합체한 거요." 시준이는 자기가 만든 로봇을 소개한다.

① 자석블록으로 만든 자동차

② 변신한 거미 로봇 충전하기

시준이는 자동차에서 로봇으로 변신시킬 때 완전히 해체하고 새롭게 만든 것이 아니라 자동차의 일부를 변형하여 로봇으로 바꾸었다. 떼었다 붙이는 비교적 조작이 자유로운 자석블록의 성질과 변형하려는 사물의 특징을 생각하며 결과물의 일부만을 변형하는 시준이의 표현력이 놀랍다.

episode 3 **부서져도 괜찮아**

시준이와 하진이 옆에서 은수가 말없이 혼자 놀이하고 있다. "은수는 무얼 만들고 있어?" 하며 놀이쌤이 말을 붙이자 "로봇."이라고 답한다. 은수는 만들면서 친구들의 놀이에 관심이 가는 듯 흘낏흘낏 본다. 은수의 로봇에 사선 모양의 다리도 붙고 프로펠러도 붙어 새로운 로봇이 만들어진다.

무거운 블록을 하나 더 이어 붙이다가 은수의 로봇이 부서져버린다. 부서지는 소리에 깜짝 놀란 하진이가 귀를 막으며 "부서져도 괜찮아. 다시 만들면 돼."라고 말한다. 은수도 아무렇지 않은 듯 다시 만들기를 한다.

유아들은 놀이를 통해 실패를 경험하지만 언제든 다시 즐겁게 놀 수 있다는 것을 경험했기에 자기가 만든 것이 부서져도 스트레스를 덜 받는 것 같다.

① "다른 친구는 어떻게 만들까?"

② "부서져도 괜찮아. 다시 만들면 되지."

은수가 다시 몰입하여 만들기를 한다. 부서진 블록들을 다시 붙여 만드는데, 이전과 다른 방법으로 만든다. 완성된 로봇은 세워진 형태가 아니라 시준이의 자동차 로봇과 같은 옆으로 길쭉해진 모양이다. 그러면서도 시준이의 로봇과는 전혀 다른 작품이다. 프로펠러가 붙은 자동차 모양과 반구가 붙은 자동차 모양의 은수표 작품 완성이다.

또래 간의 놀이 관찰은 새로운 놀이 방식을 배우거나 자신의 놀이 일부를 변형시키는 데 도움이 된다. 유아의 놀이는 혼자 놀이와 병행 놀이, 협력 놀이 간 이동이 자유롭고 언제든 놀이가 새롭게 시작된다는 것이 매력적이다.

① 친구들의 아이디어를 반영한 새로운 작품

② "합체 로봇 완성."

교육과정 관련

신체활동 즐기기	신체 움직임을 조절한다.

- 유아는 자석블록으로 자신이 상상한 작품을 만들면서 눈과 손을 협응해 소근육 움직임을 조절하는 경험을 한다.
- 유아는 놀이 과정에서 몸이나 도구의 움직임을 다양하게 조절하는 경험을 한다.

의사소통

듣기와 말하기	자신의 경험, 느낌, 생각을 말한다. / 상황에 적절한 단어를 사용하여 말한다.
	상대방이 하는 이야기를 듣고 관련해서 말한다.

- 놀이쌤의 질문에 적절한 단어를 사용하여 대답하고, 놀이쌤의 이야기를 듣고 상황에 적절한 문장으로 자신의 생각을 말한다.

사회 관계

나를 알고 존중하기	나의 감정을 알고 상황에 맞게 표현한다.
더불어 생활하기	친구와 서로 도우며 사이좋게 지낸다. / 서로 다른 사람의 감정, 생각, 행동을 존중한다.

- 유아들은 각자 자기만의 로봇을 만들다가 "우리 합체할래?"라고 제안하는 친구의 말에 "그래." 하며 흔쾌히 응하며 자신의 감정을 상황에 맞게 표현하거나 친구와 서로 도우며 사이좋게 지낸다.
- 유아들은 함께 놀던 친구가 만든 로봇이 망가지자 "부서져도 괜찮아. 다시 만들면 돼."라고 격려하고, 격려받은 친구도 아무렇지 않은 듯 다시 만들기를 하며 자신이 할 수 있는 일을 스스로 한다. 유아들은 놀이를 하며 서로의 감정, 생각, 행동을 존중하는 경험을 한다.

예술 경험

창의적으로 표현하기	다양한 미술 재료와 도구로 자신의 생각과 느낌을 표현한다.

- 유아는 다양한 모양의 자석블록 조각을 붙이고, 무너뜨리고, 변신·합체하면서 거미 로봇, 곤충 로봇, 자동차 로봇 등을 창의적으로 표현한다.

자연탐구

탐구과정 즐기기	주변 세계와 자연에 대해 궁금한 것을 탐구하는 과정에 적극적으로 참여한다.
생활 속에서 탐구하기	물체의 특성과 변화를 여러 가지 방법으로 탐색한다.

- 블록 놀이를 하다가 교실에 나타난 거미를 보기 위해 잠시 멈추고 창문 쪽으로 달려가 돋보기로 관찰하는 유아를 보면서, 주변 세계와 자연에 지속적으로 호기심을 보이며 탐구하는 과정에 적극적으로 참여하는 모습을 발견할 수 있다.
- 유아는 자석블록을 창의적으로 만들고 꾸미는 놀이를 하면서 놀잇감의 특성과 변화를 여러 가지 방법으로 탐색한다.

놀이쌤의 고민과 성찰

자석블록 놀이는 3세 유아들이 다채로운 결과물을 표현하며 얼마나 창의적으로 사고하는지 확인할 수 있는 놀이였다. 언뜻 볼 때는 평범한 놀이였는데 자세히 들여다보니흥미로운 요소가 많은 의미 있는 놀이였던 것. 자석블록 놀이는 놀이쌤으로 하여금 단정 지어 말하기 전에 3세 유아들의 이야기를 귀 기울여 듣는 것과 사물의 표현력을 자세히 관찰하는 것의 중요성을 다시 한번 깨닫게 했다.

남아의 가장 큰 관심 대상인 로봇은 모든 소재의 놀이에서 쉽게 볼 수 있다. 블록 놀이에서도 마찬가지. "또, 로봇이네!" 하고 넘길 수 있는 상황이지만 놀이쌤은 그 평범한일상의 놀이를 소중히 여긴다. 그리고 그 속에서 놀이쌤은 어제와 다른 오늘의 놀이를보려고 노력한다. 매일 똑같은 놀이를 하는 듯 보이지만 자세히 들여다보면 그렇지 않기 때문이다. 놀이쌤은 요즘 모양이 하나 더해질 때마다 생각이 하나 더해지고, 한 번움직일 때마다 이야기가 하나 늘어나는 유아들의 놀이 이야기에 빠져들고 있다.

놀이쌤의 생각에는, 놀이를 발전시키는 가장 큰 원동력은 '같이 놀이하는 또래'인 것같다. 각기 따로 노는 것 같지만 끊임없이 친구의 놀이에 관심을 가지고 관찰하며 영향을 주고받는, 친구의 놀이를 흘낏 한 번 보는 것만으로도 충분히 놀이에 응용할 아이디어를 얻고 활용하는 유아의 지혜가 놀랍다.

놀잇감이 제한적이라 가끔은 서로 갖고 싶어 갈등이 생기기도 하지만 놀이에 의미가 부여될 때 유아들은 본능적으로 서로의 놀이를 인정하고, 자신의 차례가 생길 때까지 인내하며 기다리는 마음을 배우는 듯하다. '합체'라는 이름으로 필요한 놀잇감을 얻을 줄도 알고, 놀던 놀잇감을 양보할 줄도 안다. 어찌 보면 필요 이상 과하게 욕심부리지 않는 자연스러움이 우리의 타고난 본능은 아닐까?

"부서져도 괜찮아. 다시 만들면 돼." 하던 하진이의 목소리가 귓가에 맴돈다. 직접적으로 가르쳐주지 않아도 놀이를 통해 생각하고 배우고 고민하는 유아들은 분명 유능한존재임이 틀림없다.

높이 더 높이
점보컵 놀이

▶5세반　▶강당놀이 시간　▶1시간 전개

 놀이의 의미와 가치

쌓기 놀이는 감각, 눈과 손의 협응력, 신체 조절 등 몸의 운동능력을 키우고, 집중력과 성취감, 실패와 좌절의 극복, 협동심, 사회성 등 정서 발달에 유익하다. 대칭과 균형의 아름다움을 지각하는 데 도움을 주며, 수평·수직으로 쌓아가는 과정을 통한 형태 인지와 변별, 다양한 쌓기 방법과 기술 개발로 조형성을 길러 주는 교육적 가치가 높은 놀이이기도 하다.

쌓기 놀이는 무엇보다 자기 의도를 살려 자유롭게 주도적으로 할 수 있는 강점을 자랑한다. 이로써 유아는 부담 없이 쉽게 성취감을 맛보고 자신감을 키워 긍정적인 자아 개념을 기른다. 쌓다가 부서지는 실패에도 다시 쌓을 수 있어 실패와 좌절은 긍정적으로 극복된다.

이런 경험은 살면서 누구나 겪게 되는 크고 작은 어려움을 이겨낼 매우 중요한 원동력이 된다. 특히 친구들과 인간관계를 경험하고 이해심을 키울 수 있어 협동과 자기 조절, 협업을 통한 문제해결이라는 사회적 기술을 배우는 사회 학습에 큰 도움을 주는 놀이이다.

📍 놀이 관찰의 시작

▸ 유아는 점보컵 쌓기 놀이를 통해 어떤 도전을 경험할까?
▸ 놀이에서 유아는 조절과 협력을 어떻게 배울까?

📍 놀이 흐름

`episode 1` **어떻게 하면 더 높이 쌓을 수 있지?**

강당 놀이 시간, 유아들은 저마다 갖고 싶은 놀잇감을 골라 자기만의 방식으로 즐겁게 놀기 시작한다.

시주는 유니바를 길게 연결해놓고 한 칸씩 건너기 놀이를 하고, 승태는 옆에서 점보컵 쌓기를 한다. 승태는 자기 키보다 높게 쌓은 점보컵 위에 하나를 더 쌓기 위해 옆에 있는 수납 벤치에 올라가 보지만, 거리가 멀어서 손이 닿지 않는다. 은별이는 친구들의 놀이를 지켜보고 있다.

유니바를 넘던 시주가 이번에는 유니바를 위로 쌓기 시작한다. 그러더니 유니바를 다 쌓은 후 점보컵을 하나 들고 유니바로 올라가려고 한다. 시우가 한 발을 유니바에 올리고 디뎌 보더니, 유니바가 흔들거리자 이내 안 되겠다는 듯 고개를 흔들며 내려온다.

👩 처음에 놀이쌤은 승태의 쌓기 놀이를 본 시주가 유니바 쌓기로 놀이를 전환한 것이라고 생각했으나 관찰해보니 시주는 승태의 점보컵 쌓기를 돕고자 한 것이었다. 유니바를 쌓은 모양이 사다리를 닮아 올라가기에 적합하다고 생각한 것은 아닐까?

① "벤치와 너무 멀어서 손이 닿지 않아."

② "사다리처럼 만들어서 올라가면 되지 않을까?"

③ "이번에는 점보컵을 사다리처럼 만들어서 올라가 보자."

④ "사다리처럼 올라가 볼까? 흔들려서 위험한데…."

시주는 유니바가 고정적이지 않고 흔들리는 것을 느끼고 쌓은 상태가 유지될 수 없음을 인지한 듯하다. 몸의 감각으로 불안을 느끼고 스스로 멈추는 경험은 유아들에게 위험한 상황에서 자신을 보호하는 방법을 배우는 중요한 순간이 아닐까?

그러자 송이가 승태에게 점보컵 2개를 세운 후 "올라가 봐." 하고 제안한다. 승태가 점보 컵 2개를 딛고 서본다. "한 개는 위로 올려야 해. 여기 한 개에 올라가." 하고 송이가 말하자, 승태가 두 발을 점보컵에 올리더니 "이거 너무 위험해." 하고 내려온다.

승태는 점보컵 2개를 딛고 올라갔을 때는 안정적으로 설 수 있었으나, 좁은 점보컵 하나를 디디면서 몸의 중심을 잡기가 어려워지자 떨어질 수 있다는 위험을 감지하고 도전을 포기했다.

잠시 고민하던 시주가 이번에는 유니바를 여러 개 두더니, 그 위에 각기 다른 높이로 유니바를 덧쌓아 계단처럼 만들었다. 먼저 쌓은 사다리 모양보다 더 안정적이지만 시주가 발을 디디자 여전히 흔들거렸다. 한 단짜리 유니바에서 균형을 잡고 선 시주는 두 단짜리 유니바를 앞에 두고 아쉬운 듯 머뭇거렸다.

episode 2 **선생님 도와주세요**

승태가 내려오자 송이가 점보컵에 올라가 도전해보지만 몸의 균형을 잃고 다시 내려온다. "선생님 해줘요." 송이의 요청에 놀이쌤은 직접적으로 도와주는 것보다 간접 지원이 더 의미 있다는 생각에 "선생님이 넘어지지 않도록 도와줄까?"라며 송이가 점보컵에 올라서서 쌓을 수 있도록 붙들어주었다. 마지막 점보컵을 올린 후 시주와 승태, 송이 모두는 환호성을 지르며 즐거워했다.

승태의 개인 목표였던 탑 쌓기는 어느새 세 친구가 함께 수행하는 공동의 목표로 바뀌었고, 공동의 놀이 목표를 달성하자 '우리가 해냈다'는 성취감은 더 큰 의미로 공유됐다. 놀이는 자연스럽게 유아들을 작은 공동체로 이끌었는데, 즐겁게 놀이하는 동안 소통과 협력이라는 공동체성을 경험하고 익힌 것이다. 놀이를 통한 공동의 노력과 공동의 성취라는 즐거운 경험은 우리가 더불어 함께 살아가야 하는 존재임을 긍정적으로 각인시켜준다.

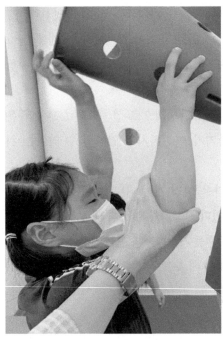

① 유아가 직접 올릴 수 있도록 옆에서 잡아주기

② 모두가 함께 만든 점보컵 탑

episode 3 **다 만들었으니 부숴볼까?**

"야, 우리 부수기 놀이하자."

"여기 이렇게 다리를 만들고 한 칸씩 건너가서 넘어지게 하는 거야."

어렵게 노력하여 쌓은 점보컵은 바로 무너졌다. 승태와 시주가 점보컵 옆에 유니바를 놓고 징검다리 건너기를 한 후 무너뜨리기 놀이를 한 것이다.

 만들고 부수기를 반복할 수 있으므로 유아들은 무너짐에 대해 아쉬워하지도, 좌절하지도 않았다. 다시 또 쌓으면 되니까. 한 번의 성취가 다시 할 수 있다는 자신감으로 이어진 것 같다.

"이번엔 더 높이 쌓자." 유아들은 점보컵을 더 높이 쌓기 위해 궁리하더니 "하나씩 쌓자."며 먼저 올린 점보컵 위에 다른 점보컵을 뒤집어 올린다. 이렇게 점보컵의 동일한 면을 서로 붙여 더 높이 쌓기 시작한다. 이전과 같은 높이에 이르자, 점보컵 2개를 딛고 올라서서 하나를 올려 쌓는다. 이전에는 3-2-1로 올려 쌓았던 것을 이번엔 1-1-1로 쌓으면서 수량에 여유가 생긴 것이다. 별이는 점보컵에 두 발을 딛고 안정적으로 선 후 혼자서 거뜬하게 점보컵 쌓기를 완성했다.

🧑‍🦰 이전의 만족한 경험이 새로운 방식의 경험과 목표로 이끈다. 유아들은 점보컵을 더 높이 쌓을 수 있도록 친구를 응원하고 격려하면서 공감대를 형성하고 공동체성을 배우며 성장한다.

 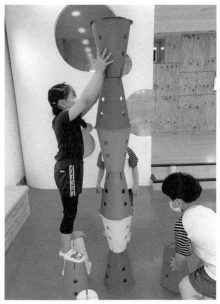

① 더 높은 점보컵 탑을 만들기 위해 새로운 방식 적용 ② 함께 성취한 경험을 기억하여 혼자 점보컵 쌓기 하기

교육과정 관련

신체활동 즐기기	신체 움직임을 조절한다.

- 유아는 신체의 움직임을 조절하여 점보컵을 더 높이 쌓아 구조물을 만든다. 구조물을 높게 쌓았다가 무너뜨리기도 하면서 무너짐에 대한 아쉬움이나 좌절 없이 더 높게 쌓는 연습을 통해 점보컵 쌓기 활동에 즐겁게 참여한다.

사회 관계

나를 알고 존중하기	내가 할 수 있는 것을 스스로 한다.
더불어 생활하기	친구와의 갈등을 긍정적인 방법으로 해결한다.
	서로 다른 감정, 생각, 행동을 존중한다.

- 유아는 점보컵을 가지고 자신의 생각대로 자유롭게 쌓고 무너뜨리기를 반복하며 더 높게 쌓기 위한 도전을 경험한다.
- 친구가 더 높이 쌓을 수 있도록 잡아주고 응원하며 관계성을 맺어간다. 이 과정에서 친구의 감정, 생각, 행동을 서로 존중한다.

예술 경험

창의적으로 표현하기	신체나 도구를 활용하여 움직임과 춤으로 자유롭게 표현한다.
예술 감상하기	서로 다른 예술 표현을 존중한다.

- 유아는 점보컵을 활용하여 탑을 만들고 무너뜨리며 자신의 생각과 느낌을 자유롭게 표현한다.
- 친구가 더 높게 쌓은 점보컵을 감상하며 격려하고 존중하는 마음을 배운다.

유아는 쌓기가 가능한 물건은 무엇이든 높게 쌓으려고 한다. 반복적인 경험을 통해 어느 정도 안전하게 쌓기가 예상되면 자신의 키보다 더 높게 쌓으려는 욕구를 보인다. 손이 안 닿는 곳까지 쌓는 것을 '도전'이라 생각하며, 그것을 이루었을 때의 성취감은 대단한 것 같다. 인간은 본능적으로 자신의 한계를 극복하기 위해 도전하고 성취하면서 성장하려는 욕구를 갖고 태어나는 것은 아닐까?

놀이는 유아들을 자연스럽게 공동체로 엮어준다. 각기 따로 놀던 유아들은 놀이로 쉽게 '우리'가 되는 경험을 한다. 개인의 놀이 목표가 공동의 목적이 되고, 유아들은 가르쳐주지 않아도 즐겁게 놀면서 협력을 배운다. 공동의 목표 성취가 쉽지 않은 문제는 새로운 도전의 기회가 된다. 이를테면 3명의 유아가 손이 닿지 않은 높이까지 점보컵을 쌓으려는 '목표'는 곧 이룰 수 없는 '문제'가 되었는데, '문제'는 다시 유아들이 기필코 해내야 하는 '도전'이 됐다. 유아들은 유니바도 쌓아서 올라가 보고, 옆에 놓인 벤치를 이용해보기도 하는 등 다양한 방법을 찾아 시도했다. 그리고 이전 경험을 바탕으로 두 번째 놀이에서 유아들은 더 높이 쌓는 방법을 알아내고 쉽게 과제를 해결했다.

피터 그레이도 "놀이의 특성은 반복성이다. 유아는 제대로 해내기 위해서 똑같은 행동을 반복적으로 만들어간다. 반복은 놀이꾼의 자기 의지에서 나온 것으로 각각의 반복적 행동은 창조적 행동이다. 정확한 반복을 위해 의도적으로 노력하는 것으로, '반복된' 각 행동은 체계적인 면에서 대부분 이전의 것과는 다른 것이다."라고 말했다.

이전에 우리는 '한 번' 하고 끝나는 활동을 많이 했다. 일회적인 활동과 특정 연령에서 경험했던 활동은 다시 하면 안 되는 것처럼 늘 새로운 활동을 고민한 적도 있다. 그런데 유아들의 놀이를 들여다보니, 반복될수록 놀이가 확장하며 발전한다. 어제의 놀이에서 배운 경험이 현재의 놀이에 커다란 영향을 미치는 것을 알게 된 놀이쌤은, 유아의 놀이가 지속되고 확장되기 위해서는 놀이쌤의 기다림과 지지와 지원이 중요함을 성찰한다.

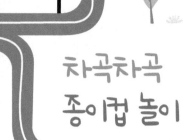

차곡차곡
종이컵 놀이

▶5세반 ▶자유놀이 시간 ▶1주 전개

 놀이의 의미와 가치

유아는 '자율성과 자유의 영역'인 놀이를 통해 스스로 '자기 규제'와 '자기 절제'를 배울 수 있다. 또래와의 관계 맺기에서 서로가 지켜야 하는 규칙의 필요성을 느끼고, 함께 규칙을 만들어서 지키며 자신을 조절하는 능력을 터득하게 된다.

유아의 바른 인성과 사회성도 지도나 감독보다는 놀이와 생활 속에서 기를 수 있도록 지원하는 것이 중요하다. 놀이에 자유로움을 허용하면 유아는 즐겁고 편안하게 놀이하며 사회성과 관계성, 공동체 정신을 자연스럽게 터득할 것이다.

종이컵을 소재로 시작한 놀이에서 유아들은 '소유와 공유', '조절과 협력'을 자연스럽게 경험하며 다른 사람과 더불어 살아가는 공동체성을 배우게 됐다.

📍 놀이 관찰의 시작

▸ 유아들은 일상에서 흔하게 볼 수 있는 종이컵으로 어떤 놀이를 할까?
▸ '내 것'을 갖고자 하는 유아들의 강한 욕구가 놀이를 통해 어떻게 달라질까?

📍 놀이 흐름

`episode 1` **각자 50개씩 주세요**

놀이쌤이 유아들에게 종이컵 상자를 보여주며 "한 사람이 50개씩 갖고 놀까? 아니면 여기 있는 종이컵 전부를 모두 다 같이 갖고 놀까?"라고 묻자 유아들은 "50개씩 주세요.", "나도요." 하고 여기저기서 목소리를 높여 대답한다. 놀이쌤이 50개들이 종이컵 1줄씩을 모두에게 나눠주자 누가 먼저랄 것도 없이 모두 펜을 갖고 밑면에 자기 이름을 쓰기 시작한다.

> 👩 놀이쌤은 누군가 "모두 같이 놀자!"라고 말할 줄 알았다. 내심 그렇게 기대했으나 유아들은 벌써부터 자기의 소유권을 주장하고 있는 것이다. 일단 유아들의 선택을 존중하고 놀이를 지켜보기로 했다.

종이컵에 이름을 쓴 유아들은, 자기 앞에 종이컵들이 펼쳐지자 모아서 한 줄로 쌓기 시작한다. 하나라도 잃어버릴세라 떨어지지 않도록 관리하며 쓰고 모으고 쌓기를 반복한다. "모두 높이가 똑같아." 쌓아 올린 종이컵을 보며 유아들이 소리친다. "어, 내 것 하나 없어졌다." 다른 친구들보다 높이가 낮은 것을 확인한 승찬이가 소리치자 유아들은 거의 동시에 주변을 둘러보고 책상 아래를 훑으며 종이컵을 찾기 시작한다. "찾았다." 하영이가 찾은 종이컵에는 승찬이의 이름이 적혀 있다.

① 종이컵 밑면에 자기 이름 쓰기　　② 50개의 종이컵으로 혼자 놀이하기

episode 2 　 **친구야, 나랑 함께 만들자**

하나라도 잃어버릴세라 유아들은 자기 앞에 종이컵을 모아놓고 놀기 시작한다. 종이컵을 어긋나게 놓고 쌓는 모습을 가장 많이 볼 수 있다. 하나, 둘, 셋, 넷, 다섯…. 유아들의 종이컵 쌓기 놀이는 여섯 줄을 채 쌓지 못하고 동이 난다. 무너뜨리고 다시 쌓아보지만 결과는 다르지 않다.

　"지윤아, 나랑 함께 만들자." 하율이의 제안을 지윤이가 흔쾌히 받아들인다. "나도, 나도 같이할래." 어느새 다른 유아들도 삼삼오오 짝을 이루어 놀이를 하고 있다. "누워봐, 종이컵 사람 만들자." 누워 있는 지온이 주변에 종이컵을 둘러 세운다. "이제 꼼짝 못 해. 갇힌 거야." 지온이를 가두는 친구들도 지온이도 즐거운 표정이 역력하다. "종이컵으로 글자도 만들 수 있다~" 연수가 종이컵을 엎어 글자를 만들어 보인다. "같이 쓰자. 종이컵이 더 필요해." 자신의 이름을 쓰든 유치원 이름을 쓰든 갖고 있는 종이컵만으로는 부족함을 알기에 유아들은 끼리끼리 모여앉아 협동 놀이를 시작한다.

'공유'의 가치를 놀이쌤이 억지로 가르쳤다면 과연 유아들은 순순히 공감했을까? 혼자 놀이를 통해 놀이의 제한을 경험한 유아들은 스스로 함께 나누고 협력할 수밖에 없는 필요성을 깨달았기에 함께하는 가치의 소중함이 내면화되지 않았을까 싶다.

① 종이컵으로 친구 형상 만들기

② 종이컵으로 글자 쓰기

`episode 3` **모두 같이 만들면 더 신나지 않을까?**

"얘들아, 우리 종이컵 미로 만들면 어때?" 승찬이의 제안에 주변의 유아들이 관심을 보이며 몰려든다. "종이컵이 아주 많이 필요한데, 누구 도와줄 사람?" 하영이의 요청에 삼삼오오 모여 놀던 유아들이 종이컵을 함께 모으기 시작한다. "너무 좁아서 안 되겠어. 이것들 치우자." 바닥 공간이 좁아서 불편한 유아들은 힘을 모아 책상을 한쪽으로 치우기 시작한다. 교실 바닥 전체를 배경으로 종이컵 길이 만들어지고 승찬이와 윤도는 군데군데 길을 막아 나름대로 미로를 만들어간다. "어떻게 지나가지?" 화장실을 가려던 친구가 난감한 표정을 짓자, "잠깐만, 문을 만들어줄게." 하며 윤도가 교실 문 쪽으로 길을 열어준다. 미로 작업에 참여하지 않은 유아들도 지나갈 때 조심해서 종이컵을 건넜고, 작업에 참여한 유아들은 다른 유아들을 위해 수시로 문을 내어주었다. 다른 친구들을 위한 배려적 행동도 놀이처럼 즐겁게 전개됐다.

👧 함께 놀이는 유아들의 생각을 더욱 여유롭게 하고 서로에 대한 배려심은 마음을 넉넉하게 한다. 혼자 놀이보다 협력 놀이에서 더 많이 배려하는 것을 볼 수 있는데, 놀이쌤이 친구들을 불편하게 하지 말라고 굳이 잔소리를 하지 않아도 유아들은 놀이 중에 친구들이 불편하지 않도록 배려하고 있다. 이 것이 놀이의 힘이다.

① 종이컵 미로 만들기   ② 종이컵 성벽 쌓기 놀이

교실 한쪽에서 민지와 서연이가 성벽을 쌓고 있다. 교실을 가로질러 쌓으면서 유아들의 통행길이 막혔다.

"나, 지나가도 돼?"

현지의 말에 서연이가 발을 들어서 넘어갈 수 있을 만큼 성벽 한쪽을 낮추어준다.

👧 놀이를 유지하면서 친구들을 배려하는 방법이 무엇인지 스스로 고민하는 모습들이 참 예쁘다. 해야 된다라는 당위성을 가르치기보다 '느끼고 공감하게 하는 것이 더 효과적임을 유아들의 놀이에서 놀이 쌤도 배운다.

정리도 놀이처럼, 무지개다리가 되었어요~

교실 전체를 뒤덮은 종이컵을 치우는 정리 시간, 유아들은 어떻게 치울까?

"색깔끼리 모으자. 시작!"

윤도의 말에 저마다 색깔끼리 모으기 시합을 한다. 다 모은 종이컵은 명진이가 모아 높이 쌓기를 시작한다.

옆으로 무너지려는 종이컵을 붙잡자, "와, 무지개다리야." 하며 즐거워한다. 아치 형태로 둥글게 쌓인 종이컵은 무너지지 않는 새로운 형태의 조형물이 됐다.

"내일은 이렇게 놀자."

정리 시간이 또 다른 놀이의 시작을 알린다.

가장 피하고 싶은 정리 시간, 유아들의 아이디어로 즐거운 놀이처럼 펼쳐졌고 새로운 놀이가 예고됐다. 정리도 놀이가 될 수 있는 다양한 아이디어를 모아야겠다.

① 정리한 종이컵으로 높이 쌓기　　② 높이 쌓은 종이컵으로 아치 만들기

교육과정 관련

신체활동 즐기기	신체 움직임을 조절한다.

- 유아들이 신체를 이용하여 종이컵이 무너지지 않게 쌓아 구조물을 만든다. 교실에 가로막힌 구조물을 지나가는 유아는 구조물을 넘어뜨리지 않기 위해 신체를 조절하여 구조물을 넘어가는 경험을 한다.

의사소통

듣기와 말하기	자신의 경험, 느낌, 생각을 말한다.
	상대방이 하는 이야기를 듣고 관련해서 말한다.

- 유아들은 종이컵 놀이에서 다양한 의사소통을 경험한다. 친구에게 놀이를 제안하기도 하며 문제 상황에서는 자신의 생각이나 요구를 표현하고 반응을 하는 등 경험, 느낌, 생각을 자유롭게 주고받는다.

사회 관계

나를 알고 존중하기	내가 할 수 있는 것을 스스로 한다.
더불어 생활하기	친구와의 갈등을 긍정적인 방법으로 해결한다.
	서로 다른 감정, 생각, 행동을 존중한다.

- 유아들은 종이컵을 가지고 자신의 생각대로 자유롭게 놀이한다. '친구야, 나랑 함께 만들자.', '정리도 놀이처럼~' 등의 규칙과 질서를 스스로 만들어서 놀이 중에 생기는 갈등을 긍정적으로 해결한다. 더불어 놀이하면서 놀이 규칙을 만드는 과정에서 서로의 감정, 생각, 행동을 존중한다.

예술 경험

창의적으로 표현하기	다양한 미술 재료와 도구로 자신의 생각과 느낌을 표현한다.

- 유아는 종이컵과 다른 재료를 활용하여 미로를 만들고, 글자를 쓰고, 성벽 등을 만들며 자신의 생각과 느낌을 표현한다.

자연탐구

탐구과정 즐기기	탐구과정에서 서로 다른 생각에 관심을 가진다.

- 유아는 종이컵을 쌓거나 한 줄로 나열하고 아치를 만들면서 물체의 특성과 변화를 여러 가지 방법으로 탐색한다.

종이컵을 놀이 소재로 결정하며 놀이쌤은 제시 방법을 고민했다. 유아들에게 선택의 기회를 넓혀주고 싶은 마음과 결정 과정에서 토의하는 경험도 갖게 하고 싶었다. 또한 50개들이 1줄씩 선택하는 것보다 더 많은 종이컵을 사용하는 공동 놀이를 예상했기에 유아들이 개별적으로 종이컵을 달라고 하자 내심 당황하기도 했다. 너무 개인주의적은 아닌가? 서로 협력을 못하는 것은 아닌가? 의외의 상황이었기에 처음엔 걱정이 많았지만 유아들의 선택을 존중하고, 참고 기다리기로 했다. 결국 놀이쌤의 마음이 통했는지 유아들은 스스로 느끼고 깨치며 성장하는 모습을 멋지게 보여주었다. 놀이 속에서 보여준 공유하고 존중하고 배려하는 마음들이 놀이쌤은 고맙고 귀했다. 순간순간 간섭하고 참견하고 싶은 욕구를 누르고 기다리기를 잘한 것 같다.

유아들에게 자유로움을 허용하는 것은 말처럼 쉽지 않다. 길을 막으면 통행이 불편해서 갈등이 생길 텐데, 저러다 싸우면 어떡하지 등등 놀이 시간 내내 놀이쌤의 마음은 걱정으로 불안하고, 그러기에 한순간도 놓치지 않으려고 눈에 레이더를 장착한 듯 감시한다. 그럼에도 불시에 사고가 터지고 문제가 생기는 것이 놀이 시간이다.

그러나 자유로운 놀이를 통해 놀이쌤은 감시와 통제와 잔소리 등이 오히려 유아의 통제력을 방해함을 알게 됐다. 유아 주도의 자율성은 사고를 유연하게 하고 함께 놀이는 필요한 규칙을 생성하면서 상대에 대한 배려심을 갖게 한다. 종이컵 놀이는 놀이 속에서 유아들 스스로 자기 조절 능력을 배운다는 것이 사실임을 확인하는 기회가 됐다.

그동안 놀이쌤은 유아들의 놀이를 보면서 무엇을 어떻게 지원할까를 고민했는데, 지금은 오히려 유아들로부터 무엇을 배웠는지 되돌아본다. 공동체 안에서 솔직하고 순수하게 관계를 맺으면서 사회를 배워가는 유아들처럼 이해득실보다 타인의 마음을 먼저 읽을 수 있는 어른이 되고 싶다는 생각을 하게 된 것이다. 유능한 유아들이 놀이쌤을 가르치고 있다. 이제 교실에서 놀이쌤은 유아 놀이를 이끄는 지도자가 아니라 함께 고민하고 상의하고 도와주는 진정한 조력자, 지원자로 성장하고 있음을 느낀다.

슝슝
파라슈트 놀이

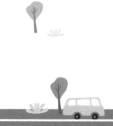

▶3세반　▶강당놀이 시간　▶1시간 전개

 놀이의 의미와 가치

유아들의 놀이는 즉흥적이고 규칙 없이 이루어지는 것 같지만 사실은 다르다. 유아들은 끊임없이 또래와 상황을 함께 나누며 서로 영향을 주고받는다. 놀이 흐름은 다양한 경험들을 서로 연결한다. 예전의 놀이 경험을 기억하여 다음 놀이에 반영하거나, 친구의 놀이에 영향을 받아 자신의 놀이에 변형을 주기도 한다. 놀이 상대인 친구가 수시로 바뀌면서 놀이 속 역할도 다채롭게 바뀐다. 놀이를 주도하는 유아가 있으면 좋지만, 없어도 놀이는 이루어진다. 유아 개개인이 마음 가는 대로 놀이 방법과 역할을 고르기 때문이다. 이처럼 놀이는 자연스럽게 이어지는 고유의 특징을 가지고 있다.

혼자 놀다가도 어느 틈엔가 서로 어울리며, 규칙이 없는 것 같으면서도 나름의 질서를 세워가는 유아 놀이는, 어른의 놀이처럼 사전에 계획하고 역할을 분담하지 않아도 즐겁게 어울리며 다양한 경험을 공유하는 배움의 장이다.

📍 놀이 관찰의 시작

- ▸ 처음 경험하는 낯선 파라슈트로 유아들은 어떤 놀이를 할까?
- ▸ 유아의 개별 놀이는 다른 친구들의 놀이를 통해 어떻게 발전할까?

📍 놀이 흐름

episode 1 　고민 없이 즐기는 마음대로 놀이

놀이쌤은 3세 유아들에게 파라슈트 2개를 내주었다. '어떻게 놀지?'라는 일말의 고민도 없이 유아들은 파라슈트를 밟기 시작한다. "이상한 소리가 나." 유아들은 발로 밟고 비비며 부스럭거리는 소리를 탐색하며 즐긴다. 호기심이 많은 윤하는 아예 파라슈트에 배를 깔고 엎드려 몸으로 비벼본다. 움직일 때마다 파라슈트 천이 쭈글쭈글 밀리고 미끄러진다.

"이거 뭐야?" 지완이가 파라슈트에 달린 손잡이를 발견하고 잡아당긴다. "야, 나도." 명진이도 옆의 손잡이를 잡고 잡아당긴다. 그 바람에 파라슈트에 엎드린 윤하의 몸이 빠르게 딸려간다. "와, 재밌다. 더 빨리~" 파라슈트에 매달린 윤하는 신이 나서 소리를 지른다. 두 친구가 강당의 가장자리로 크게 원을 그리며 돌자 윤하의 몸도 좌우로 출렁이며 따라간다. "얘들아, 나 비행기 타고 있어." 윤하의 소리에 "나도 할래, 나도 끼워줘." 하며 은진이와 범준이가 합류한다.

"나도 타는 거 할래." 이번에는 지완이와 은진이가 윤하 옆에 엎드리고 범준이와 주환이가 파라슈트를 끈다. 승객이 세 명으로 늘어나자 한 손으로 잡아끌기가 쉽지 않은지 범준이는 두 손으로 힘을 주어 잡고, 주환이는 다리를 벌리고 중심을 잡으며 몸을 젖히듯 힘을 준다. "더 빨리, 더 빨리." 엎드린 유아들의 재촉에 두 친구는 안간힘을 써보지만 파라슈트는 생각처럼 움직이지 않는다. "선생님도 도와주세요." 유아들의 요청에 놀이쌤이 힘을 보태자 파라슈트의 움직임이 빨라진다. 어느새 옆에선 또 다른 파라슈트 비행기가 운행되고 있다.

3세 유아들은 낯선 놀잇감을 만나면 먼저 직관적으로 놀이를 시작하는 것 같다. 놀잇감으로 어떻게 놀이할지를 고민하기 전에 오감을 동원해서 보고 느끼는 자체를 즐기는 모습이 정말 아이답다. 손잡이의 발견이 탐색 놀이에서 비행기 놀이로 바뀌었듯이, 하나씩 발견되는 새로운 요소들로 놀이를 변화시키는 과정도 재미있다. 굳이 교사가 놀이 방법을 가르쳐주지 않아도 유아들은 본능적으로 무엇이 재미있는지 찾아내는 것 같다. 놀이쌤은 유아들이 다치지 않도록 세심하게 살피며, 설레는 마음으로 다음 놀이를 기대해본다.

① "여기 손잡이를 잡고 끌어봐."

② "더 빨리 가주세요."

③ "여러 명이 끌어볼까? 비행기처럼 빠르고 재미있다."

은진이는 파라슈트 승객에서 조종사로 역할을 바꾼다. 지완이가 떠난 자리에 명진이가 탑승한다. 주환이와 범준이, 은진이, 3명의 조종사는 파라슈트를 앞으로 끄는 대신 시계 반대 방향으로 회전을 시작한다. 순식간에 파라슈트는 윤하와 명진이의 몸을 감싸며 비비 꼬였고, 파라슈트에 감긴 채 두 유아의 몸이 바닥에서 빙글빙글 돌아가자 친구들이 환호성을 지른다.

이번에는 은진이와 범준이가 성진이의 둘레를 돌며 파라슈트 돌리기를 한다. 성진이는 몸이 파라슈트에 감기려고 하면 제자리 돌기를 하며 돌아가는 파라슈트의 중심을 잡는다. 파라슈트가 돌아가는 방향으로 쉬지 않고 돌던 성진이는 어느 순간 양손으로 파라슈트를 잡고 돌리기를 시도한다. 중심에서 돌아가는 성진의 움직임에 따라 은진이와 범준이가 돌아가고 있다.

성진이는 우연히 자기가 제자리에서 돌기만 해도 파라슈트를 돌릴 수 있음을 알고 놀이로 시도한다. 몸으로 배운 회전축의 기능은 머리로 배운 것보다 더 오래도록 기억나지 않을까? 유아들은 놀이를 하면서 신체의 여러 부분을 움직이게 되고, 다양한 상황에 따라 힘과 방향을 조절하는 경험도 하게 된다. 놀이를 통한 배움은 개념을 기억하는 것보다 체험을 통해 몸에 체득되는 것이기에 유아 시기의 놀이는 앎의 과정으로서 더욱 중요하다.

① 파라슈트를 돌리며 회전하기

② 파라슈트를 잡고 돌면서 회전축 만들기

파라슈트 돌리기에 푹 빠진 성진이는 이번에는 윤하와 함께 파라슈트를 어깨에 두르고 감기 놀이를 시도한다. 성진이와 윤하가 양쪽에서 서로 반대 방향으로 돌다가 만나기를 반복한다. 둘의 몸이 돌면서 돌돌 감겨 가운데에서 마주할 때마다 '까르르' 웃음이 멈추질 않는다. "발이 안 움직여. 나, 갇혔어." 윤하가 꽁꽁 묶인 상태가 재미있는 듯 즐겁게 웃는다. "어떻게 빠져 나가지?" 하고 놀이쌤이 묻자, 윤하는 파라슈트를 벗겨 발을 빼내고 성진이는 몸을 반대로 회전시켜 파라슈트를 벗겨낸다.

유아들은 파라슈트에 감겨 불편하다는 생각보다는 움직일 수 없는 돌발 상황에 더 흥미를 보이며 즐긴다. 유아들에게 방향감각에 대해 알려주고 싶어서 놀이쌤이 질문을 던졌을 때, 경험이 없는 윤하와는 달리 회전축을 경험했던 성진이는 몸을 반대로 회전하며 해결책을 보여주었다. 놀이를 통한 다양한 경험이 중요함을 새삼 느끼게 된다.

① 파라슈트를 감고 돌기를 반복하기

② "어떻게 파라슈트에서 나올까?"

episode 3 ▶ 파라슈트는 다시 날개가 되고

파라슈트 비행기 놀이를 하던 범준이는 친구들이 모두 떠나자 파라슈트를 어깨에 메고 빙글빙글 원을 그리며 달리기 시작한다. 그것을 본 다온이가 파라슈트 꼬리를 잡으려고 뒤쫓아간다. 범준이는 뒤를 돌아보며 잡히지 않으려고 속도를 내며 빠르게 달린다. 진환이도 범준이를 쫓아가나 좀처럼 잡히지 않는다. 어느새 파라슈트 잡기 놀이가 시작된 것이다.

명진이도 범준이를 따라 파라슈트를 어깨에 메고 달린다. 명진이의 파라슈트를 잡은 지완이가 파라슈트에 매달려 딸려가자 윤하도 파라슈트 끝자락을 붙잡고 엎드려 함께 딸려간다. 그러다가 윤하가 끌고 가면 명진이가 매달려 가기도 한다.

파라슈트 놀이를 하는 내내 유아들은 파라슈트를 당기고 올라타기도 하며 자연스럽게 역할을 바꾸어 놀이한다. 역할을 바꾸자고 친구에게 물어보지도 않는다. 자신이 하고 싶은 대로 수시로 바꾸며 즐겁게 놀이에 몰입한다. 파라슈트에 돌돌 감겨 걸려 넘어지기도 하고 파라슈트를 따라가다가 바닥에 뒹굴기도 하지만 전혀 개의치 않는다. 그저 놀이가 즐거울 뿐이다.

뛰고 또 뛰면서 에너지를 발산하는 유아들은 지치는 기색이 없다. 놀이의 즐거움이 몸에 에너지를 더 하는 것일까? 다치지는 않을까 조마조마하지만 스스로 신체를 조절하며 자신의 한계를 넘어 도 전하는 유아들을 보면 또 놀이를 허용하고 지켜보게 된다. 놀이쌤의 눈이 유아들의 놀이에서 떠날 줄 모른다.

달리기 도구가 된 파라슈트

다양한 파라슈트 변신 놀이

친구들이 빠져나가고 혼자 파라슈트를 차지하게 된 성진이는 마치 임금님의 용
포처럼 파라슈트를 어깨에 두르고 거닐기 시작한다. 파라슈트 자락이 바닥을 스
치며 사각거리는 소리를 낸다. 성진이는 이어서 파라슈트를 머리까지 뒤집어쓰

① 용포가 된 파라슈트

② 물이 든 페트병에 고정한 파라솔

③ "이렇게 뒤집어쓰니까 잘 보여."

④ "우리 다 같이 숨을까? 어서 들어와."

고 여기저기 친구들에게 다가간다. 파라슈트 한 면의 미세한 구멍 너머로 성진이의 개구진 표정이 드러난다. "괴물이다~" 하고 친구들이 쫓자 괴물이 된 성진이는 파라슈트 자락을 날리며 도망간다. 곧이어 파라슈트가 벗겨지고, 다시 파라슈트를 뒤집어쓰다가 중앙의 까만 망사천이 얼굴에 맞춰지면서 새로운 괴물로 변신한다. "크아~ 나는 괴물이다." 괴물로 변신한 성진이를 들여다보던 명균이가 "괴물아, 메롱!" 하며 도망가고, 놀이는 다시 성진이와 지완이의 붙잡기로 이어진다.

도망가던 명진이를 붙잡은 지완이는 파라슈트를 덮어씌운다. 그러자 지완이도 파라슈트 밑으로 기어들어간다. 파라슈트는 어느새 비밀 아지트가 된다. 함께 장난을 치고픈 마음에 놀이쌤이 파라솔을 열고 얼굴을 드밀자 "꺄아~" 하며 흥분하여 소리를 지른다. 그리고는 열고 들어오지 못하도록 파라슈트를 꽁꽁 껴안고 더욱 웅크린다. 흥미를 보이며 범준이, 다온이, 윤하도 파라슈트 아래로 들어간다. 유아들은 파라슈트를 열었다 닫았다 하면서 또 다른 놀이에 몰입한다.

놀이쌤은 유아들이 파라슈트의 특성을 살려 다양한 놀이로 전개하는 것을 보며 교사 주도의 활동보다 훨씬 더 창의적임을 느낀다. 그리고 놀잇감에 대한 충분한 탐색이 매우 중요하고 필요함을 되새긴다.

교육과정 관련

신체활동 즐기기	신체 움직임을 조절한다.
	기초적인 이동 운동, 제자리 운동, 도구를 이용한 운동을 한다.

- 친구들이 올라탄 파라슈트를 끌기 위해 무게에 따라 힘주기, 중심 잡기, 함께 몸을 젖혀 당기기 등 신체의 움직임을 조절하는 경험을 한다.
- 파라슈트를 이용하여 잡아당기기, 잡고 돌리기, 몸에 돌돌 감기, 기어 들어가기 등 놀이에 따라 다양한 신체 운동을 하고, 파라슈트가 몸에 감겨 불편한 상황에서는 제자리 돌기를 하며 중심을 잡는 등 상황에 따라 조절하는 경험을 한다.

의사소통

듣기와 말하기	자신의 경험, 느낌, 생각을 말한다.
	상대방이 하는 이야기를 듣고 관련해서 말한다.

- "비행기 타고 있어."라는 친구의 말을 듣고 "나도 비행기 타봤어, 우리 같이 타자."하며 자신의 의사를 표현하고 친구와 함께 이전의 경험을 놀이로 재현한다.
- 유아는 파라슈트 감기 놀이 중 '발이 안 움직여, 나, 갇혔어." 하며 꽁꽁 묶인 자신의 상태를 표현하며 즐겁게 웃는 모습을 통해 자신의 경험을 말로 표현하며 친구들과 소통한다.

사회 관계

나를 알고 존중하기	내가 할 수 있는 것을 스스로 한다.
더불어 생활하기	약속과 규칙의 필요성을 알고 지킨다.

- 파라슈트 놀이는 유아들로 하여금 서로의 역할을 자연스럽게 바꾸도록 하였고, 놀이가 즐겁게 이어지기 위해서 규칙이 필요함과 스스로 지켜나가는 것의 중요성을 경험한다.

예술 경험

창의적으로 표현하기	다양한 미술 재료와 도구로 자신의 생각과 느낌을 표현한다.

- 임금님의 용포처럼 파라슈트를 어깨에 두르고 거닐기, 파라슈트를 머리까지 뒤집어쓰고 괴물로 변신하기, 파라슈트 밑으로 기어 들어가 비밀 아지트 만들기 등 자신의 생각과 느낌을 창의적으로 표현한다.

자연탐구

탐구과정 즐기기	탐구과정에서 서로 다른 생각에 관심을 가진다.

- 파라슈트를 당기거나 말기, 덮어쓰기, 비비기, 부스럭 소리 만들기, 함께 접기 등 서로 다른 생각과 표현에 관심을 갖는다. 파라슈트에 앉은 친구들의 무게와 끄는 방향에 따라 힘의 세기와 움직임이 달라야 함을 주의 깊게 탐색하는 경험을 한다.

놀이쌤은 파라슈트 놀이 경험이 없는 3세 유아들이 어떻게 파라슈트를 활용할지 궁금했다. 모두 함께 파라슈트를 잡은 채 들어 올리거나 내리고 숨기 놀이를 하거나 공을 치기도 하며 즐겁게 놀았던 경험을 떠올리며 그렇게 놀아볼까 잠깐 고민도 했다. 그러나 유아들 스스로 놀잇감을 탐색하고 자신이 원하는 놀이 방법을 찾도록 '주도성'에 의미를 두고 지켜보기로 했다.

파라슈트 놀이는 언뜻 보면 마구잡이로 뛰기만 하는 것 같은데 자세히 들여다보니 다양한 놀이가 전개되고 있었다. 1시간 내내 신나게 놀이하는 유아들의 표정이 너무 밝고 즐거워 보여서 놀이쌤은 유아들이 놀이를 주도할 수 있도록 놀이 방식을 사전에 전달하지 않기를 잘했다고 생각했다. 유아들은 마음껏 달리고 돌고 뒹굴며 몸도 건강해지고, 쌓인 스트레스를 풀며 마음도 편안해졌으리라.

평소 조용하고 움직임이 적은 유아들까지 놀이에 적극적으로 참여하며 활발하게 놀이하는 것을 보면서 자유로움이 주는 역동성을 느꼈다. 강당이 교실보다 훨씬 넓어 더 자유로웠던 건지, 또는 마음껏 놀 수 있게 자유를 허락했기 때문인지 유아들의 놀이는 거침이 없고 활달했다.

한편, 놀이쌤은 유아들의 빠르고 역동적인 움직임 때문에 순간순간 넘어져 다치지는 않을까, 서로 부딪히는 안전사고가 나지는 않을까 걱정도 했다. 놀이는 몸의 긴장을 풀어줘 다칠 위험을 줄여주기는 하지만, 지켜보는 놀이쌤은 긴장되어 마음이 편치 않았다.

신체 조절이 완숙되지 못한 3세의 경우 아슬아슬한 유아의 행동에서 안전과 도전에 대해 늘 고민이다. 수용 범위에 대한 불안감은 놀이쌤의 놀이 신념과 상충될 때 더욱 혼란을 가져오기도 한다. 유아들 스스로 놀이를 통해 자신의 한계를 알고 조절하는 능력을 배운다고 믿지만, 실제 놀이 상황에서 놀이를 지원하는 역할이 어렵고 버거운 것이 사실이다. 그래서 오늘도 고민이 늘고 있다.

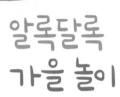

알록달록
가을 놀이

▶4세반 ▶바깥놀이 시간 ▶1주 놀이

놀이의 의미와 가치

감성은 삶을 풍성하고 아름답게 한다. 이러한 감성은 어려서부터 충분히 아름다움을 느끼고 표현하는 경험에서 비롯되는 것으로 자연스럽게 체득하는 게 바람직하다.

어떻게 감성을 기를 수 있을까? 억지로 감상하고 익히게 한다고 감성이 생기지는 않는다. 놀이를 통해 자연스럽게 감상하고 표현하는 기회를 늘려야 한다. 미술적 요소를 배우기 이전에 색의 아름다움을 느끼고, 음을 익히기 이전에 아름다운 소리를 듣고 '아름답다'라고 느끼는 경험을 먼저 해야 풍부한 감성이 길러진다.

자연은 가장 아름다운 캔버스이며 감성을 가장 잘 표현할 수 있는 놀이터이다. 계절의 변화 속에서 있는 그대로를 보고, 느끼는 그대로를 표현하는 자연놀이는 그야말로 감성을 기르기에 안성맞춤이다.

📍 놀이 관찰의 시작

　▸ 가을 숲에서 유아들은 어떤 발견을 하며 어떤 놀이를 경험할까?
　▸ 자연과 더불어 놀이하며 유아들은 어떤 마음을 가지게 될까?

📍 놀이 흐름

`episode 1` **주머니 속에 가을이 들어 있어요**

"얘들아, 가을을 만나러 가자."

　놀이쌤의 제안에 유아들은 들뜬 마음을 한 가득 담고 가을 숲으로 향한다.

　"각자 가을을 찾아 마음대로 놀아도 돼."

　놀이쌤의 말에 유아들은 달리고 미끄러지고 뒹굴며 숲을 헤매기 시작한다.

　"여기 되게 미끄러워. 너도 한 번 타 봐."

　"야호~ 썰매 타기 진짜 재밌다."

　낙엽이 쌓인 언덕에서 시범을 보이는 승찬이를 따라 성우도 엉덩이 미끄럼을 타기 시작한다. 흙먼지를 날리며 언덕 아래로 미끄러져 내려오면 다시 엉금엉금 언덕을 기어오른다. 엉덩이 미끄럼으로 인한 흙먼지에도 아랑곳하지 않고 유아들은 가을을 찾는 탐색놀이에 빠져 있다.

　"여기 왕도토리 찾았다."

　"이리 와 봐, 빨간 열매도 있어."

　유아들은 탐정이라도 된 듯이 땅을 꼼꼼하게 훑으며 다닌다.

　"선생님, 주머니 속에 가을이 들어 있어요." 하는 말에 돌아보니, 예승이가 주머니에서 손을 빼며 도토리 한 알을 보여준다. "정말 동글동글한 예쁜 가을이네."라는 놀이쌤의 맞장구에 신이 난 예승이는 다른 가을을 주우러 간다.

여승이의 시적 표현이 아주 예쁘다. 자유로운 탐색놀이 속에서 유아들은 가을의 아름다움을 느끼고 표현하는 경험을 한다.

① 엉덩이 미끄럼 타기

② 가을 탐색하기

episode 2 가을과 함께 놀아요

"우와, 푹신푹신하다."

"따뜻해, 이불 같다."

낙엽 더미를 발견한 경호가 흥분해서 몸을 던진다. 몸을 뒹굴 때마다 사각거리는 소리가 즐거운지 팔을 휘저으며 소리를 만들기도 한다. 낙엽 더미에 함께 들어간 채윤이도 낙엽을 만지며 표현한다.

"채윤아, 나 좀 덮어주라."

경호의 말에 채윤이가 낙엽으로 경호의 몸을 가득 덮어준다.

"히히, 나는 낙엽 괴물이다."

경호가 몸을 일으키며 장난을 치자 채윤이가 도망가며 낙엽을 던진다.

"나뭇잎 비가 내린다."

둘은 어느새 낙엽을 날리며 놀이한다. 바람이 살랑거리자 낙엽이 흩날리며 멋진 풍경이 연출된다.

👩 자연은 있는 그대로 훌륭한 놀잇감이다. 보고 느끼고 즐기는 것만으로도 소중하다.

윤희와 성준이는 도토리를 줍기에 바쁘다. 양쪽 주머니가 불룩하도록 도토리를 채우고 있다.

"그거(도토리) 다 가지고 가면 다람쥐가 못 먹어."

성준이가 걱정스런 얼굴로 지적한다.

"미안해."

누구에게 하는 말인지 모르겠지만 미안한 마음을 담아 사과한 후 윤희와 성준이가 도토리를 꺼내 나무 밑둥 주위에 놓는다.

"다람쥐야, 많이 먹어."

"이거 다람쥐 먹이니까 아무도 갖고 가면 안 돼, 알았지?"

윤희는 행여 다람쥐 먹이가 없어질까 봐 친구들에게 단단히 이른다.

👩 자연을 아끼고 사랑하는 유아들의 마음이 너무 예쁘다. 자신의 욕심보다는 남을 먼저 배려하는 마음이
    자연의 마음이 아닐까? 자연 속에서 놀이하는 것만으로도 자연의 따뜻함과 배려를 배우는 것 같다.

① 나뭇잎 비 놀이

② 동물의 먹이 남겨두기

episode 3 가을 땅에서 흙을 탐색해요

① 흙 탐색 놀이

② 땅속 애벌레 찾기

④ 나무 밑 구멍 관찰하기

민아와 준우는 숲 공원 화단에서 흙을 파고 있다. 화단에 쌓인 부드러운 흙을 만지고, 깊이 파고, 흙을 뿌리고, 나뭇가지를 꽂고, 열매를 흙속에 심는 등 놀이가 끝없이 이어진다. 낙엽이 쌓인 흙은 부드러워서 유아들이 낙엽을 거둬내고 나뭇가지로 그림을 그리기에 아주 적당하다.

땅을 파던 민아가 벌레를 발견하고 "앗, 징그러워." 하며 놀라자 준우가 "다시 흙속에 넣어 줘야 해. 그래야 살아."라며 흙을 덮어준다. 개미, 공벌레가 유난히 많이 기어다닌다. 유아들은 화단 곳곳을 헤집으며 벌레 찾기를 한다.

"여기 구멍이야. 벌레가 사는 집 같아."

나무 밑에 난 구멍을 발견한 준우의 목소리에 지혁이가 함께 구멍을 파보기도 한다. 유아들은 시간 가는 줄 모르고 땅과 씨름하며 즐겁게 놀이를 이어간다.

살아서 움직이는 벌레들을 관찰하다 보면 작은 생명도 소중하게 여기는 마음을 저절로 배우게 된다. 자연의 힘인 듯하다.

"진짜 예쁘다."

윤주는 빨간 단풍잎을 주워 햇빛에 비춰보며 감탄을 연발한다.

"나도 예쁜 것 주울래."

친구들도 저마다 나뭇잎을 모아온다.

"우리 여기에 모아보자."

하준이가 깔개로 가져간 보자기에 나뭇잎을 모으며 제안한다. 유아들이 모아온 나뭇잎은 모양도 색깔도 가지가지다.

하준이는 보자기에 나뭇잎으로 모양을 꾸미며 놀이하다가 "이거하고 이거는 같아." 하며 비슷한 나뭇잎을 찾아 짝짓는다. 모양과 색깔이 같은 나뭇잎을 먼저 분류하고, 나머지 나뭇잎은 색깔대로 분류하기 시작한다. 초록 단풍잎은 초록 참나무 잎과 짝이 되고, 노란 단풍잎은 노란 상수리 잎과 짝이 된다. 유아들은 나뭇잎을 모으고 가르는 놀이에 즐겁게 참여한다.

👩 유아들은 모양보다는 색깔에 더 관심을 갖고 분류했으며 나름대로 분류 기준을 갖고 있었다.

① 나뭇잎 모으기

② 나뭇잎을 색깔별로 분류하기

교육과정 관련

신체활동 즐기기	신체 움직임을 조절한다.

- 유아는 가을 숲에서 달리기, 미끄러지기, 뒹굴기, 언덕에서 엉덩이 미끄럼 타기, 언덕을 기어오르기 등 자신의 신체를 움직임이고 조절하며 숲속 놀이를 즐긴다.

의사소통

듣기와 말하기	자신의 경험, 느낌, 생각을 말한다. / 상대방이 하는 이야기를 듣고 관련해서 말한다.

- 유아는 엉덩이 미끄럼 타기 소개하기, 주운 왕 도토리 설명하기, 낙엽더미 놀이 표현하기, 다람쥐 먹이 놓아주기, 벌레 관찰하기 등 놀이 과정에서 자신의 생각과 느낌, 경험을 주고받으며 끊임없이 의사소통한다.

사회 관계

나를 알고 존중하기	나의 감정을 알고 상황에 맞게 표현한다.
더불어 생활하기	친구와 서로 도우며 사이좋게 지낸다. / 서로 다른 감정, 생각, 행동을 존중한다.

- 유아는 숲 놀이에서 느낀 자신의 감정을 자유롭게 표현하고, 친구들의 감정, 생각, 행동을 존중하게 된다.

예술 경험

아름다움 찾아보기	자연과 생활에서 아름다움을 느끼고 즐긴다.

- 유아는 낙엽 더미에서 몸을 뒹굴며 소리를 탐색하고, 낙엽의 푹신푹신한 느낌을 표현하며, 낙엽비를 만들며 자연의 아름다움을 느끼고 즐긴다.
- 유아는 자신이 주운 빨간 단풍잎을 햇빛에 비춰보며 예쁘다고 표현하며 자연의 아름다움을 자연스럽게 경험한다.

자연탐구

탐구과정 즐기기	주변 세계와 자연에 대해 궁금한 것을 탐구하는 과정에 적극적으로 참여한다.
생활 속에서 탐구하기	일상에서 모은 자료를 기준에 따라 분류한다.
자연과 더불어 살기	주변의 동식물에 관심을 가진다.

- 유아는 가을을 찾는 다양한 탐색 놀이를 통해 낙엽, 도토리, 단풍잎, 벌레 등 주변 세계와 자연에 대해 지속적으로 호기심을 가지고 궁금한 것을 탐색하는 경험을 한다.
- 유아는 다람쥐의 먹이를 챙겨주거나 벌레를 살리기 위해 다시 흙속에 넣어주는 등 주변의 동식물에 관심을 갖고 탐색하며 작은 생명도 소중히 여기는 경험을 한다.
- 유아는 모은 나뭇잎을 모양과 색깔대로 분류하는 경험을 한다.

유아들은 숲에 가는 것을 매우 좋아한다. 자연의 법칙이 그렇게 만드는 것일까? 자연이 주는 에너지가 특별해서 그런 것일까? 아니면 사람도 자연의 일부이기 때문에 그런 것인지 숲에서는 유아들이 밝아지고 활발해진다.

숲은 유아들의 오감을 살아나게 하는 것 같다. 볼거리가 많고 낯설고 신기한 것들도 많아서 감탄사가 절로 나온다. 자연의 색은 오묘해서 인위적으로 만든 색과 전혀 느낌이 다르다. 자연의 모양은 똑같은 게 하나도 없고, 때로는 반듯한 대로 때로는 구부러진 대로 주변과 잘 어우러져 조화를 이룬다. 자연의 소리는 말이나 글로 정확하게 표현할 수 없는 음색으로, 우거진 숲에서 울릴 때의 느낌은 또 다른 매력이 있다. 자연의 신선한 공기는 폐부를 맑게 하고 머리를 정화시키며 가슴을 따뜻하게 하는 힘이 있다. 그래서 자연 속에 있으면 '나도 너도' 모두 예뻐 보인다.

이러한 숲에 유아들과 자주 가고 싶다. 하루 종일 숲에서 놀아도 좋겠다. 비가 오나 눈이 오나 있는 그대로의 자연과 교감할 수 있는 숲유치원은 얼마나 좋을까? 미세먼지와 코로나19와 안전이라는 걸림돌만 없다면 좋겠다.

언제부터인가 자연이 위험한 곳이 되었다. 넘어지거나 다치거나 병에 걸리면 안 되기 때문에 함부로 갈 수 없는 곳이 되었다. 충분히 미끄러지고 충분히 넘어져도 되는 '자유'가 보장되지 않기에 자연은 유아들과 함께 나가기에 '두려운 곳'이 되었다.

놀이쌤의 어릴 적 추억처럼 유아들이 다시 자연 속에서 마음껏 뛰놀면서 자라도록 바꾸는 방법은 없을까? 숲유치원만이 특별한 곳이 아니라 모든 유치원이 자연을 교육의 장으로 삼을 수 있도록 자연스러운 문화를 만드는 방법은 없을까? 주변의 많은 제약을 생각하니 마음이 답답하기만 하다.

놀이쌤은 유아들이 자연 속에서 아름다움과 즐거움을 경험할 수 있도록 최선을 다해 지원하고 싶다. 자연 놀이에서 배운 이야기를 공유하며 학부모도 설득하고자 한다. 비록 시간이 오래 걸린다 할지라도.

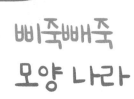

삐죽삐죽 모양 나라

▶4세반 ▶자유놀이 시간 ▶2주 전개

 놀이의 의미와 가치

놀이에서 '재미'는 놀이를 유지하고 확장하는 중요한 요인이다. 익숙한 놀이가 진행되는 과정에서 무언가 새로운 것을 찾아냈을 때 유아들은 발견의 재미를 느낀다. 친구들과 함께 공동의 목표를 세우고 그것이 완성됐을 때는 성취감과 만족감을 맛본다. 그리고 더욱 재미있는 놀이를 만들기 위해 친구들과 다시 놀이 규칙을 만들어 놀이한다.

　놀이쌤이 전시한 사진 속에서 다양한 모양을 찾아낸 유아들은 자신이 생활하는 모든 공간의 사물들이 여러 모양들로 이루어져 있음을 발견하고 '모양 찾기' 놀이를 시작한다. 이는 다시 '모양 나라'로, 유아의 상상력과 감정이 반영된 '모양 요정'으로 전환되었다가 마지막엔 네모 모양의 책을 이용한 '미로 만들기'로 놀이가 확장된다. 어른들의 시선으로는 놀이의 전환이 어수선하게 느껴지고 관련성이 없어 보이지만, 유아의 관점으로 보면 놀이는 다양한 재미 요소를 가지고 있다. 이러한 이유로 유아들은 놀이할 때 즐겁다고 표현하는데, '재미와 즐거움'은 놀이에 의미를 더하며 유아 간의 긍정적인 상호작용을 촉진한다.

📍 놀이 관찰의 시작

▶ 유아는 일상에서 어떻게 모양에 관심을 가지고 놀이로 이어가는가?
▶ 놀이 자료 지원에 따라 유아들의 놀이는 어떻게 달라질까?

📍 놀이 흐름

`episode 1` **모양 탐정이 됐어요**

코로나19로 인해 충분히 놀이를 못하는 유아들을 위해 놀이쌤은 유치원의 달라진 환경과 여러 공간들을 사진에 담아 교실 한쪽에 전시해둔다. 유아들은 사진을 보며 장소의 이름을 맞추거나 장소에서의 놀이를 추억하며 이야기를 나누고 있다.

갑자기 태연이가 사진 속 현관문을 가리키며 "앗, 네모다. 완전 큰 네모야." 하며 모양을 찾아낸다. 곁에 있던 형민이도 "창문에는 작은 네모들이 모여 있어."라며 네모에 관심을 보인다. "이것 봐. 우리 교실 문도 진짜 큰 네모야."라며 다른 유아들도 교실 이곳저곳을 다니며 네모를 찾아 손가락으로 가리킨다. 이내 교실은 네모 찾기에 이어 동그라미와 세모 찾기 등 마치 모양 찾기 게임이라도 하듯 순식간에 분주해진다.

한 유아가 "현주야, 이리 와봐. 쿠션의 꽃에도 동그라미가 있어, 그런데 동그라미가 몇 개 있는지 알아?" 하며 모양과 크기는 다르지만 원의 규칙성을 이해하고 친구에게 설명한다.

👧 놀이쌤은 잠시 유아들과 거리를 두고 유아들의 움직임과 이야기를 관찰했다. 여러 가지 모양을 찾기 위해 이것저것을 들추는 유아, 좋아하는 모양만을 찾아 개수를 세는 유아, 비행기 모형 속에서 세

모를 발견한 유아, 소란스러움 속에서도 묵묵히 블록 쌓기를 계속하는 유아 등 서로 다른 방식으로 놀이를 하고 있다. 순식간에 생성된 놀이는 제마다의 규칙을 가지고 있으며 무엇보다 유아들 간의 긍정적인 상호작용의 빈도를 높였다. 재미있게 놀이하는 유아들의 모습을 보며 놀이쌤도 모양 찾기에 합류했다.

"선생님, 교실에는 내가 좋아하는 하트가 없어요."라는 지환이에게 놀이쌤은 모양 이름 스티커를 만들어준다. 그러자 지환이가 스티커를 자신의 가슴에 꾸욱 눌러 붙이면서 "선생님 하트는 내 마음에 있어요."라고 말한다.

'어떻게 이런 생각을 했을까? 유아들의 놀이는 놀이쌤에게도 큰 힘과 위로가 된다. 선생님의 하트는 자기 마음에 있다는 유아의 말에 큰 감동을 받고 순간 눈물이 핑 돌았다. 놀이는 놀이쌤도 행복하게 한다.

① 쿠션에서 발견한 동그라미

② 마음에 붙인 하트

③ 비행기 날개에서 찾은 세모

episode 2 ◀ **모양 요정 이야기**

놀이쌤은 유아들의 모양에 대한 관심을 지속시키기 위해 여러 모양의 스티커와 커다란 종이를 제공해준다. 관심 있는 몇몇 유아가 모양을 이용해 새로운 그림을 그려본다.

모양 요정 이야기

"이 네모 요정은 화가 났어요."

"아침에 엄마가 빨리 밥 먹으라고 했거든요."

"여기 동그라미 요정은 지금 너무 행복하대요. 오늘이 동그라미 모양 요정 생일이거든요."

"이 세모 모양 요정은 지금 생각하고 있어요. 오늘 무슨 놀이할 건지"

유아들의 '모양 찾기' 놀이는 '모양 요정 이야기'로 바뀐다. 유아들은 모양을 보며 자신의 기분을 이야기하고, 모양을 닮은 요정의 생각을 상상하며 놀이를 이어간다.

유아들의 놀이 전환은 놀이쌤의 상상을 넘어선다. 놀이 속에 유아들의 이야기가 담기고 생각이 더해져 어른들이 흉내 낼 수 없는 기발한 놀이가 만들어진다. 그래서 유아가 주도하는 놀이가 더 재미있나 보다. 놀이 전환이 자유로울 때, 다양한 의견이 모아질 때 놀이는 더욱 확장된다. 종종 놀이 이야기 속에는 유아가 느끼는 감정이 내포되는데 그런 면에서도 놀이쌤은 좀 더 유아의 이야기에 공감해 주어야겠다고 생각한다.

 episode 3 **명화 속에는 어떤 모양이 들어 있을까?**

놀이쌤은 진행되고 있는 '모양 놀이'에서 유아들이 다양한 생각과 새로운 경험을 하길 바라는 마음으로 몬드리안의 명화를 보여준다.

"여기 빨간 네모가 있네."

"여기는 파란색 네모야."

유아들은 신나서 모양을 찾아낸다.

놀이쌤은 유아들도 몬드리안처럼 모양으로 꾸미기를 할 수 있도록 재료를 지원해준다. 유아들은 다양한 크기의 네모로 자신만의 그림을 표현해간다.

episode 4 **동물들이 살고 있는 모양 미로**

동화책으로 만든 미로 놀이

책으로 몬드리안의 빨강, 파랑, 노랑 작품을 표현한 유아들이 책을 보여주며 놀이쌤에게 묻는다.

"책으로 길 만들어도 돼요?"

"미로도 만들고 싶어요."

유아들은 교실의 책을 모두 꺼내어 길과 미로를 만들기 시작한다.

"여기 호랑이가 있다. 어흥!"

"여긴 곰이다."

"여긴 동물원 가는 길이야. 동물들이 있으니까 조심조심!"

미로는 어느새 동물원으로 변하고, 유아들은 특징적인 울음소리와 동작을 흉내내며 동물이 되기 시작한다.

"미로를 지날 때는 부서지지 않도록 조심해 줘, 알겠지?"

"팔을 너무 크게 움직이면 이게 무너져."

"길에서 서로 만나면 가위바위보 하자."

유아들은 미로가 부서지지 않도록 동작을 줄여 움직인다. 혹시 발에 걸려 미로가 무너지면 힘을 모아 다시 세우며 놀이를 이어간다.

미로 만들기라는 공동의 목표가 유아들의 협력을 이끌었다. 유아들이 주도하는 놀이에는 언제든 변형이 가능한 놀이 규칙이 있음을 놀이쌤은 다시 한번 느꼈다. 무엇보다 자신들이 만든 규칙을 지키는 것이 놀이를 더욱 즐겁게 하는 요인임을 유아들은 스스로 배운다. 놀이 조건에 맞게 규칙을 변경하기 위해서는 친구들과의 합의가 필요하고 결정된 것을 지키기 위해서는 자기 통제력 또한 필요하다. 놀이의 방향에 따라 언제든 새로운 놀이 규칙은 생성될 수 있다. 놀이쌤은 설명으로는 전달할 수 없는 여럿이 함께하는 태도와 가치를 놀이로 배우는 유아들을 보면서 감동받는다. 놀이를 섬세하게 들여다보고 경청하며 유아 주도 놀이가 더욱 많아지길 기대한다.

episode 5 **구불구불 요술 줄**

친구와 만든 세모 모양

모양 놀이에 대한 흥미가 점차 줄어들 즈음 강당 놀이를 하던 3명의 유아가 큰소리로 친구들에게 말한다. "얘들아, 우리가 힘을 합쳐서 세모 모양을 만들었어." 그리고는 신체 동작을 유연하게 하는 검정색 줄을 이용해 다양한 모양 만들기를 시도한다.

"우리 이번에는 반달 모양 만들어볼까?"

친구의 제안에 함께 모양 만들기를 하는 유아들이 동시에 몸을 움직여 위치를 정하고 선다. 놀이의 시간이 더욱 길어질수록 유아들의 움직임은 더 빨라지고, 최적의 모양을 만들기 위해 자신이 어느 위치에 서야 하는지, 또는 다른 친구들의 도움을 받아야 하는지 판단하고 행동한다.

그동안 강당 놀이에서 종종 보아왔던 줄 놀이다. 이전의 흥미로웠던 놀이 경험이 새로운 놀이에 반영되자 유아들은 자신 있게 놀이를 전개해나갔다. 줄을 늘이고 당겼던 익숙한 놀이 방법은 새로운 주제에 맞게 모양 만들기로 적용이 되었다. 이전과 유사한 놀이는 같은 놀이 경험을 공유한 유아 간의 결속력을 높이고 협력을 이끌어냈다.

교육과정 관련

신체운동·건강

| 신체활동 즐기기 | 신체를 인식하고 움직인다. |
| | 신체 움직임을 조절한다. |

- 유아는 고무줄을 이용해 다양한 모양을 만들며 신체를 인식하고 움직임을 조절하며 균형감과 유연성을 기르는 경험을 한다.

의사소통

듣기와 말하기	자신의 경험, 느낌, 생각을 말한다.
	상황에 적절한 단어를 사용하여 말한다.
책과 이야기 즐기기	상대방이 하는 이야기를 듣고 관련해서 말한다.
	책에 관심을 가지고 상상하기를 즐긴다.

- 모양 탐정이 되어 놀이하며 모양의 명칭을 말하고, 놀이를 제안하고 규칙을 만드는 과정에서 친구의 이야기를 관심 있게 들으며, 관련해서 상황에 맞는 단어를 사용하여 말하는 경험을 한다.
- 모양 미로 놀이를 하면서 책에 관심을 가지고 표지 그림을 통해 상상하기를 즐긴다.

사회 관계

나를 알고 존중하기	나의 감정을 알고 상황에 맞게 표현한다.
더불어 생활하기	서로 다른 감정, 생각, 행동을 존중한다.
	친구와의 갈등을 긍정적인 방법으로 해결한다.

- 모양 요정 이야기로 다양한 감정이 있음을 알고 표현하며, 친구의 생각을 존중하고, 친구와의 갈등을 해결하기 위해 합의가 필요함을 경험한다.

예술 경험

| 예술 감상하기 | 다양한 예술을 감상하며 상상하기를 즐긴다. |

- 몬드리안의 작품을 감상하면서 동화책을 활용하여 다양한 크기와 색의 네모로 미로를 만들며 상상하기를 즐긴다.

자연탐구

| 생활 속에서 탐구하기 | 물체의 위치와 방향, 모양을 알고 구별한다. |

- 모양 탐정 놀이를 통해 기본 도형을 인식하고, 고무줄을 이용해 다양한 모양을 만들어보면서 모양을 알고 구별하는 경험을 한다.

유치원을 소개하는 여러 사진들 속에서 유아들이 우연히 모양을 찾아냈다. 사진 속에 보이는 네모난 현관문과 네모난 책상 그리고 네모난 태극기, 네모난 신발장, 네모난 블록 등 우리 주변에 네모난 모양이 많음을 알고 놀라워했다.

사진을 통해 모양에 대한 호기심을 보였던 유아들은 이후 생활 속에서 발견할 수 있는 네모난 창문과 동그란 시계와 공, 그리고 비행기 날개를 가리켜 세모라고 말하는 등 사물의 모양에 대한 호기심과 관찰력을 키웠다. 한 유아가 "얘들아, 여기 와봐. 여기 모양 친구들이 다 있어. 유니트 블록장에 모양들이 다 있으니까 '모양 나라'라고 하자."라고 말하자, 유아들은 익숙한 주변 환경에서 다양한 모양들을 발견하고 찾으며 사물이 지닌 형태에 호기심을 보이고 이를 다시 놀이로 발전시켰다.

사물의 모양 찾기는 하루 이틀 지나면 관심이 줄어들 것으로 생각했지만 오히려 또 다른 놀이로 이어지며 즐거움을 더해갔다. 모양과 모양이 결합하며 다양한 형태로 변형되는 것에 흥미를 느낀 유아들은 기존의 모양과 생김새에 감정을 넣어 표현하기도 했고, 다양한 놀이 자료를 활용해 새로운 형태의 모양을 표현하기도 했다.

이렇듯 유아들의 놀이가 지속되고 발전하는 원동력은 무엇일까?

유아의 주도성이 아닐까?

놀이의 주체는 유아이다. 교사가 놀이 환경을 조성하고 놀이를 제안할 수는 있겠지만, 놀이 주체자인 유아가 주도적으로 참여하지 못한다면 놀이의 의미는 퇴색된다. 그래서 놀이쌤은 유아가 자유로운 놀이환경 속에서 탐구와 표현의 즐거움을 만끽하며 새로운 생각과 놀이로 발전할 수 있도록 놀이 환경을 만들어주고 지지하며 지원해주고 싶다. 유아 놀이의 교육적 의미를 이해하게 된 놀이쌤은 이전의 일방적인 교수 방식에서 벗어나 유아 주도의 놀이를 지원할 수 있는 새로운 교사로서 역할 변화를 위해 노력하자고 다짐해본다.

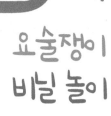

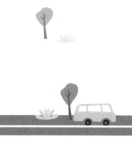

요술쟁이
비닐 놀이

▶5세반   ▶자유놀이 시간   ▶2주 전개

 놀이의 의미와 가치

주변의 사소한 소재마저 훌륭한 놀이로 재창조할 수 있는 것은 유아들이 지닌 무한한 상상력 덕분이다. 어른들의 시선에서 비닐은 내용물을 보관하고 담기 위한 용도로 사용되는 단순한 물건이다. 그러나 보드랍고 가벼우며 또한 투명해 금방이라도 찢어질 것처럼 약해 보이는 비닐도 유아들에게는 다른 어떤 소재보다 질긴 성질을 갖고 있는 탐구의 대상이며 마음껏 사용해도 좋을 최고의 놀잇감이 된다.

분리 수거 대상이었던 작은 비닐봉지에서 출발한 놀이는, 점차 다양한 종류의 비닐과 유아들의 자유로운 상상력이 만나면서 다채로운 놀이로 발전한다. 비닐에 공기와 물을 넣으면서 유아들은 수학적·과학적 탐구를 경험하기도 하고, 비닐의 세밀한 소리를 감각적으로 찾아내며 이를 이용해 동시도 짓는다. 생활 속 소재의 하나로만 여겨졌던 비닐이 예술적 감각과 과학적 탐구의 능력을 동반한 놀이로 발전할 수 있었던 것은 유아들의 힘이자 놀이의 가치이다.

📍 놀이 관찰의 시작

▸ 일상에서 흔하게 볼 수 있는 비닐로 유아들은 어떤 놀이를 할까?
▸ 유아들은 비닐을 이용해 어떤 놀이로 확장할까?
▸ 놀이 확장을 위한 자료, 공간은 어떻게 지원해야 할까?

📍 놀이 흐름

episode 1 몬스터 공으로 변신

놀이쌤이 교실 한쪽에 모아둔 포장재 비닐은 유아들의 흥미를 유발하는 데 충분하다.

"얘들아, 여기 비닐 많다. 선생님, 우리 이거 가지고 놀아도 되죠?"

유아들은 저마다의 방식대로 비닐봉지를 탐색한다.

수아가 비닐봉지에 공기를 가득 담고 놀이쌤에게 왔다.

"이거 묶어주세요."

부풀어 올라 봉긋한 비닐봉지를 보고 유아들이 모여 들었다.

"어, 풍선 같다.", "공이다." 하며 즐겁게 비닐 공을 만든다.

유아들은 한참을 공기의 양에 따라 봉지의 크기가 달라지는 것을 탐색하며, 비닐봉지에 바람을 넣고 뺐다를 반복한다.

비닐봉지를 누를 때 나오는 바람의 세기와 소리도 흥미로운 탐색거리이다. 한 유아가 비닐봉지에 공기를 가득 주입하고 묶은 다음, 몬스터 스티커를 붙여서 보여주며 "얘 이름은 몬스터 공이야!"라고 말한다.

비닐봉지가 교실에 활력을 불러일으켰다. 얼마 전까지 필요 없어 보였던 비닐봉지들이 유아들에 의해 풍선과 공으로 재탄생한 것이다. 놀이쌤은 신나게 놀이하는 유아들의 모습을 보며 놀이 자료에 제한을 두지 않아야겠다고 생각했다. 언제든 유아들이 쉽게 꺼내 사용할 수 있도록 주변에 다양한 자료를 비치하기로 했다.

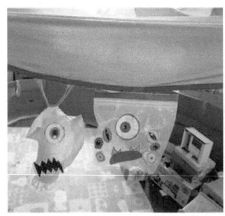

① 비닐봉지로 만든 몬스터 풍선

②비닐봉지로 만든 몬스터 공

episode 2 하늘을 나는 몬스터 공

놀이쌤이 비치해둔 커다란 비닐봉지를 찾은 은아가 소리친다.

"얘들아, 큰 비닐봉지가 있어. 우리 이걸로 대왕 비닐 풍선 만들자."

미영이가 "여기에 공기를 담아야 하는데." 하며 커다란 비닐봉지에 훅하고 바람을 넣다가 이내 어지럽다는 듯한 표정을 짓는다.

놀이쌤이 공기를 주입하는 핸드펌프를 제공해주자, 유아들이 큰 공을 완성해낸다. 놀이쌤이 묶어주자, 유아들은 함께 힘을 모아 큰 공을 들고는 복도로 나간다. 이전의 작은 비닐 공과는 달리 커다란 비닐 공이 어떻게 날지 궁금한 모양이다.

유아들은 큰 비닐 공을 공중으로 힘껏 쳐서 날려본다. "땅에 떨어지지 않게 해야 해." 비닐 공이 내려올 때마다 손으로 힘껏 위로 치면서 서로에게 말한다. "어떻게 하면 바닥에 닿지 않게 할 수 있을까?"라고 놀이쌤이 질문하자, "입으로 후~ 불어요. 그런데 이건 좀 힘들어요.", "손으로 치면 좋겠어요.", "풍선처럼 끈으로 묶는 것은 어떨까요."라고 저마다의 생각을 말한다.

놀이쌤이 털실을 묶어주자 유아가 털실을 잡고 비닐 공을 날려본다.

"부채가 있으면 좋을 것 같아요."

비닐 공이 바닥에 닿지 않도록 하기 위한 로운이의 제안에 놀이쌤은 부채를 찾아 제공해준다. 유아들은 손으로, 머리로, 부채로 비닐 공을 치며 함박웃음을 짓는다.

유아들은 자신들이 만든 비닐 공을 바닥에 닿지 않게 주고받으며 놀이를 즐겼다. 유아들은 이 과정에서 여럿이 놀이할 때 더 많은 아이디어를 공유할 수 있게 됨을 알게 됐다. 함께 공놀이를 하기 위해서는 자신이 있는 위치까지 공이 올 때를 기다렸다가 쳐야 하며, 규칙을 지킬 때 공놀이가 유지되고 더 즐거워진다는 것을 배운 것이다.

① 비닐 공을 날리기

② 비닐 공에 끈 달기

비닐봉지는 크기, 형태, 질감, 색깔, 소리 등이 다양하다. 다양성을 가진 소재는 그 어떤 장난감보다 유아의 창작 욕구를 자극하는 좋은 놀잇감이 된다.

그런데 비닐봉지를 가지고 놀이하는 과정에서 찢어진 비닐봉지를 대체하느라 유아들의 비닐 사용량이 많아지고 있음을 느꼈다. 비닐이 오래도록 썩지 않는다는 것도 마음에 걸린다. 놀이 과정을 지켜보던 놀이쌤은 '놀이와 환경을 연결 지으면 좋겠다는 생각을 했다

놀이쌤은 비닐봉지로 인해 바닷속 생태계가 위협받고 있는 내용이 담긴 동화 『누가 스탠리를 삼켰을까?』를 읽어준다. 이제 유아들에게 비닐봉지는 동화 속 '스탠리'가 된다. 비닐을 삼켜 힘들어하는 거북이에게서 비닐을 꺼낸 뒤 실로 엮어 풍선처럼 멀리 날아가도록 한 동화 내용은 바로 유아들의 놀이로 이어진다.

"우리도 스탠리로 연 만들고 싶어요. 스탠리에 끈 묶어주세요."

스탠리가 된 비닐봉지는 소중한 친구이며 하늘을 자유롭게 나는 '연'이 된다.

"와! 연이다. 연 날리자."

기다란 줄들이 서로 엉키자 민준이는 컵으로 얼레를 만들어 활용한다. 연재는 비닐을 돌돌 말고 털실을 감아 얼레를 만들고 있다.

"어~ 내 스탠리가 에어컨으로 갔어."

"스탠리도 더운가 봐."

"바람이 나와서 그래, 스탠리는 바람을 좋아해."

에어컨 송풍구에 비닐 연이 닿는 것이 신기한지 유아들은 방향을 바꾸어가며 날리기 놀이를 이어간다.

유아들의 놀이는 모든 것이 연결되어 새로운 놀이로 이어진다. 이전의 놀이 경험과 동화 속의 이야기, 놀이 과정에서 발견한 새로운 경험들을 연결 짓는다. 또한 이제 유아는 놀이에 필요한 것을 직접 만들어 사용하고, 필요한 재료를 교사에게 요청하기도 하며, 물활론적인 시각으로 자신이 만든 사물과 이야기하며 살아 있는 생명체처럼 소중히 다룬다.

스탠리 연이 되어 날아가는 비닐봉지.

episode 4 ◀ 이번엔 물총을 만들어볼까?

"선생님 비닐에 물을 담으면 재미있을 것 같아요."

놀이쌤은 유아들과 물놀이장으로 나가 물놀이를 할 수 있게 지원한다.

유아들은 여러 크기의 비닐봉지에 물을 담았다 쏟았다 하며 놀이한다. 우연히 뚫린 구멍으로 물이 새어 나오는 것을 본 희성이가 나뭇가지를 주워 구멍을 뚫고 물의 세기를 관찰한다.

"우리 누가 멀리까지 물을 보내는지 시합하자."

"저 나뭇잎 맞춰볼까?"

① "두꺼운 비닐봉지가 더 힘이 세요."

② "구멍에 따라 물줄기가 달라요."

유아들은 비닐봉지에 물을 담아 목표를 조준한 뒤 물총을 발사한다. 개인의 탐색 놀이가 어느새 목표물을 맞추는 모두의 게임이 된 것이다.

"이 비닐봉지보다 지퍼백에 담긴 물이 더 멀리 나가요."

"왜?"

"이 지퍼백이 더 두꺼우니까 그렇죠."

유아들은 다양한 비닐봉지를 탐색하며 물총도 쏘고 물로 그림을 그리기도 한다. 발에 떨어지는 물방울을 느끼고 깔깔거리기도 하고 서로에게 물방울을 쏘며 낄낄거리기도 한다. 비닐봉지에 물을 더하니 놀이가 한층 흥겨워지면서 풍성하게 확장된다.

비닐을 이용한 물놀이는 물이 주는 특별한 즐거움도 있지만 목표물을 맞추기 위해 물줄기를 보다 세게 하는 행동에서 유아는 스스로 진중한 탐구자가 되기도 한다. 유아는 놀이를 통해 비닐봉지의 구멍 크기와 위치, 두께에 따라 물줄기의 세기가 달라짐을 알게 된다. 동일한 재질의 놀이 자료라도 각 재료의 특성에 따라 달라지는 놀이를 경험하게 되고 이러한 경험에서 유아는 몰입과 발견의 즐거움을 배우게 된다.

episode 5 ▶ 첨벙첨벙 다이빙, 수영장 놀이

교실로 돌아온 유아들은 물놀이의 여운이 남아 있는 듯하다.

"우리 수영장 만들자." 유아들 간의 놀이 제안은 항상 빠르게 전이되고 실현된다. 유아들은 어느새 파란색 매트를 깔아 수영장을 만들고 있다.

"선생님 여기에 비닐을 깔면 어떨까요? 미끌미끌 재미있을 것 같아요."

"우리 다이빙하는 곳도 만들자."

유아들은 파란색 비닐 매트 위에 투명 비닐을 깔아 수영장을 만든다. 스펀지 블록과 고무판을 놓아 돋움대를 만들고 목표 지점을 정한 후 뛰어내리며 놀이한다.

"난 안전요원이야. 조심해. 안전요원은 수영장 문 닫으면 정리도 해야 해."

승민이가 자진해서 안전요원의 역할을 맡는다.

"선생님, 여기는 수영하다가 배고프면 음식을 사 먹는 곳이에요."

희진이는 매점을 열고 홍보를 시작한다. 언제 역할을 정했는지 유아들은 서로 이야기를 주고받으며 필요한 것들을 하나씩 만들어간다. 그러고는 줄을 서서 차례차례 다이빙을 즐긴다.

① 유아들이 만든 다이빙장   ② 다이빙 놀이

유아들의 놀이는 공간의 제약과 교사의 심리적 염려로부터 자유로울 때 더욱 주도적 놀이가 된다. 놀이쌤은 이를 알면서도 안전이 염려되어 허용에 제한적이고 소극적일 때가 있다. 오늘 놀이쌤은 유아들의 놀이 선택과 결정을 믿고 좀 더 기다려보기로 했다. 놀이쌤의 걱정과는 달리 유아들은 안전요원을 맡은 유아의 지시에 따라 줄을 서고 기다리고, 또한 매트의 높이와 자신의 신체를 조절하면서 다이빙을 했다. 허용된 자율이 유아들로 하여금 스스로를 규제하고 책임지게 하는 것 같다.

`episode 6` **조심조심 빙판 길**

얼마 동안 수영장 놀이가 진행되더니 유아들은 스펀지 블록을 치우고 비닐 위를 미끄러지듯이 걷기 시작한다. 유아들은 걷다가 넘어지는 시늉을 하며 깔깔

웃는다. 이렇게 슬라이딩 놀이에 몰입한다.

"스케이트를 타는 것 같아, 우리 비닐로 스케이트장을 만들어볼까?"

"우리 매트에 스케이트장 만들려고 하는데 어때요?"

"그래야 넘어져도 안 아파요."

놀이쌤은 스스로 자신의 안전을 생각하는 유아들을 보며 고개를 끄덕인다.

유아들은 매트에 비닐을 좀 더 튼튼하게 붙이고 목공 도구를 가지고 와서 스케이트장을 만든다.

"일주일 뒤에 여니까 그때 오세요."

드디어 스케이트장이 개장하는 날, 매트 위에 비닐을 깐 스케이트장에 유아들이 붐빈다. 그런데 유아들이 몇 번 왔다 갔다 하더니 "에이! 별로 재미없어요. 별로 안 미끄러워요."라고 항의한다. 유아들은 어떻게 하면 보다 잘 미끄러질지 회의를 시작한다. 스케이트 신발처럼 비닐을 신고 미끄럼을 타자는 의견이 바로 수용되었고, 놀이쌤의 도움을 받아 손님들에게 비닐을 공급해준다.

"와우, 아까보다 완전 미끄럽다. 넘어지겠어요. 뛰면 다칠 것 같아."

까다로운 손님들이 이번에는 너무 미끄럽다고 야단이다.

"보호 장구가 필요해."

유민이의 제안에 유아들은 손 보호장갑이라며 비닐을 추가로 제공한다.

손과 발에 비닐봉지를 착용한 유아들은 마치 넓은 얼음판에서 스케이트를 타는 것처럼 몸을 굽혀 좌우로 움직이며 즐겁게 놀이한다.

유아들의 놀이는 기발하다. 투명하고 미끄러운 비닐의 성질을 이용하여 다이빙장에서 스케이트장까지 다양한 형태로 놀이를 만들어간다. 놀이를 제안하는 것부터 필요한 소품을 구하고 놀이 공간을 만들기까지 유아들의 합의는 신속하고 빠르게 진행된다. 그렇다고 이에 불만을 표하는 유아들도 없다. 다만 놀이 중간중간 새로운 제안이 더해질 뿐이다. 유아들은 제안에 따른 놀이 변경을 더 즐거워하는 것 같다. 문제해결의 과정은 도전의 계기가 되고, 창의성을 발현시키는 출발점이 되며, 이는 곧 배움의 통로가 되는 것이다.

"이 비닐에서는 소리가 나요."

"비 오는 소리 같아요."

"나뭇잎이 흔들리는 소리 같아요."

"바람이 불어오는 소리 같아요."

"옛날 TV 소리 같아요."

"여기 있는 이 비닐에서도 같은 소리가 날까?"

"아니요, 조금 달라요. 비닐 풍선을 칠 때는 태풍 소리 같기도 해요."

"파란색 비닐은 찌릿찌릿 전기 소리 같아요."

"하얀색 비닐은 힘이 없는 소리 같아요."

"뽁뽁이 비닐은 톡톡톡 우산에 빗방울 떨어지는 소리 같아요."

"우리 그럼 비닐에서 나는 소리를 모아 동시를 지어보자."

유아들은 비닐 소리를 모아 동시를 짓고 '비닐 소리 나라'라고 제목을 붙인다.

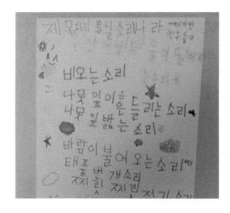

비닐 소리 나라

우산에 빗방울 떨어지는 소리
비 오는 소리
나뭇잎이 흔들리는 소리
나뭇잎 밟는 소리
바람이 불어오는 소리
태풍 번개 소리
찌릿찌릿 전기 소리
옛날 TV 소리
눈 내리는 소리

👩 유아들이 표현하는 기발한 이야기를 놓치고 싶지 않아 놀이쌤은 동시 짓기를 제안했다. 유아들의 표현
하나하나를 모아 정리하니 멋진 동시가 되었다.

교육과정 관련

| 신체활동 즐기기 | 신체 움직임을 조절한다. |
| | 기초적인 이동 운동, 제자리 운동, 도구를 이용한 운동을 한다. |

- 유아들은 비닐봉지로 만든 공을 치고 주고받으면서 움직임을 조절하고 수영장 놀이를 하면서 힘을 조절하여 목표 지점에 정확하게 뛸 수 있다.
- 스케이트 놀이를 하면서 움직임을 조절하며 균형을 잡는다.

의사소통

| 듣기와 말하기 | 자신의 경험, 느낌, 생각을 말한다. / 상대방이 하는 이야기를 듣고 관련해서 말한다. |
| 책과 이야기 즐기기 | 동화, 동시에서 말의 재미를 느낀다. |

- 놀이를 하면서 친구의 이야기를 듣고 상황과 관련지어 말한다.
- 동화를 듣고 동화 내용을 놀이에 반영한다.
- 비닐에서 나는 소리를 재미있는 말로 표현하고 동시를 지으면서 말의 재미를 느끼는 경험을 한다.

사회 관계

| 나를 알고 존중하기 | 내가 할 수 있는 것을 스스로 한다. |
| 더불어 생활하기 | 서로 다른 감정, 생각, 행동을 존중한다. |

- 수영장 놀이에서 친구와 함께 놀이를 만들고 역할을 정하고 규칙을 지키며 서로 다른 감정이나 생각을 존중한다.

예술 경험

| 창의적으로 표현하기 | 다양한 미술 재료와 도구로 자신의 생각과 느낌을 표현한다. |

- 밋밋한 비닐봉지에 그림을 그리고 스티커로 꾸며 놀이집을 장식하고, 놀잇감을 만드는 과정에서 다양한 미술 재료를 활용하여 아름답게 꾸미고 자신의 느낌을 표현한다.

자연탐구

| 탐구과정 즐기기 | 궁금한 것을 탐구하는 과정에 적극적으로 참여한다. |
| 생활 속에서 탐구하기 | 물체의 특성과 변화를 여러 가지 방법으로 탐색한다. |

- 공기를 가득 담은 비닐봉지가 풍선과 공, 연으로 재탄생하는 과정에서 비닐의 특성과 변화를 여러 가지 방법으로 탐색하고, 비닐 물총 놀이를 하면서 비닐봉지의 두께에 따라 물의 세기가 달라짐을 다양한 탐색을 통해 경험한다.

놀이쌤의 고민과 성찰

놀이를 시작하기 전 많은 양의 비닐봉지를 재활용 수거함에 버려야 할지 고민했던 놀이쌤은, 결국 교실 한편에 비닐봉지들을 정리해서 모아두었다. 비닐봉지에 그림을 그리거나 바람을 넣어 터트리는 놀이가 진행되리라 예상하면서.

그러나 놀이쌤의 생각과는 달리 비닐봉지는 유아들의 흥미를 지속적으로 자극하는 창작 소재가 되었다. 비닐봉지 속에 공기를 넣어 풍선을 만들고, 공처럼 튕기며 놀이했고, 비닐 공으로 연놀이도 했다. 비닐봉지에 공기 대신 물을 채워 물총 놀이까지 했던 유아들의 놀이성은 놀이쌤의 기대를 훨씬 넘어서는 것이었다. 얼핏 보면 모두 가벼운 놀이로 보일 수 있지만, 놀이쌤은 유아들의 탐구력과 실험정신, 집중력이 새삼 놀라웠다.

비닐봉지와 공기와의 관계, 비닐봉지의 두께와 물의 세기와의 관계, 비닐봉지 구멍의 크기와 위치에 따라 물이 뿜어져 나가는 거리와의 관계를 배우며 유아들은 더 멀리, 더 세게 목표물을 조준하기 위해 다양한 시도를 이어갔다.

여러 종류의 크기와 재질의 비닐봉지에서 나는 다양한 소리를 찾아내고 언어로 표현하는 유아들은 어떠한가? 놀이쌤은 유아들의 놀라운 상상력과 창의적 표현이 어디서부터 발현되는 건지 더욱 궁금해졌다.

종종 유아들은 교실에서 진행되는 놀이 주제와는 전혀 연결성이 없는 소재에 관심을 보일 때가 있다. 그리고 이러한 유아 개인의 흥미가 놀이로 발전하여 지속될 때 교사는 어디까지 수용해야 할까를 고민하게 된다.

이제 놀이쌤은 유아들을 믿고 주도권을 더 많이 주어야겠다고 다짐해본다. 비닐 놀이를 경험하며 놀이 자료와 공간에 대한 주도권을 유아들에게 허용해도 유아 스스로 안전하게 놀이할 수 있다는 믿음이 생겼기 때문이다. 위험해 보이는 행동을 경계하기 전, 유아들이 스스로 안전 규칙을 만들 수 있도록 기다리고 질문하는 것이 더 중요함을 놀이쌤은 깨달은 것이다.

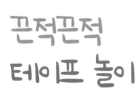

끈적끈적
테이프 놀이

▶5세반 ▶자유놀이 시간 ▶1주 전개

 놀이의 의미와 가치

유아들의 놀이 흐름을 이어주고 놀이를 확장하기 위해서는 '시간과 공간의 제한'을 극복하는 것이 필요하다. 매번 놀이하고 치우기를 반복하다 보면 놀이가 쉽게 단절되기 때문이다. 그러므로 일상생활에 큰 방해가 되지 않는다면 놀이의 흔적들을 보존하고 어제의 놀이가 오늘로 이어지도록 연계하는 방법을 찾아보는 것이 좋다. 일정 공간을 할애하여 놀이 결과물을 보관하거나 사진 전시를 통해 놀이의 역사를 게시하는 것도 한 방법이 될 것이다.

유아들의 놀이 경험이 단절되지 않고 꾸준히 지속되면 놀이는 훨씬 더 수월하게 확장된다. 매번 새로운 놀잇감을 추가해주지 않아도 놀이 경험을 공유하는 것만으로도 놀이 확장을 지원할 수 있다. 유아들은 스스로 이전 경험을 바탕으로 오늘의 놀이를 확장할 줄 아는 유능한 존재이기 때문이다.

따라서 놀이쌤은 '무엇을 지원해주어야 한다'는 부담을 덜어버리고, 유아들과 더불어 즐겁게 놀면서 놀이 확장을 위해 무엇이 필요한지를 유아들과 함께 고민하면 될 것이다.

📍 놀이 관찰의 시작

▸ 테이프를 가지고 유아들은 어떤 놀이를 시작하고 이어갈까?
▸ 유아들은 놀이를 통해 공간을 어떻게 변형할까?

📍 놀이 흐름

episode 1 ◀ **책상 밑도 즐거운 놀이 공간**

빨강, 파랑, 초록, 노랑 4색의 굵고 가는 마스킹테이프를 받자 유아들은 여기저기에 붙이기 시작한다. 교실의 이 끝에서 저 끝까지 테이프를 붙이고, 붙여진 테이프에 또다시 이어 붙이니 얽히고설킨 테이프 거미줄이 만들어진다. 책상과 의자도 테이프로 고정된다.

하준이는 친구들과 탁자에 테이프를 붙여 거미줄 만들기를 시도한다. "똑바로 먼저 붙이자." 유아들은 서로 의논을 하면서 방사선으로 겹친 8개의 직선을 먼저 만든 다음, 직선을 연결한 팔각형을 차례로 만들어 거미줄을 완성한다.

교실 한쪽에서는 승혁이와 도준이가 책상과 의자를 테이프로 꽁꽁 동여매고 있다.

"무슨 놀이 하니?"

"정현이를 가둬라 놀이를 하고 있어요."

책상 아래를 보니 정현이가 싱글벙글 웃으며 갇혀 있다.

"얘들아, 놀이쌤도 가두자."

승혁이의 제안에 놀이쌤도 기꺼이 책상 아래로 들어간다. 유아들은 놀이쌤이 나오지 못하도록 마스킹테이프를 반복해서 둘러 붙인다. 놀이쌤이 빠져나오려고 시도하자 유아들은 더욱 신이 나서 '놀이쌤 가두기'에 몰입한다. 하은이가 슬그머니 테이프 한쪽을 열어 문을 만들어준다.

유아들은 같은 소재로 제마다 다양한 놀이를 찾아냈고 그러면서도 함께 어울려 놀이를 하고 있었다. 책상 밑의 좁은 공간을 좋아하는 정현이는 스스로 갇히는 즐거움을 선택했다. 놀아쌤도 놀이에 참여했는데, 좁은 공간에 웅크리고 숨는 느낌이 꽤나 즐거운 것임을 알 수 있었다.

① 교실 곳곳에 테이프 붙이기　　②테이프로 연결된 책상과 의자

③ 탁자에 테이프로 만든 거미줄　　④ '정훈이를 가둬라' 놀이

episode 2 서로를 방해하지 않는 '놀이의 공존'

교실을 가득 채운 테이프로 새로운 거미줄 놀이가 시작된다. 전날에 비해 씨줄 날줄이 많이 얽힌 복잡한 형태가 만들어지고 있다. 함께 거미줄을 엮고 있는 친구들을 향해 하영이가 소리친다.

"여긴 우리가 만드는 곳이니까 오면 안 돼, 알았지?"

하영이의 요청을 알겠다는 듯 정훈이가 테이프로 경계선을 만들어 보인다.

교실 한쪽에선 하영이와 친구들이 바닥에 테이프를 붙여 달팽이집을 만들고 있다. 안쪽에서부터 테이프를 붙이고 밖으로 키워나가며 달팽이집을 만들어 간다.

"테이프가 안 구부러지는데?"

"가위로 잘라서 붙이자."

곡선을 만들기가 어려워지자 유아들은 가위로 테이프를 잘라서 곡선을 만들 어간다.

교실 다른 쪽에서 놀이 중인 거미줄팀은 점점 영역을 확장하고 있다. 교실 절 반을 넘어 급기야 하영이팀이 만들고 있는 달팽이집까지 침범한다.

"야, 여기는 안 하기로 했잖아~"

"아, 미안해."

하영이가 영역을 넘어오는 친구들에게 일침을 놓자 정현이가 바로 사과를 하고 테이프를 떼어낸다. 하영이팀은 달팽이집을 더 크게 만들어 게임을 하고, 정 현이팀은 거미줄을 더 정교하게 만들며 즐겁게 놀이를 이어간다.

학기 초엔 유아들이 놀이 공간 때문에 갈등이 많았는데 시간이 지날수록 서로의 놀이를 존중하고 서 로의 공간을 인정하고 배려하려 노력하는 것 같다. 나의 놀이가 중요하듯 친구의 놀이도 중요함을 알 아가고 있다.

① 거미줄팀의 경계 만들기

② 거미줄팀과 달팽이팀의 놀이 모습

① 테이프를 이용한 구성 놀이

② 테이프로 장난감 만들기

꾸미기를 좋아하는 시훈이는 종이에 테이프를 붙이는 구성 놀이를 시작한다. 시훈이를 따라 관심 있는 유아들도 함께 놀이한다. 도화지에 테이프를 촘촘하게 붙여 면을 채우기도 하고 여러 가지 모양을 만들기도 한다.

테이프로 면을 다 채운 시훈이는 물감을 꺼내 그 위에 그림을 그려본다. 여러 차례 덧칠을 해보지만 물감이 동글동글 말리면서 흘러내린다.

"선생님, 이것 보세요. 테이프에는 물감이 칠해지지 않아요."

"왜 그럴까?"

"테이프는 미끌미끌해서 그런 것 같아요. 종이에 칠하면 괜찮고요."

시훈이의 발견이 놀라워 놀이쌤이 질문을 하자, 시훈이가 직접 종이에 칠한 것과 테이프에 칠한 것을 비교하면서 답을 한다. 시훈이는 이어서 테이프로 모양을 구성한 종이에 물감을 칠한 뒤 테이프를 떼어낸다.

"이렇게 칠하고 테이프를 떼면 여기만 하얀색이 될 거예요."

"종이가 찢어졌어."

시훈이가 물감을 칠한 종이에 하얀 테이프 자국이 멋지게 나타나길 기대했는데 종이가 찢어졌다.

"물감 때문에 종이가 젖어서 그럴 거야. 마르면 될지 몰라."

민지의 이야기에 유아들은 물감을 칠한 종이를 펼쳐 말리기 시작한다.

도준이와 승혁이는 도화지 대신 교실 벽면에 구성 놀이를 시작한다. 도준이는 양면테이프로 폼폼이를 벽에 붙여 우주를 만든다.

"이 빨간색이 태양이에요. 그리고 초록색은 지구, 여기는 우주예요."

"도준아, 이건 블랙홀이야~ 여긴 오면 빨려 들어가는 거, 알지?"

도준이의 우주에 승혁이가 노란색 마스킹테이프를 가져와 붙이고는 함께 우주 놀이를 이어간다.

유아들은 놀이를 통해 교육과정의 여러 영역을 통합적으로 경험한다. 미술 표현을 하면서도 물체의 성질을 탐색하고, 동시에 친구들과 다양한 생각을 주고받기도 한다. 또 친구들과 관계를 맺고 함께 신체활동을 경험하기도 한다. 그러므로 유아들의 경험을 교육과정의 영역별로 구분하여 분절적으로 이해하지 않아도 된다. 놀이 전반에 나타나는 유아의 경험을 통합적으로 이해하는 것이 더 의미 있지 않을까?

놀이가 놀이를 만들다

도준이의 폼폼이 놀이는 연우에게로 이어진다. 연우가 벽에 양면테이프를 엮어 붙이고는 폼폼이를 던져서 붙이기 놀이를 하는데, 그것을 본 준우가 백업을 이용하여 원을 만든 후 마스킹테이프를 촘촘하게 붙여 과녁을 만들기 시작한다.

"연우야, 여기에 던져봐."

준우가 만든 과녁을 향하여 연우가 폼폼이를 던져본다.

"우아! 붙었다!"

연우와 준우는 번갈아 역할을 바꾸어가며 던지기 놀이를 한다.

유아가 주도하는 놀이를 중심으로 자유놀이를 지속하다 보면 유아들이 서로의 생각을 공유하며 놀이를 확장하는 것을 자주 보게 된다. 또한 혼자 하는 놀이보다 친구들과 함께 협력하는 놀이가 늘어나는 것도 확인할 수 있다. 유아들은 나보다는 우리가 할 수 있는 일이 더 많다는 것을 알고 있다.

점심시간이 다가와 어쩔 수 없이 마스킹테이프를 정리하기로 한다. 정리하는 것도 재미있는 놀이가 될 수 있음을 경험했던 유아들은 노래를 부르며 정리를 시작한다.

"눈을 굴려서, 눈을 굴려서, 눈사람을 만들자."

끈적끈적한 테이프를 뭉치고 뭉쳐서 커다란 덩어리 2개를 만들고는 위아래로 이어 붙여 눈사람을 만든다. 점심시간 내내 테이프 눈사람은 교실 한쪽에서 유아들을 지켜보고 있다.

① 테이프로 장난감 만들기

② 테이프 눈사람 만들기

episode 5 **설치미술가가 되어**

마스킹테이프 놀이는 양면테이프 놀이로 다시 이어진다. 정훈이가 양면테이프를 책상 사이에 연결하여 붙이기 시작하자 시훈이와 민철이도 놀이에 합류한다. 시훈이가 책상에 붙은 양면테이프를 떼어내다가 껍데기만 벗기게 된다.

"민균아, 이쪽도 달라붙는 거 알아?"

시훈이가 찾아낸 양면테이프 성질을 확인한 유아들은 너도나도 양면테이프의 양쪽을 다 벗기고 놀이한다. 민철이는 끈적이는 테이프를 손바닥으로 밀어 가는 실을 만든다. 윤아는 양면테이프를 얼기설기 엮어 거미줄을 만들기 시작한다.

끈적이는 거미줄에 유아들은 다양한 먹이를 만들어 붙인다. 거미줄 위에도 아래에도 다양한 모양의 작품이 걸리면서 교실 한쪽이 '하얀 거미줄 세상'으로 변한다. 윤아는 낮은 거미줄 밑으로 기어들어가 붙이기도 하고 키가 큰 예승이는 거미줄을 타 넘으며 작업을 하기도 한다.

양면테이프 거미줄은 첫날 마스킹테이프 거미줄보다 훨씬 섬세하게 만들어졌다. 줄과 줄의 이음새가 다양해졌고 양면으로 붙는 성질을 활용하여 재미있는 결과물이 만들어졌다.

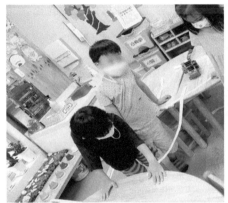
① 양면테이프 붙이기

② 테이프로 만든 거미줄

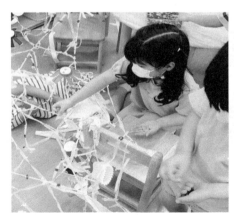
③ 양면테이프에 작품 붙이기

④ 양면테이프 아래에서 작업하기

교육과정 관련

신체운동·건강

신체활동 즐기기	신체 움직임을 조절한다.

- 유아는 다양한 방법으로 테이프 붙이기, 테이프 사이나 위아래로 지나가기 등을 통해 신체를 조절하여 움직이는 경험을 한다.
- 유아는 과녁에 폼폼이를 던지는 놀이를 하며 신체의 움직임을 조절한다.

의사소통

듣기와 말하기	자신의 경험, 느낌, 생각을 말한다.
	상황에 적절한 단어를 사용하여 말한다. / 상대방이 하는 이야기를 듣고 관련해서 말한다.

- 유아는 테이프 놀이를 하며 자신의 생각을 제안하거나 놀이 공간에 대한 문제 상황에서 생각과 감정을 주고받는 등 다양한 의사소통을 경험한다.

사회 관계

나를 알고 존중하기	나의 감정를 알고 상황에 맞게 표현한다.
더불어 생활하기	친구와 서로 도우며 사이좋게 지낸다.
	친구와의 갈등을 긍정적인 방법으로 해결한다. / 서로 다른 감정, 생각, 행동을 존중한다.

- 유아는 놀이에 필요한 규칙과 질서를 스스로 만들고 지키며, 놀이 중에 생기는 갈등을 긍정적으로 해결한다.
- 유아는 친구들과 더불어 놀이하면서 서로의 놀이를 인정하고 도우며 함께 문제를 해결하는 등 존중과 배려를 경험한다.

예술 경험

창의적으로 표현하기	다양한 미술 재료와 도구로 자신의 생각과 느낌을 표현한다.

- 테이프를 이용하여 거미줄 만들기, 양면테이프와 폼폼이로 우주 만들기, 과녁 만들기 등을 하며 생각과 느낌을 자유롭게 표현한다.

자연탐구

탐구과정 즐기기	궁금한 것을 탐구하는 과정에 즐겁게 참여한다.
	탐구과정에서 서로 다른 생각에 관심을 가진다.
생활 속에서 탐구하기	물체의 특성과 변화를 여러 가지 방법으로 탐색한다.
	도구와 기계에 대해 관심을 가진다.

- 유아는 거미줄 만들기를 통해 물체의 위치와 방향, 모양을 알고 구별하는 경험을 갖는다.
- 유아는 테이프로 달팽이 집을 만들면서 가위로 테이프를 잘라 곡선 부분을 만드는 경험을 한다.
- 유아는 종이와 테이프에 물감을 묻혀 칠하는 탐구 놀이를 통해 종이, 물감, 테이프의 특성을 알아본다.

놀이쌤의 고민과 성찰

테이프 놀이를 하는 내내 교실 여기저기가 테이프에 묶여 불편함은 많았지만 웃음이 끊이지 않았던 즐거운 시간이었다. 테이프로 인한 불편함은 유아들도 기꺼이 감수했다. 기어다니고 뛰어넘어야 하는 성가신 장애물들을 유아들은 놀이하듯 활용했다. 놀이 흔적이 유지되면서 놀이와 일상생활의 구분이 없어졌다. 유아들은 놀이 중에 합의가 필요할 때는 한쪽 귀퉁이에 모여 토론을 했으며, 이동할 때도 테이프가 끊어질까 조심조심 장애물을 넘어 움직였다. 유치원 안에 따로 식당이 마련되어 있었다면 교실에 설치된 거미줄을 더 오래 둘 수 있었을 텐데, 식사할 공간이 없어 부득이 매번 치워야 했던 것이 너무 아쉽기만 하다.

테이프 놀이는 놀이쌤에게 고민거리이기도 했다. 테이프를 아무 데나 붙이는 유아들을 제재해야 하는지, 순간순간 망설일 때가 많았다. 사실상 유아들이 마음껏 쓸 수 있는 공간이 부족했기 때문에 교실의 모든 공간을 이용하지 않으면 놀이가 어려워질 수 있다는 생각에 허용은 했지만, 벽이 상하지는 않을지, 비싼 피아노에 붙여도 되는 건지 조마조마했던 것이 솔직한 마음이다.

놀이쌤은 그런 고민을 유아들과 함께 나누었다. "우리만 쓰는 공간이 아니고 동생들이 이어서 사용하기에 소중히 썼으면 좋겠다."는 놀이쌤의 설명에 유아들은 공감하고 고개를 끄덕였고, 큰 손상 없이 무사히 놀이를 마칠 수 있었다.

어쨌든 놀이쌤은 테이프 놀이에서 다양한 아이디어를 모아 창의적으로 즐겁게 놀이하는 유아들을 지켜보는 것이 무척 즐거웠다. 책상 밑에 갇혔던 짜릿한 즐거움은 오래 기억되리라. '유아들과 함께 놀이로 호흡하고 이야기를 나누고 싶다'는 놀이쌤의 바람이 전해졌는지 유아들이 '같이 놀자'며 놀이쌤을 찾는 횟수도 늘었다.

놀이쌤은 오늘도 유아들에게 '좋은 놀이 친구'가 되고 있다.

PART 03

긴 에피소드
놀이에서 의미 읽기

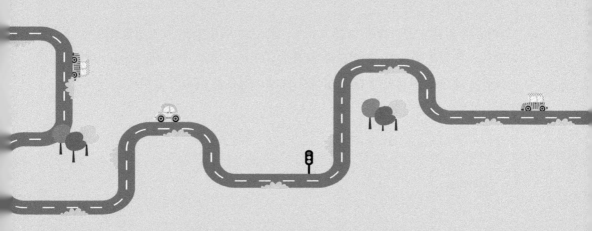

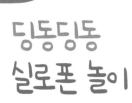

딩동딩동
실로폰 놀이

▶4세반 ▶자유놀이 시간 ▶2주 전개

🔍 놀이의 의미와 가치

유아의 예술 경험은 표현의 기능을 배우는 게 목적이 아니라 생활 속에서 아름다움을 자연스럽게 느끼고 표현하는 힘을 기르는 데 있다. 오랜 시간 노력과 훈련을 해야만 하는 숙련된 기술보다 먼저 음악을 듣고 느끼는 감성과 아름다움을 누리는 안목을 길러야 한다.

놀이는 아름다움을 느끼고 표현하는 힘을 길러주기에 충분한 가치를 지닌다. 유아가 생활 속에서 자연스럽게 접하게 되는 음악은 유아의 무의식 속에 자리 잡게 되고 인생의 좋은 길동무가 된다. 억지로 배운 것은 쉽게 잊어버리지만 스스로 찾아서 즐겁게 배운 앎은 오래가므로 유아에게 놀이를 통한 즐거운 배움은 무엇보다 소중하다.

놀이쌤의 역할은 유아들이 놀이 흐름을 따라가며 어떻게 배우고 경험하는지 지켜보고, 배움을 확장할 수 있도록 적절히 지원하는 것이 아닐까? 놀이 선택과 표현에 대한 놀이쌤의 공감과 정서적 지지가 유아의 예술적 표현에 어떻게 영향을 미치는지 살펴보자.

📍 놀이 관찰의 시작

▸ 유아들은 새롭게 제시된 놀잇감을 보며 어떻게 반응하고 놀이할까?
▸ 기능이 필요한 악기의 연주법을 유아들은 어떻게 배울까?

📍 놀이 흐름

episode 1 **요리조리 알쏭달쏭, 이게 뭐지?**

교실에 들어온 예원이는 새로 등장한 알록달록한 물건을 신기한 듯 요리조리 살피기 시작한다. "어~ 이거 뭐지? 얘들아, 여기 새로운 게 있어." 예원이의 부름에 친구들이 모여든다. "와~ 색깔 이쁘다, 무지개 같다. 그런데 이거 뭐지?" 유아들은 알록달록 새로운 물건을 만져보고 굴려보며 탐색한다.

🙂 놀이쌤은 새롭게 추가되는 놀잇감을 직접 소개하기 전에 유아들이 호기심을 갖고 탐색할 수 있도록 이전 놀잇감 사이에 슬쩍 끼워두었다. 놀잇감을 발견한 유아들이 놀라고 흥분하는 모습을 내심 기대하면서 유아들의 반응을 기다리는 순간이 매우 설레었다.

episode 2 **알록달록 자동차 도로**

실로폰은 여러 주인의 손을 거치며 다양한 용도로 바뀌었다. "붕~~ 붕~~" 자동차를 들고 교실 이곳저곳 다니며 자동차 놀이를 하던 승훈이는 막대 모양으로 분리된 실로폰을 발견하고는 서로 이어 붙여 자동차 길을 만들기 시작한다. 그리고는 다시 "붕~ 붕~" 하며 알록달록 색깔 길 위로 미니 자동차를 굴리기 시작한다.

① 처음 접한 공명 실로폰

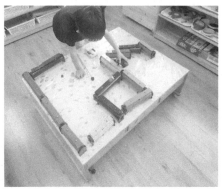

② 실로폰으로 만든 자동차 길

괴물의 성으로 변신한 실로폰

서윤이가 실로폰을 돌리고 뒤집어가며 탐색하더니 "얘들아, 이거 하나씩 세워져~"라고 하며 주변의 친구들에게 이야기한다. 그리고 힘을 합쳐 색색의 실로폰 나무토막을 세로로 세운다. "이건 괴물들이 사는 성이야." 쌓기 영역에서 괴물 놀이를 하던 주원이가 서 있는 실로폰 나무토막을 가리키며 다가온다. "이건 괴물 탑이고, 이건 대마왕 괴물 탑이야." 괴물 놀이를 하던 다른 친구들도 합류하여 쌓기 영역에서의 괴물 놀이를 이어간다. "괴물들은 여기서 저기로 점프! 점프! 할 수도 있어." 주원이는 세로로 서 있는 실로폰 나무토막이 괴물 성으로 들어갈 수 있는 긴 돌탑인 양 성을 지키는 괴물에게 점프하는 능력이 있음을 상기시킨다. 괴물이 괴물 성으로 가려고 실로폰 돌탑을 점프하는 순간 빨간색 나무토막이 흔들려 넘어지자 주원이가 다른 것들도 흔들어서 넘어뜨린다. "야~ 괴물을 잡으러 왕자가 쳐들어왔어. 괴물을 물리치자 챙~ 챙~" 왕자와 괴물들이 칸싸움을 하듯 칼 소리와 싸우는 듯한 소리를 내며 유아들은 실로폰 성을 모두 무너뜨린 후 다시 쌓기 영역으로 돌아간다.

💬 무언가를 늘어뜨리고 쌓으며 구성하는 것을 좋아하는 유아에게는 악기도 새로운 구성물의 소재가 된다. 새로운 소재는 또 다른 놀이 이야기와 상황극으로 이어진다. 유아들의 상상력에 흠뻑 빠진 놀이쌤은 흐뭇한 미소로 응원하게 된다.

episode 4 **색깔마다 다른 소리가 나요**

유아들이 무너뜨린 실로폰 나무토막은 주영이의 차지가 된다. "키 재기 놀이야." 13개의 나무토막을 실로폰 대에 길이별로 늘어놓고 옆에 있던 채로 길이가 긴 순서대로 두드려보다가 이번에는 짧은 순서부터 거꾸로 두드려본다. "어~ 소리가 달라!" 길이별로 늘어놓은 실로폰에서 나는 여러 소리에 흥미를 보인 주영이는 실로폰을 다양한 순서로 재배열하고 두드리며 소리를 탐색하기 시작한다.

💬 놀이쌤은 직접 가르쳐주지 않아도 유아가 스스로 탐색하고 본연의 쓰임을 찾는 과정을 보며 믿고 기다려주는 기다림의 중요성을 다시금 느꼈다.

① 실로폰 나무토막을 세워 만든 괴물 성

② 실로폰을 길이 순서대로 놓고 채로 두드리기

알록달록 색깔 연주

아린이는 실로폰을 연주하듯이 나름의 방식으로 실로폰을 재배열하면서 소리를 탐색한다. "이대로 쳐도 노래가 되는 것 같아. 나도 마음대로 놓아볼 거야." 어느새 지윤이도 실로폰을 배치하고 연주한다. 주황, 보라, 빨강, 노랑, 파랑… 색깔별로 소리가 오르내리며 춤을 춘다.

이제 옆에서 지켜보던 놀이쌤이 나설 차례이다. "색깔별로 도, 레, 미, 파… 이름이 있어. 너희가 쳤던 음이름을 적어줄게. 그러면 다음에 이 음악을 다시 치고 싶을 때 똑같이 연주할 수 있어.", "우와~ 진짜요?" 놀이쌤은 지윤이가 배치한 실로폰의 색깔에 맞춰 같은 색의 펜으로 실로폰의 음이름을 적어준다. "지윤이가 만든 음악은 제목을 무엇이라 하고 싶니?" 놀이쌤이 묻자 "계단이요. 같은 색이 오르락내리락하잖아요."라고 지윤이가 대답한다. 놀이쌤이 「계단」이라는 음악의 작곡가는 지윤이가 되는 거네."라고 말하자 지윤이가 어깨를 으쓱하며 웃는다.

놀이쌤은 연주에 관심을 보이는 유아들에게 음악적 경험을 확장시켜주고 싶었다. 단순히 두드려보고 탐색하는 데 그치지 않고 자신의 느낌과 생각을 표현하고 그 흔적을 남길 수 있도록 기본적인 정보를 제공하는 것도 필요하다고 생각했다.

① 좋아하는 색으로 실로폰 나무토막 배치하기

② 길이와 색깔에 따른 음 탐색하기

바람에 흔들리는 꽃 연주법

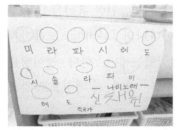

① 유아들이 창작한 「나비」 노래 악보

② 악보대를 이용하여 다시 연주하기

③ 자신만의 음악 창작하기

④ 교구장에 게시한 그림 악보

"나도 작곡가 하고 싶어요." 옆에 있던 수아도 작곡가가 되고 싶다며 실로폰을 재배열한다. 배치한 실로폰의 색을 그림으로 그려놓고 음악을 연주한다. 이어 놀이쌤에게 말한다. "선생님, 저도 이 음악 적어주세요." 노래 제목과 계명, 작곡가로 자기 이름을 적어달라고 요청한 것이다. "수아는 이 음악의 제목을 무엇으로 하고 싶니?"라고 묻자 "나비라고 할래요. 나비가 춤추는 것 같아요." 한다.

"저는 다르게 칠 수 있어요. 실로폰 채로 치지 않고 실로폰 채를 지나듯이 굴리면서 하는 거예요.", "우와, 멋지다. 이 연주 방법은 다르게 적어야 할 것 같은데? 어떻게 표시하지?"라고 물으니, "이 음악 제목은 '바람에 흔들리는 꽃'이에요. 그래서 바람처럼 ~~~ 표시할 거예요." 한다. 아린이, 채연이, 수아, 지효는 실로폰 그림 악보를 게시한 후, 친구들에게 자기의 음악을 설명하고 연주해주기도 한다.

유아들이 발견한 기발한 연주 방법은 멋진 소리로 표현됐다. 아린이가 시작한 작곡가 놀이는 여자 아이들을 중심으로 빠르게 확산됐고, 탐구와 생각의 과정을 거쳐 더욱 멋진 창작물이 완성됐다. 유아의 예술적 감성과 창작의 표현에 있어 유아의 유능성이 돋보이는 순간이다.

창작의 나래를 펴다

"선생님~ 나비예요, 나비~" 바깥 놀이 시간에 흰나비를 발견한 유아들이 흥분해서 소리친다. 팔랑팔랑 날아다니는 나비를 쫓아다니며 「나비야」 노래까지 흥얼거린다. 수아가 "어~ 나 어제 「나비」 음악 작곡했는데…." 한다. 놀이쌤은 나비가 날아다니는 동영상을 촬영하고 수아가 연주한 「나비」를 배경으로 깔고 친구들에게 보여주었다.

🙍 음악과 영상이 어우러져 새로운 작품이 탄생되는 놀라운 경험의 순간이었다. 눈으로 보고 느낀 아름다움을 악기로 표현하는 경험을 하며 유아들은 무슨 생각을 할까? 놀이쌤은 아름다운 음악을 영상에 담아 QR코드로 유아들과 학부모들에게 공유했다.

 ← 실로폰 연주 배경인 「나비」 영상   ← 「나비」   ← 「바람에 흔들리는 꽃」   ← 「넌 할 수 있어」

* QR코드로 유아들의 음악 공연을 감상하세요.

음악이 음악의 꼬리를 물다

"구슬로도 음악을 연주할 수 있어요." 유연이가 역할 영역에 있는 구슬을 가지고 와서 실로폰에 하나씩 떨어뜨리면서 소리를 만들기 시작한다. 모여든 친구들과 실로폰을 치기도 하고 구슬을 떨어뜨리기도 하며 소리를 비교하고 탐색한다. "막대기로 치는 거하고 소리가 완전 달라." 유아들은 새로운 재료의 결합을 흥미로워하며 즐겁게 소리 만들기에 몰입한다.

🙍 전혀 어울리지 않는 것들을 결합하는 데서 창의성이 만들어지는 것일까? 우연히 떠오른 생각을 주저하지 않고 표현할 때 새로운 것이 창작된다는 것을 유연이가 보여주었다.

"구슬을 실로폰 위에 놓고 채로 굴리면 또로로롱 소리가 나요." 떨어뜨리는 것을 넘어 구슬을 채로 굴릴 때 나는 소리를 찾아낸다. "진짜 신기하다, 그지?" 하며 새로운 연주법들을 조합하여 실로폰을 연주한다.

"너희들이 발견한 연주법이 무슨 소리처럼 들리는지 말해줄래?" 놀이쌤의 제안에 유아들은 방법을 바꾸며 연주하고 연상되는 소리를 찾기 시작한다.

🙋 탐색과 발견의 재미에 푹 빠진 유아들을 보며 놀이쌤은 '무엇을 더 지원해야 하나?'를 고민한다. 유아들이 만든 소리를 일상의 소리와 연결 지어 표현해보도록 제안한다. 유아들의 놀이 확장은 어디까지 이어질까? 놀이의 흐름을 좇는 놀이쌤의 마음은 설레고 즐겁다.

① 구슬을 실로폰 위에 떨어뜨려 소리 만들기

② 구슬을 실로폰 위에 굴려 소리 만들기

놀이쌤은 유아들이 찾아낸 연주법을 들려주고 어떤 소리가 나는지 유아들에게 물어보고 연상되는 소리들을 정리해보았다.

실로폰 채로 치는 소리	실로폰 채를 굴리는 소리
- 채로 치면 별로 안 예쁜 느낌 - 바닷가 소리 - 휘파람 소리 - 도레미파솔라시도 소리	- 퐁당 하고 물에 빠지는 소리 - 소리 지르는 소리 - 슬픈 소리 - 파도가 찰랑이는 소리
구슬을 떨어뜨려 나는 소리	구슬을 올려놓고 채로 굴리는 소리
- 띠리리링~ 소리 - 언니랑 노래 부를 때 나는 소리 - 벌레가 윙~ 날아가는 소리 - 뾰로롱~ 소리	- 여러 가지 색깔 소리 - 자동차 소리 - 띵동 하는 소리 - 마술 소리

episode 9 **친구들과 합주 : 아무 노래 연주**

실로폰을 연주하려는 유아들이 많아지자 놀이쌤은 다른 반의 실로폰을 빌려와서 놀이를 지원해주었다.

"우리는 실로폰 2개로 둘이서 연주할 수 있어요."

유아 둘이 각자 자기가 하고 싶은 대로 연주한다. 둘 다 마음대로 쳐서 화음이 맞지는 않지만 공명 실로폰 소리가 워낙 좋아 마치 잘 짜인 멜로디처럼 들린다. 멋진 소리를 만들었다는 기쁨에 흐뭇해하며 둘은 한참을 연주에 몰입한다.

합주곡 연주하기

드디어 독주를 넘어 이중주가 시작된 것이다. 하모니를 배우지는 않았지만 유아들은 함께 마주 보고 눈빛을 교환하며 진지하게 연주한다. 그 마음이면 이미 멋진 하모니를 이룬 것이 아닐까?

이제 유아들은 짧은 곡이 아니라 좀 더 긴 곡을 만들고 싶다고 놀이쌤에게 요청한다. 놀이쌤이 다른 교실에서 빌려온 실로폰까지 모아 4대가 되니 네 배 긴 곡을 만들 수 있게 됐다. 유아들은 서로 의논하여 각자 실로폰 음악을 작곡하고, 각자 만든 곡을 이어 붙여서 보다 긴 연주곡을 완성한다. 완성된 곡으로 연주할 장소와 악보를 보며 연주하는 다양한 방법에 대해 이야기한 유아들은 이내 연주를 시작한다.

실로폰의 대수가 늘어나면서 자연히 연주곡의 길이가 길어짐을 경험할 수 있었다. 눈으로 보이지 않는 음악의 길이를 늘어난 실로폰의 대수로 확인하고 느끼는 소중한 경험이었다.

"애들아, 우리가 연주할 건데 들어줄래?" 작곡이 끝난 4명의 유아가 친구들을 초청한다. 호기심 어린 표정으로 몰려든 친구들 앞에서 4명의 유아는 순서대로 연주를 시작한다. 초대된 유아들의 귀 기울여 듣는 표정은 정식으로 음악회에 온 듯 꽤나 진지하다. 유아들이 만든 불규칙하고 자유로운 '마음대로' 연주지만 공명 실로폰의 맑은 소리가 어우러져 제법 아름다운 음악이 교실 전체에 울려 퍼진다.

합주곡을 듣는 유아들은 "나도 치고 싶다."를 연발하며 자기도 오케스트라의 연주자가 되기를 기다린다. 순서를 기다려 잡은 실로폰 채를 들고 누군가가 "우리 마음대로 치자~ 여름 여름 여름 즐거운 여름~." 하며 유치원에서 배운 노래를 부르며 노래에 맞지 않는 실로폰 연주를 하자 약속이나 한 듯 모든 유아들은 「여름」 노래를 함께 부르기 시작하고, 4명의 연주자는 「여름」 노래에 맞춰 실로폰을 아무렇게나 치기 시작한다. 그렇게 시작한 동요 메들리가 유치원 교실 가득 오랫동안 이어진다.

음악은 마음을 부드럽게 하고 모두를 하나로 이어지게 하는 힘이 있는 것 같다. 탐색 놀이로 시작된 실로폰 놀이가 음악회로 마무리된 일주일 동안 우리 반은 세상에서 가장 아름답고 행복한 아이들이 함께하는 교실이었다.

① 4명의 합주자로 이루어진 창작곡 공연

② 다 함께 하는 '아무 노래' 연주

교육과정 관련

신체활동 즐기기	신체 움직임을 조절한다.

- 유아는 실로폰 채로 손의 움직임을 조절하여 소리의 강약을 표현하고, 손가락을 미세하게 사용하여 소리의 정확성을 높이는 경험을 한다.

의사소통

듣기와 말하기	말이나 이야기를 관심 있게 듣는다. / 자신의 경험, 느낌, 생각을 말한다.
읽기와 쓰기에 관심 가지기	말과 글의 관계에 관심을 가진다.
	자신의 생각을 글자와 비슷한 형태로 표현한다.

- 유아는 친구의 이야기를 듣고 실로폰으로 괴물 성을 만들기도 하고 괴물과 왕자의 전투 과정에서 서로의 생각을 이야기하며 놀이를 이어간다.
- 실로폰 그림 악보에 들어가는 제목과 작곡가 이름을 적기 위해 교사나 친구에게 글자를 물어보고 적음으로써 말과 글의 관계에 관심을 가지고, 실로폰 채를 굴려 음악을 표현하는 방법으로 파도 모양의 그림을 그림으로써 글자와 비슷한 형태에 관심을 가지고 나타내본다.

사회 관계

더불어 생활하기	친구와 서로 도우며 사이좋게 지낸다. / 서로 다른 감정, 생각, 행동을 존중한다.

- 실로폰 그림 악보를 적는 방법을 모르는 친구에게 방법을 가르쳐주거나 글을 잘 모르는 친구를 위해 제목을 적어주기도 한다. 4명의 음악 합주곡을 위해 한 곡이 끝나면 다음 연주자가 연주하는 규칙을 정하고 이를 지켜 연주하며 함께하는 경험을 한다.

예술 경험

창의적으로 표현하기	다양한 미술 재료와 도구로 자신의 생각과 느낌을 표현한다.
	신체, 사물, 악기로 간단한 소리와 리듬을 만들어본다.

- 유아들은 알록달록 다양한 색의 실로폰을 이용하여 간단한 음악을 만들고 연주와 합주를 하는 경험을 가진다. 그리고 실로폰 연주에 맞춰 배운 노래를 부르며 음악을 즐긴다.

자연탐구

탐구과정 즐기기	궁금한 것을 탐구하는 과정에 적극적으로 참여한다.

- 유치원 교실에 처음 등장한 새로운 물건을 보며 유아들은 자신의 경험에 기초하여 다양한 방법으로 탐구하며 적극적으로 놀이를 이어나간다.

놀이쌤의 고민과 성찰

놀이쌤은 교실에 새로운 놀잇감을 제시할 때 유아들에게 교구의 이름과 사용법을 먼저 정확하게 전달할지, 아니면 유아들이 어떻게 놀잇감을 사용하는지를 관찰한 뒤 알려줄지 사이에서 고민하게 된다.

실로폰이 악기가 아닌 탐색 놀이의 용도로 쓰일 때만 해도, 그냥 지켜보기만 해도 될까 하는 걱정을 지울 수 없었다. '유아들이 놀이를 통해 스스로 배우는 유능한 존재'라고 아무리 다짐해도 순간순간 끼어들고 싶은 충동을 참는 것은 쉬운 일이 아니다.

그러나 시간이 지나면서 실로폰은 유아 개인의 놀이 성향에 따라 다양한 방식의 놀이 소재로 사용되었다. 이제 놀이쌤은 유아들을 어떻게 지원해야 하나 또 다른 고민에 빠지게 된다. 도레미파솔라시도의 음계를 가르치고 연주법을 지도한 것보다 유아들이 스스로 찾아낸 실로폰 놀이는 더 뛰어난 창작성을 보여주었다. 아름다움을 "아름다운 거야, 느껴봐, 표현해봐."라고 가르쳤다면 유아들이 독창적이고 아름다운 선율을 표현해낼 수 있었을까. 나름의 멋진 음악을 만들기 위해 그렇게 오랜 시간 몰입할 수 있었을까.

예전의 수업 방식을 돌이켜보면, 생활 주제에 맞는 악보를 주고 유아들은 악보에 맞게 연주하는 게 전부였던 것 같다. 계명을 보거나 외워서 틀리지 않게 연주하는 것이 목표였고, 마음대로 두드리면 장난치는 것으로 간주하기도 했다. '좀 더 일찍 유아들의 유능함을 존중하고, 믿어주고, 기다려주었다면 예전 그 유아들도 지금 우리 반 아이들처럼 더 행복하고 의미 있는 경험을 하지 않았을까?' 하는 아쉬움이 많이 남는다.

놀이쌤은 이번 실로폰 놀이 시간에 교사의 관점에서 가르치는 것보다 유아에게 의미 있는 놀이 과정이 더욱 소중함을 경험했다.

이제 놀이쌤은 다짐한다. 유아의 놀 권리를 존중하고 유아가 놀이 과정에서 더 많은 주도권을 가질 수 있도록 교육 환경을 조성하겠노라고. 유아의 놀이 과정을 지지하는 든든한 놀이 지원자가 되겠노라고.

울퉁불퉁 돌멩이 놀이

▶5세반　▶바깥놀이 시간　▶4주 전개

 놀이의 의미와 가치

유아들이 산과 계곡과 들판을 다니며 푸른 나무들과 커다란 바위, 그리고 저마다 다른 모양과 형태를 지닌 작은 돌멩이들을 관찰할 기회를 갖는다는 것은 도시는 물론이고 농촌에서조차 쉽지 않은 일이다.

계곡을 찾아서 돌덩이와 자갈돌까지 탐색해본다면 더없이 좋은 경험이겠지만, 도시뿐 아니라 지금의 농어촌 아이들에게도 자연에서의 놀이 시간은 쉽게 허락되지 않는다.

가공되지 않은 자연 그대로의 크고 작은 돌멩이들이 무한의 상상력을 지닌 유아들과 만나면 많은 이야깃거리가 만들어지게 된다. 아무 쓸모 없이 보이는 돌멩이조차 유아에게는 무궁무진한 탐색과 탐구의 도구가 될 수 있다.

이렇듯 자연물을 이용한 돌멩이 놀이는 돌의 성질과 형태에 따라 분류하고 비교하고, 세어보기 등의 과정을 통해 자연스럽게 숫자에 관심을 갖게 하는 놀이이다.

📍 놀이 관찰의 시작

▸ 무심코 지나쳤던 크고 작은 돌들을 놀이 도구로 사용했을 때 유아에게 놀이는 어떤 의미가 될까?

▸ 문제해결 과정을 거치며 유아들은 사회적 기술을 어떻게 터득해갈까?

📍 놀이 흐름

episode 1 ◂ **돌멩이를 찾아라**

"모래 속에 돌멩이가 있어.", "내 돌멩이는 보석 같아.", "이 돌멩이는 감자처럼 생겼어.", "어, 땅에 박혀서 잘 안 파져!", "이거, 같이 하자, 나 도와줄래?", "내 돌멩이 정말 예쁘지? 여기에 내 이름 쓸 거야."

처음에 손으로 땅을 파던 유아는 손끝이 아픈지 주변의 나뭇가지를 이용하여 땅을 파기 시작한다.

땅을 파던 나뭇가지가 부러지자 조금 더 단단한 무언가를 찾아 여기저기를 두리번거리던 승혜는 "맞다. 애들아 잠깐 기다려봐." 하더니 텃밭용 모종삽을 가지고 온다.

며칠 전 무씨를 뿌릴 때 사용했던 모종삽이 박힌 돌을 빼는 도구로 적합하다고 생각한 모양이다.

> 🧑 딱딱한 땅에 깊게 박혀 있는 돌멩이를 파내기 위해 유아들은 여러 가지 방법을 동원하며 친구들과 머리를 맞대고 궁리했다. 놀이쌤은 먼저 도구를 사용해보자고 제안하고 싶었으나, 유아들이 스스로 문제를 해결해볼 수 있도록 기회를 주고 싶어 기다렸다.

① "땅이 딱딱해. 왜 이렇게 안 파지지?"

② "우리가 찾은 돌멩이를 모아보자."

돌멩이로 소리를 내요

"이것 봐요. 선생님, 소리가 나요." 준서가 돌멩이 2개를 문지르며 소리를 들려준다. "우와, 돌멩이로도 소리를 낼 수 있구나! 다른 돌멩이의 소리도 궁금한데."라는 놀이쌤의 반응에 준서가 옆에 있는 더 큰 돌들을 서로 문지른다. "들어보세요. 이런 소리가 나요."

옆에 있던 유진이도 나무 바닥에 돌멩이를 두드리며 "여기를 두드려도 소리가 나요."라고 거든다.

유아들이 서로 경쟁하듯 다른 소리를 만들어가며 돌멩이와 물건들이 부딪히며 내는 소리를 찾아간다.

손에 쥐어진 것이 무엇이든 놀이로 만들어내는 유아들은 돌멩이를 두드리며 리듬을 만들고, 또 다른 물체와도 부딪혀보며 서로 다른 소리를 찾고 느끼며 즐긴다.

③ "큰 돌멩이는 무거워."

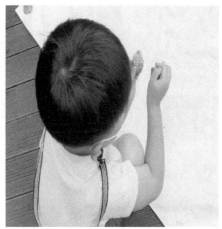
④ "선생님, 이 소리 들어보세요."

돌멩이로 꽃잎과 나뭇잎을 찧어요

은서는 초록 잎을 따다가 돌멩이 위에 놓고는 다른 작은 돌멩이로 찧어서 즙을
낸다. 빨간 장미꽃 잎을 으깨어보더니 "빨간 색깔이야. 아까 나뭇잎은 초록 색
깔이었어. 가영아, 우리 하얀 장미꽃도 해보자. 하얀 색깔이 나올 거야." 한다.

 직접 색깔을 관찰하면 좋겠다는 생각으로 놀이쌤은 가지고 있던 하얀 면 손수건을 내어주며 꽃잎
과 나뭇잎들을 찧어서 물을 들여보자고 제안했다.

하얀색 손수건에는 나뭇잎 즙 물로 예쁜 무늬가 생겼다. 이번엔 하얀색 장미꽃
잎을 돌멩이로 찧어 손수건 위에 올려놓으니 연한 갈색이 묻어난다. 은서는 생
각했던 하얀색이 아님을 확인하고 이해할 수 없다는 표정을 짓는다.

유아들은 돌멩이로 나뭇잎과 꽃잎을 으깨어 나오는 즙으로 무늬를 만들며 아름다움을 느끼다가 하

얀 장미꽃에서 나온 즙이 연한 갈색으로 물드는 것을 보며 의아해한다. 유아는 예상과 다른 색에 대한 궁금증을 시작으로 다른 식물들도 보이는 색과 짷었을 때의 색이 동일한지 아닌지에 대해 좀 더 알아보기로 한다.

① "하얀 꽃은 당연히 하얀색 물이 나오겠지?"

② "하얀 색깔이 아니야!"

episode 4 **얘들아~ 선생님은 이렇게 놀이한단다**

유아의 놀이를 지켜보던 놀이쌤은 어릴 적 했던 공깃돌 놀이가 생각났다. 공깃 돌을 찾아다니며 온 동네를 헤매고 다니던 그때가. 놀이쌤은 손에 들어오기 좋 은 크기의 돌멩이 5개를 주워 공기놀이를 시작했다. 이 모습을 지켜보던 은혜 와 수진이, 세연이가 비슷한 돌멩이 5개를 찾아와 둘러앉았다. 평소 플라스틱 공깃돌을 가지고 놀이를 했던 유아들은 "돌멩이로 하니까 좀 무거워."라고 말 한다. 놀이쌤이 돌멩이 5개 모두를 손 등에 올려놓자 "나도 선생님처럼 5개를 받아볼래."라며 다양한 기술을 시도해본다. 노래까지 불러가며 리듬을 타면서 공기놀이를 하는 놀이쌤을 보며 유아도 공기놀이에 함께한다.

플라스틱 놀잇감에 익숙한 유아들에게 놀이쌤은 주변의 모든 자연물이 친근한 놀이 소재가 될 수 있음을 느끼게 하고 싶었다. 이렇게 시작한 돌멩이 공기놀이는 크기와 무게에 관심을 갖게 했고 비슷한 돌멩이를 찾기 위한 전략을 세우게 했다.

① 돌멩이로 공기놀이하기　　　　　　　② 비슷한 돌멩이를 찾기 위해 얼음 틀 사용하기

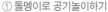

`episode 5`　**돌멩이 크기를 재어요**

"여기에 돌멩이를 올려보자, 아니, 거기 아니야. 이건 더 크잖아." 유아들은 주워온 돌멩이들을 한곳에 모은 후 크기가 다른 돌멩이들을 늘어놓는다. 중간에 있는 조금 큰 돌멩이 하나를 뒤로 빼고, 또 다른 돌멩이를 옆에 놓았다가 조금 더 큰 돌멩이를 찾으면 자리를 바꾸어 놓아가며 돌멩이들을 크기대로 놓는다. 준영이가 "잠깐만 얘들아, 내가 이거 찾아왔어. 우리 여기다가 돌멩이를 넣어보자."라며 물놀이 도구함에 있던 얼음 틀을 내민다.

　유아들은 준영이에게 좋은 생각을 했다면서 칭찬과 동시에 돌멩이들을 얼음 틀에 넣는다. "이건 너무 크고, 이건 너무 작은데?" 라며 얼음 틀과 돌멩이의 크

기를 비교한다. 얼음 틀에 맞는 돌멩이들을 찾은 유아들은 이제는 좀 더 동글동
글하고 예쁜 돌을 찾아 담기 시작한다.

네모 모양의 얼음 틀 안으로 동글동글한 돌멩이가 더 잘 들어간다는 것을 알아낸 순간이다. 의미 없
이 늘어놓은 돌멩이들을 본 유아들은 각자의 기준에 따라 서열화하기도 하고 비교하며 크고 작음에
대해 관심을 보인다. 어느새 숫자에 흥미를 보인 유아들은 비교, 대응, 분류, 순서 짓기 등 수학적
탐구활동을 즐기고 있다.

episode 6 ▶ 돌멩이에 그려요

"저기, 거미줄 있다."
"어디, 어디? 나도 좀 보자."
뒤뜰 나무 사이에서 제법 큰 거미줄을 발견한 지연이가 친구들을 하나둘 불
러 모은다. 평소 보던 작은 거미가 아닌 색깔도 제법 노르스름하고 큼직한 거미
가 거미줄에 있는 모습을 유심히 관찰한다.
거미줄에는 이미 많은 곤충이 걸려 있었다.
"우리 이 돌멩이에다가 거미를 그리자."
"난 그럼 거미줄에 걸린 잠자리를 그릴래."
돌멩이에 꽃을 그리고 놀던 유아들은 어느새 거미줄에 걸린 곤충과 거미를 표
현하느라 분주하다.
놀이쌤은 문득 자료실 한쪽에 있던 거미줄이 인쇄된 광목천이 떠올랐다. 광
목천을 내어주자 유아들은 나비, 나방, 사마귀, 무당벌레, 잠자리 등 돌멩이에
그린 곤충들을 거미줄 위에 올려놓는다.
"거미줄에 나비가 걸렸어."
"난 잠자리를 거미줄에서 구해줄 거야."

그림을 그린 돌멩이를 이리저리 배치했다가 다시 놓아주면서 유아들은 거미줄에 걸린 곤충 놀이를 즐긴다.

바깥 놀이는 유아가 신체적 움직임을 크게 하는 동적인 놀이를 가능하게 하지만 주변의 나무와 꽃, 기어 다니는 작은 곤충과 거미줄에 걸린 여러 곤충들을 관찰하며 집중할 수 있는 환경을 제공한다. 이날은 큰 거미와 거미줄에 걸린 다양한 곤충들을 볼 수 있는 특별한 날이었다. 거미줄에 걸린 잠자리가 불쌍해서 살려주고 싶다고 눈물을 글썽이는 유아를 보니 놀이쌤의 어린 시절이 기억났다. 사자가 다른 동물을 잡아먹는 장면이 나오는 다큐멘터리를 보면서 그 장면을 찍은 사람을 미워했던 기억이다. 거미줄에 걸린 잠자리를 구해주고 싶은 유아들의 마음이 참 곱다.

① 돌멩이에 곤충 그리기

② 거미줄 놀이

교육과정 관련

신체활동 즐기기	신체 움직임을 조절한다.

- 유아들은 돌멩이 공기놀이를 하면서 공깃돌의 무게에 따라 더 많은 공기를 손 등에 올려놓기 위해 손목의 힘과 방향을 조절한다.

의사소통

듣기와 말하기	상대방이 하는 이야기를 듣고 관련해서 말한다.

- 유아들은 돌멩이의 크기 재기, 돌멩이에 곤충 그리기 등을 하면서 서로의 생각을 이야기하고 경청하며 놀이한다.

사회 관계

더불어 생활하기	친구와 서로 도우며 사이좋게 지낸다.

- 유아들은 땅에 박힌 돌멩이를 파내기 위해 친구들에게 도움을 청하고, 더 높게 돌멩이 탑을 쌓는 방법을 나누고, 비슷한 돌멩이를 모으기 위해 서로 힘을 모아 찾는 등 함께 도우며 놀이하는 경험을 한다.

예술 경험

창의적으로 표현하기	신체, 사물, 악기로 간단한 소리와 리듬을 만들어본다.
	다양한 미술 재료와 도구로 자신의 생각과 느낌을 표현한다.

- 유아들은 돌멩이들을 서로 부딪히거나 문지르면서 소리를 만든다. 또 다른 음색의 소리를 만들기 위해 나무 표면과 바닥을 두들기는 등 독창적인 방법을 시도한다. 돌멩이로 바닥이나 다른 사물을 두들겨보면서 소리를 만들며 창의적으로 표현한다.
- 거미줄 모양의 천에 여러 곤충들을 그린 돌멩이들을 놓아가며 창의적으로 놀이한다.

자연탐구

탐구과정 즐기기	궁금한 것을 탐구하는 과정에 적극적으로 참여한다.
생활 속에서 탐구하기	일상에서 길이, 무게 등의 속성을 비교한다.

- 유아들은 돌멩이로 나뭇잎과 꽃잎을 찧어 즙을 내고, 손수건에 물들이며 어떤 색깔로 변화하는지 예측하고 결과를 확인하면서 탐구하는 과정에 즐겁게 참여한다.
- 유아들은 돌멩이의 크기를 비교하며 크기대로 놓아보고, 얼음 틀에 들어갈 수 있는 크기를 가늠해보면서 수학적 탐구활동을 즐긴다.

자연은 우리 모두에게 더없이 귀한 선물이다. 유아 시기 자연 속에서 놀이 경험이 많은 유아의 경우 그렇지 않은 유아보다 꽃과 나무와 열매와 곤충을 사랑하고 자연 속의 생명을 소중히 다루게 된다.

얼마 전 놀이쌤은 한 학부모의 전화를 받았다. 유아의 신발에 묻은 모래가 아파트 현관을 더럽히니 조심해달라는 내용이었다. 이런 학부모들이 많아져서일까? 안타깝게도 모래와 흙, 심지어 찰흙조차도 만지는 것을 거부하는 유아가 늘고 있다. 텃밭의 흙을 만지려는 유아보다 잘 열린 열매에만 관심을 보이는 유아도 많아졌다.

물론 열매를 보는 것만으로도 유아에겐 훌륭한 경험이 된다. 그러나 손에 흙을 묻히며 씨앗을 심고, 그 씨앗에서 싹이 나고 꽃이 피고 열매가 맺는 과정을 함께할 때 유아는 자연의 소중함을 더욱 느끼게 된다.

얼마 전 한 유아는, 자신들이 열심히 가꾼 식물에서 많은 열매가 열리고 친구들과 함께 나눠 먹을 수 있어서 감사했다고 말했다. 직접 텃밭의 흙을 고르고 정성 들여 모종을 심고 뾰족뾰족 흙을 뚫고 나오는 잡초들을 뽑아내는 과정에 함께 참여한 유아는, 열매가 더욱 소중하고 값진 노동의 선물임을 자연스럽게 알게 된다. 그뿐인가. 흐르는 시간과 함께 조금씩 자라는 열매를 관찰하는 유아들은 조금 더 열매들이 커지길 기대하며 매일매일 물을 주고 관심을 갖고 기다린다. 그러다 보면 꿈틀꿈틀 애벌레도 보이고 빨간 등판에 검은색 동그라미가 선명한 무당벌레도 발견하게 된다.

그런 곤충들을 좋아하는 유아는 놀이 시간 내내 텃밭 앞에 쪼그리고 앉아 곤충의 작은 움직임을 관찰하며, 간혹 애벌레라도 발견하게 되면 애벌레가 편하게 이동할 수 있도록 돌과 나뭇가지를 치워 길을 열어주기도 한다. 유아들 곁에서 이러한 모습을 관찰한 놀이쌤은 유아들이 더 많은 시간을 땅을 밟으며 자연 속에서 신나게 놀이하며 성장하길 바란다.

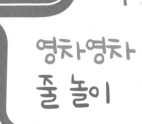

영차영차
줄 놀이

▶5세반 ▶자유놀이 시간 ▶3주 전개

🔎 놀이의 의미와 가치

케이크 상자를 묶고 있던 예쁜 줄 하나만 가지고도 '무슨 놀이를 할까?' 생각에
빠질 수 있는 우리 아이들. 어른들은 이런 줄을 무심코 쓰레기통에 버린다. '저
건 쓰레기야, 버리지 않으면 온 집 안이 쓰레기로 뒤죽박죽될지도 몰라.' 그러
나 조금만 마음의 여유를 갖고 돌아보면 세상의 많은 것들이 유아의 좋은 놀잇
감이 된다.

　상업적 놀잇감들이 넘쳐나지만, 유아는 일상의 생활용품과 재활용품을 활용
하는 놀이를 즐긴다. 조금만 관심을 두고 놀이를 들여다본다면 유아가 잘 놀 수
있도록 어떤 놀잇감과 환경을 지원해야 하는지 알 수 있다. 잘 꾸며진 놀이 환
경이나 값비싸고 예쁜 장난감이 아니어도 유아의 무한한 상상력과 창의력을 끌
어낼 수 있는 재료들은 우리 주변에 많다.

　우리의 생활 주변에는 다양한 종류의 줄이 있으며, 유아들은 이미 이런 줄로
재미있게 놀 줄 안다. 더욱이 줄은 다양한 형태로 변화할 수 있어 상상을 즐기
는 유아에게는 매우 매력적인 놀잇감이다.

📍 놀이 관찰의 시작

▸ 유아는 주변의 여러 가지 줄로 어떤 놀이를 만들어낼까?
▸ 친구와 잘 어울리지 못하던 유아는 놀이를 통해 어떻게 또래 관계를 형성할까?

📍 놀이 흐름

episode 1 어, 줄이다!

유아는 다양한 소재와 굵기, 길이의 줄을 가지고 흔들어보고, 늘려보고, 던져보며 줄의 특성을 탐색하다가 어떻게 놀아야 하는지 궁리 중이다.

"이 굵은 줄은 무거워.", "우리 기차놀이 하자. 이 줄은 늘어나니까.", "어, 이 줄은 안 늘어나.", "이걸로 기차놀이 하려면 여기 묶어야 하는데….", "영채야, 너 묶을 수 있어?", "어, 나 묶을 수 있어."

한 번 살짝 묶고는 다 되었다고 한다.

가윤이가 "아니야, 이거 그렇게 하면 안 묶여. 내가 할게."라고 하더니 줄의 끝을 모아서 꼰 뒤 동그라미 사이로 줄을 넣고는 단단하게 묶어낸다.

🧑 놀이쌤이 매듭짓는 방법을 가르쳐주고자 했으나 가윤이가 영채에게 시범을 보이는 것을 보고 개입하지 않았다. 친구끼리 서로 배우는 방법이 유아들에게는 더 의미가 있을 것이다. 유아는 교사에게 배우기도 하지만 또래에게서 더 잘 배운다.

동일한 재질이지만 길이가 다른 3개의 줄을 살펴보던 영준이가 "똑같은 줄인데 길이가 달라."라고 하자, 민우가 "그럼 키를 재보자."라고 한다. 하나의 줄은 곧게, 하나의 줄은 곡선으로 늘어놓은 줄을 보고 민우가 "모두 똑같이 펴야지. 그래야 키를 잴 수 있어."라고 하며 비교하기 위한 정확한 조건을 이야기해준다.

　민우는 교실 여기저기를 다니며 친구의 키와 물건의 길이를 긴 줄과 짧은 줄을 이용해 재본다.

🙂 줄을 이용하여 길이를 재보면서 유아는 그때그때 달라지는 측정 결과에 흥미를 느낀다. 이러한 흥미
　의 시작은 이후 단위와 기준의 필요성과 탐구과정에 동기부여가 된다.

① 다양한 줄로 매듭짓기

② 굵고 짧은 밧줄로 기차놀이하기

③ 길이 측정하기

④ 물건을 들기 위해 줄 사용하기

줄로 물건을 들어 올려요

① '꼬마야 꼬마야' 줄 놀이

② 줄다리기 놀이

줄을 가지고 이리저리 흔들며 줄넘기를 하던 세훈이가 줄을 의자에 걸어 위로 당기며 "얘들아, 이것 좀 봐. 내가 줄로 의자를 들 수 있어!" 하고 자랑한다. 그런데 의자가 꼼짝도 하지 않자 세훈이는 눈이 동그래진다. 게다가 고무줄이 처음보다 늘어나 있자 고개를 갸우뚱한다. 새로운 호기심이 생겨나는 순간이다.

🧑 줄을 이용해 다양한 놀이를 시도해보며 유아들은 줄에도 다양한 종류가 있고, 고무줄은 탄성을 가지고 있다는 것을 알게 되며 흥미로워한다.

꼬마야 꼬마야

"우리 꼬마야 꼬마야 하자.", "너랑 네가 돌려. 내가 뛸게." 혜승이는 긴 줄을 가지고 놀다가 문득 놀이가 떠올랐다며 친구들에게 줄을 잡아서 돌려달라고 요구한다.

친구들은 기꺼이 혜승이의 요구를 들어준다. 놀이쌤은 유아들이 자연스럽게 친구와 함께 놀이할 수 있도록 환경을 제공해준다.

🧑 유아들은 또래와 함께 놀이하면서 사회적 관계를 형성하고 제안하기, 협력하기, 양보하기, 순서 정하기, 새로운 놀이 규칙 만들기 등의 다양한 사회적 기술을 터득해간다.

줄다리기

여러 명이 긴 줄을 가지고 뛰면서 놀다가 갑자기 승철이가 줄다리기를 하자고 제안한다. "여기를 잡아. 우리는 여기서 당길게." 한편이 일방적으로 끌려가는 것을 보고 체격이 좋은 민우가 도움을 주기 위해 나타나서는 온힘을 다해 줄을 당긴다. "민우 이겨라, 민우 이겨라.", "민우가 우리를 구해줄 거야." 끌려만 가던 자기 편 줄이 다시 되돌아오는 것을 보며 모두 민우를 응원한다.

🧑 체격이 좋아 가끔은 놀림의 대상이 되었던 민우는 힘으로 친구들에게 인정받고 자존감과 자신감을 높일 수 있었다. 온힘을 다해 움직이는 신체 놀이는 놀이의 즐거움과 함께 정서적인 편안함도 느낄 수 있도록 한다.

episode 6 림보 놀이

① 림보 놀이

② 줄 기차놀이

미현이가 "좀 더 높이 들어줘, 내가 지나갈 수 있게."라며 친구들에게 지나가기 편하도록 팔을 들어 올리라고 요구한다. 영채가 "지나가기 힘들게 줄을 들어야 게임이지."라고 하자 여기저기서 "그래, 조금만 더 높이 들어주자. 미현이가 지나갈 수 있게.", "목을 뒤로 젖혀, 그러면 줄에 닿지 않아." 하고 한마디씩 거든다. 재미있는 게임을 위해 유아들은 저마다 기준을 갖고 자기의 의견을 제시한다.

🧑 교실에서는 소극적이고 수줍음이 많은 미현이는 바깥 놀이에서는 의사 표현이 정확하고 게임 방법과 약속을 확

실하게 제시하는 모습을 보인다. 교실에서의 모습만 관찰했다면 놀이쌤은 미연이를 내성적이고 소심한 아이로 생각했을지 모른다. 유아는 놀이의 장소와 유형에 따라 반응하는 것이 다름을 안 놀이쌤은 좀 더 다양한 놀이 장면을 통해 유아들의 모습과 반응을 관찰하고 이해하기로 한다.

"최대한 낮게 해보자. 민우야 여기 지나갈 수 있어?", "한번 해볼게." 줄 하나로 유아들은 다양한 놀이 방법을 찾아가며 자신의 신체를 조절하고 있다.

episode 7 ▶ 기차놀이

"나도 같이 타고 싶어.", "칙칙폭폭, 칙칙폭폭, 역에 도착했습니다. 승객 여러분 내려주세요.", "이제 더는 앞으로 못 갑니다.", "이 열차는 KTX입니다. 무척 빨리 달립니다." 열차 박사인 영준이는 고속열차를 타며 경험한 많은 이야기를 열차놀이를 하며 마음껏 쏟아놓는다. "통일호는 사라졌어요. 박물관에 가야 볼 수 있습니다."

평소 영준이가 열차에 대한 지식을 친구들에게 이야기할 때는 친구들이 별로 호응해주지 않았다. 그런데 영준이가 줄로 열차놀이를 하며 열차에 대한 다양한 지식을 자랑하자, 다른 유아들도 놀이 안에서 일어나는 영준이의 자랑에 대해서는 거부감 없이 받아들였다.

① 줄에 올라탄 친구를 끌고 밀기　② 고무줄로 모양 만들어 놀이하기　③ 의자에 앉은 친구 끈으로 당기기

교육과정 관련

신체운동·건강

| 신체활동 즐기기 | 신체 움직임을 조절한다. |
| | 실내외 신체활동에 자발적으로 참여한다. |

- 유아는 림보 놀이를 하며 줄을 높이 들고, 목을 뒤로 젖히며 신체를 움직이고 조절하며 놀이를 즐긴다. 줄을 이용하여 실내외에서 자발적으로 신체활동을 만들어간다.

의사소통

| 듣기와 말하기 | 자신의 경험, 느낌, 생각을 말한다. |

- 유아는 줄로 기차놀이를 하며 자신이 경험했던 열차에 대한 내용을 친구들에게 마음껏 이야기하며 즐거워한다.

사회 관계

| 나를 알고 존중하기 | 나를 알고 소중히 여긴다. |
| 더불어 생활하기 | 친구와 서로 도우며 사이좋게 지낸다. |

- 체격이 커서 가끔은 놀림감이 되었던 유아가 줄다리기에서 큰 힘을 발휘하며 친구들로부터 인정받고 자신을 소중히 여기게 되었다. 유아들은 줄로 매듭을 묶는 방법을 친구에게 가르쳐주기도 하고 '꼬마야 꼬마야' 놀이를 위해 줄을 돌려달라는 친구의 요구에 응하며 사이좋게 지낸다.

자연탐구

| 생활 속에서 탐구하기 | 물체의 특성과 변화를 여러 가지 방법으로 탐색한다. |
| | 일상에서 길이, 무게 등의 속성을 비교한다. |

- 유아들은 줄의 굵기와 소재들을 탐색하던 중 의자에 고무줄을 걸고 들어 올리다가 늘어나는 성질을 발견하고 그 특성을 탐색한다. 재질과 탄력이 다른 줄을 비교하고 길이를 재며 생활 속에서 사물의 속성을 비교한다.

놀이쌤의 고민과 성찰

친구에게 다가가서 함께 놀자는 말을 하지 못해 늘 혼자 놀던 아이가 어느새 친구들의 줄 열차에 올라타서 함께 웃으며 놀고 있다.

어떤 놀잇감이냐에 따라 혼자 놀 수도 있고, 반드시 친구가 필요한 놀이도 있다. 교실이나 바깥 놀이에서 유아들을 가만히 관찰해보면, 친구와 놀고 싶지만 먼저 다가가는 것이 부끄러워 놀이를 제안하지 못하는 경우도 있다. 놀이쌤이 억지로 모둠을 만들어도 놀이 상황은 이내 끝나버린다.

놀잇감으로 줄을 이용할 경우에는 혼자 놀이도 가능하지만, 대부분 둘 이상 모여서 놀이를 즐길 수 있다. 줄은 끝과 끝이 있기에 양쪽 끝을 잡고 할 수 있는 놀이들이 많기 때문이다. 줄다리기도, 림보 놀이도, 꼬마야 꼬마야도, 열차놀이도 모두 반드시 둘 이상의 친구가 있어야만 한다. 놀이쌤이 줄을 제공한 것은 놀이를 하며 유아들끼리 긍정적 관계를 맺기에 탁월한 선택이었다.

놀이는 자연스럽다. 특별한 준비가 필요하거나 거창한 말이 필요하지 않다. 그저 친구들과 함께 즐겁기만 해도 충분하다. 그럴 때 놀이는 유아들을 행복한 세상으로 이끌어준다.

예전에는 검정색 고무줄을 가방이나 호주머니 속에 가지고 다니면서 골목이나 학교에서 친구를 만나면 동요의 박자와 리듬에 맞추어 다양한 뜀뛰기를 하면서 이동 운동을 하곤 했다. 검정 고무줄은 지금도 신체 발달, 정서 발달, 사회성 발달이 이루어지는 좋은 놀이 수단이다. 몇 시간이든 즐겁게 놀이에 빠져들고 스트레스를 날려버릴 수 있는 것이 고무줄 놀이이다. 상업적 놀잇감과 스마트 기기에 노출되어 온종일 집 안과 실내에서만 놀이하는 유아들에게 재미있고 건강한 놀이가 더 많이 실현되길 놀이쌤은 바란다.

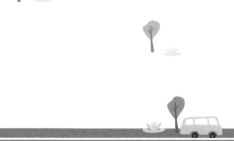

나뭇잎은
내 친구

▶5세반　▶바깥놀이 시간　▶4주 전개

🔘 놀이의 의미와 가치

새봄이 찾아오면 겨우내 움츠렸던 나뭇가지에서 새순이 돋아나기 시작한다. 연녹색이던 나뭇잎은 조금씩 커가며 색깔도 진해진다. 가을이 오면 저절로 뚝 떨어져 여기저기 뒹굴다가 바싹 마르며 바스락거리기도 하고, 촉촉이 젖으며 썩어서 나무의 거름이 되기도 한다.

　1년 내내 할 수 있는 나뭇잎 놀이는 사계절의 변화를 체험하게 해준다. 아지랑이가 피어날 때쯤이면 초록 새순이 돋아난다. 더워지면서 초록은 더는 초록일 수 없을 만큼 싱그러워진다. 가을이면 알록달록 아름다운 옷으로 갈아입는다. 차가운 바람이 불기 시작하면 떨어진 나뭇잎은 바스락 소리를 내며 마당에 켜켜이 쌓인다. 나뭇잎이라는 주변에서 쉽게 구하는 자연물은 매일 가지고 놀아도 그때마다 새로운 놀이를 선물한다.

　나뭇잎을 이용한 놀이는 사계절에 따라 나뭇잎의 변화 과정을 알려준다. 유아는 나뭇잎이 돋아나고 떨어지는 과정을 관찰하며 자연과 생명의 순리와 신비로움을 자연스레 깨친다.

🔖 놀이 관찰의 시작

▸ 주변에서 친숙하게 볼 수 있는 나뭇잎으로 유아들은 어떻게 놀이할까?
▸ 자연 놀이는 유아들에게 생명 존중과 환경의 소중함을 느끼게 할까?

🔖 놀이 흐름

`episode 1` **나뭇잎 친구 찾기**

몇몇 유아가 제각각 다른 나뭇잎의 모양과 색깔의 변화에 관심을 보이며 나뭇잎들을 주워 모은다.

"얘들아, 이거 좀 봐. 내가 찾은 나뭇잎은 뾰족해.", "이 나뭇잎은 무늬가 있어.", "감나무 나뭇잎은 두꺼운데."

🙎 나뭇잎마다 모양과 색깔, 무늬가 다른 것을 발견한 유아들은 자신이 분류한 기준으로 놀이를 이어 간다.

"같은 나뭇잎끼리 모아보자.", "나랑 같은 나뭇잎 모여라."

여러 가지 나뭇잎들을 모아서 다양한 패턴을 만들어보기도 한다. 나뭇잎을 물에 띄워보기도 하고 물에 흘려보내기도 한다.

🙎 나뭇잎을 그리는 유아 대부분은 넓은 잎과 잎맥을 규칙적인 선으로 표현한다. 그러나 실제로 나뭇잎에 관심을 갖고 자세히 관찰한 유아는 나뭇잎의 모양, 잎맥의 선 등이 모두 다르다는 것을 알게 된다. 나뭇잎을 물에 띄우며 놀이한 유아는 커다란 나뭇잎도 물에 뜬다는 것을 알고 있다.

나뭇잎과 열매들

5월이면 매실이 주렁주렁 열린다. 6월이면 자두가 빨갛게 익어간다. 새 한 마리가 먼저 자두를 갉아 먹었다. 7월이면 살구가 주황빛으로 물들어서 제법 먹음직스럽다. 10월이면 초록색이던 감이 붉게 변해간다. 11월이면 놀이터 울타리 상수리나무 아래로 도토리가 굴러 내려온다. 나무에서 불쑥 생겨난 샛노랗고 못생긴 모과가 '툭' 하고 떨어지는 행운이 찾아오기도 한다. 붉은 산수유는 쌓인 눈 사이에서도 싱그럽다. 솔방울과 솔잎은 언제나 곁에 있다. 작은 유치원 마당의 나뭇잎과 열매들 덕분에 유아들은 1년 내내 나뭇잎과 열매 짝짓기 놀이를 할 수 있다. 유치원 앞마당에 떨어진 나뭇잎과 열매를 짝지으며 놀이를 하던 유아들은 나뭇잎과 열매의 이름을 알고 싶어 한다.

🙍 하루 종일 바깥에서 놀아도 지루하지 않다. 날씨가 추우면 몸을 좀 더 크게 움직여서 뛰놀고, 더운 날씨에는 나무 그늘에 앉아서 놀이하면 된다. 이렇듯 자연의 변화를 보고 느끼고 뛰노는 것은 자연이 주는 소중함을 경험하는 귀한 순간이다.

① 크기와 색깔별로 나뭇잎 모으기

② 나뭇잎 물에 띄우기

① 열매와 나뭇잎 짝짓기

② "도토리는 도토리 나뭇잎에 놓아야지."

나뭇잎 땅 채우기

도토리를 잔뜩 주워서 놀다가 나뭇잎에 채워보기 시작한다. 나뭇잎의 크기에
따라 도토리의 양도 다르다. 나뭇잎을 도토리로 채우면서 모자란 도토리를 서
로 나누며 나뭇잎을 채워간다. 유아는 수집한 자연물을 그릇에 담아보면서 부
피의 차이를, 나뭇잎에 도토리를 놓아보면서 넓이의 차이를 이해한다.

　도토리를 주워서 신나게 놀이하는 친구 옆에서 속상한 표정을 짓는 유아가
있다. "다람쥐가 배가 고프면 어떡하지?

　자연물을 이용한 놀이는 유아의 오감을 자극하며 능동적 학습을 이끌지만 무엇보다 함께 살아가는
　생명체로서의 소중함과 고마움을 느끼게 하며 마음을 전하는 태도를 갖게 한다.

③ "열매가 가장 적게 올라간 나뭇잎은?"　　④ "나뭇잎 크기에 따라 올라가는 열매 수가 달라요."

episode 4 ◀　**나뭇잎에 구멍이?**

"어~ 나뭇잎에 구멍 났어요! 여기도 있어요. 구멍이.", "나도 찾았어! 구멍.", "그 거 벌레가 먹은 거야~" 여러 가지 나뭇잎을 찾아보며 놀던 유아들은 벌레가 먹어서 구멍이 난 나뭇잎을 보며 신기해한다.

나뭇잎에 난 구멍에 관심을 갖고, 벌레 먹은 나뭇잎을 찾아서 모으며 놀다가 나뭇잎 뒤에 벌레가 낳아 놓은 알을 발견한다.

🙂 나뭇잎을 가지고 놀던 유아들은 다른 나뭇잎과 달리 구멍 난 나뭇잎에 호기심을 보인다. 구멍에 관심을 두던 중 나뭇잎에 붙어 있는 벌레의 알을 발견했다. 이후 유아들은 나뭇잎의 뒷면을 유심히 관찰하는 모습을 보이고 알에서 애벌레가 나오기를 기다리며 구멍 난 나뭇잎을 소중히 모아두었다.

① 벌레가 갉아 먹은 나뭇잎   ② "애벌레는 어디 있지?"

episode 5 **나뭇잎 구멍으로 하늘 보기**

"보여요~ 보여요~ 하늘이 보여요!", "얘들아, 아파트도 보여.", "어, 구름도 보여, 구름이 움직여.", "선생님, 나뭇잎이 액자 같아요." 벌레 먹은 나뭇잎을 가지고 놀다가 구멍 사이로 하늘을 올려다본 유아들의 말이다. 나뭇잎은 어느새 구름이라는 자연의 작품을 담는 멋진 액자가 되었다.

🔵 나뭇잎의 작은 구멍 사이로 넓은 하늘과 커다란 구름을 볼 수 있다는 발견은 유아에게 무척 신비롭고 아름다운 경험이다.

① 벌레가 갉아 먹은 나뭇잎 찾기

② 나뭇잎 구멍으로 하늘 보기

구멍은 또 어디에?

새가 한 마리 날아오더니 구멍에 부리를 넣었다가 날아간다. 그 구멍을 유아가 들여다보고는 "아~ 새가 물 먹고 갔어요." 한다. 배관에서 흘러나오는 물을 마시는 새를 본 모양이다.

그 후로 유아는 매일 그곳에서 새가 물을 마시러 오기를 기다린다. 유치원 앞마당 나무 꼭대기에 둥지를 튼 새는 유아가 기다리는 반가운 친구이다.

나뭇잎을 관찰하면서 우연히 구멍을 발견한 후 관심이 배관 구멍으로 전이되었고, 이후 유아들은 주변에서 다양한 구멍을 찾기 위해 이리저리 다니며 관찰을 하기 시작한다.

① "새가 여기서 물을 마셨어."　　　② "어, 나무 기둥에도 구멍이 있어."

episode 7　　**내 몸에도 구멍이 있어**

나뭇잎을 찾다가 발견한 벌레 먹은 나뭇잎의 구멍에서 시작한 구멍 찾기 놀이는, 유치원의 여기저기를 다니며 각종 구멍을 찾는 놀이로 이어졌다.

텃밭 채소에 생긴 작은 구멍, 나무 기둥의 오목한 구멍, 하수구 구멍, 벽에 난 구멍, 개미집 구멍, 그리고 유아들은 자신의 몸에 있는 구멍들을 서로 말하기 시작한다.

"콧구멍.", "배꼽.", "입."

우연히 발견한 자연물의 구멍은 주변 세계를 좀 더 관심 있게 살피는 관찰로 이어졌다.

교육과정 관련

신체운동·건강

| 신체활동 즐기기 | 신체 움직임을 조절한다. |

- 여러 종류의 나뭇잎과 열매를 모으기 위해 발돋움을 하거나 손가락 근육을 사용하는 등 상황에 따라 신체 부위를 사용하고 조절한다.

의사소통

| 듣기와 말하기 | 말이나 이야기를 관심 있게 듣는다. |

- 친구가 하는 이야기를 주의 깊게 들으며 자신의 놀이를 발전시킨다. 새로운 기준에 따라 찾고 발견한 경험을 친구들에게 들려준다.

사회 관계

| 더불어 생활하기 | 친구와 서로 도우며 사이좋게 지낸다. |

- 유아들은 나뭇잎 땅 채우기 놀이를 하며 나보다 큰 나뭇잎을 가진 친구의 나뭇잎을 채워주기 위해 도토리를 빌려주며 사이좋게 지낸다.

예술 경험

| 아름다움 찾아보기 | 자연과 생활에서 아름다움을 느끼고 즐긴다. |

- 유아들은 나뭇잎 구멍 사이로 하늘을 올려다보다가 나뭇잎 구멍을 액자 삼아 하늘과 구름을 담으며 아름다움을 느끼고 즐긴다.

자연탐구

| 생활 속에서 구하기 | 물체를 세어 수량을 알아본다. |
| 자연과 더불어 살기 | 생명과 자연환경을 소중히 여긴다. |

- 유아들은 나뭇잎의 크기에 따라 도토리를 채우면서 물체를 세어보고 수량을 알아본다. 도토리를 주워서 신나게 놀이하다가 다람쥐의 먹이가 모자랄까 걱정하며 생명과 자연환경에 대한 소중함을 안다.

날이 밝아 눈을 뜨면 밥을 먹자마자 나가서 온종일 놀다가 해가 지면 집으로 돌아오던 아이. 마을 여기저기에서 자라는 호박넝쿨에서 암꽃을 따고 달걀말이라며 밥상에 올리며, 들판의 들풀에서 꺾은 진액이 묻어나는 풀은 대파로 사용한다. 깨어진 붉은 벽돌을 가루 내어 고춧가루라고 하며 김치를 담그며 놀이하던 아이. 매일 호박꽃을 따던 아이는 어느 날 생각했다. '작은 호박이 열리는 저 꽃을 내가 다 따버리면 호박이 안 열리겠지? 그래 조금만 따서 놀고 남겨둬야 호박이 열리는 거야….'

자연에서 놀이를 하던 아이는 누가 가르쳐주지 않아도 자연에 대해 알아가고, 자연을 존중하며 자연과 함께 크는 법을 스스로 깨닫는다. 유치원 앞뜰에 피어 있는 예쁜 꽃을 보면 바로 꺾어서 가져오던 유아도, 물 위에 띄울 나뭇잎이 필요하다며 아무렇지 않게 나뭇가지에서 나뭇잎을 따오던 유아도, 지나가는 개미를 아무 생각 없이 밟고 지나가던 유아도 시간이 지나면서 작은 생명 역시 모두 소중하다는 것을 느끼게 된다.

하굣길 학교 앞에서 병아리 한 마리를 사서 집으로 돌아간 아이. 처음으로 키워보는 작은 생명, 그러나 작은 손바닥에서 모이를 쪼던 병아리가 어느 날 더는 일어나지 않는다. 아이는 처음으로 생명을 떠나보내는 마음 아픈 경험을 한다. 마을 뒷동산에 병아리를 잘 묻어주고는 하염없이 울었다. 땅속에서 외로울 친구를 걱정하며 매일 아침이면 찾아가서 안부를 물었다.

놀이쌤은 유아가 자연과 교감하며 커가기를 바란다. 선생님을 따라 걷다 발밑에서 개미들이 줄지어 가는 모습에 길을 내어줄 수 있는 유아는 미래에 누군가의 또 다른 놀이쌤이 되겠지?

"추우니까 교실에서 나가지 않았으면 좋겠어요.", "더우니까 바깥 놀이는 하지 않았으면 좋겠어요.", "힘드니까 걸어가는 체험학습은 피하고 싶어요."

놀이쌤은 유아의 놀이할 권리를 존중하지 않는 어른들의 목소리가 어서 사라졌으면 하는 바람이다.

나폴나폴
보자기 놀이

♀ 놀이의 의미와 가치

보자기는 물건을 싸기도 하고, 큰 물건을 보관하거나 선물을 포장할 수도 있으며, 간단히 매듭만 지어도 무거운 물건을 나를 수 있는 다양한 쓰임새를 지닌다. 보자기는 가벼우면서도 여러 색깔과 촉감을 지녀 유아의 호기심을 자극하고 흥미를 불러일으킬 수 있는 좋은 놀잇감이 된다.

집 안에 있는 보자기 한 장이 유아의 손에 쥐어질 때 다양한 놀이가 일어난다. 꼬리잡기, 술래잡기, 줄다리기, 썰매 타기, 공 나르기 등 보자기로 하는 놀이 중에는 혼자가 아닌 다른 누군가와 함께해야 하는 놀이가 많다. 자연스럽게 친구와 함께하는 놀이가 일어나는 보자기는 친구를 만드는 좋은 놀이 도구이다.

생활용품이 놀이의 소재로 사용될 때, 유아의 흥미는 실제와 상상을 오가며 다양한 이야기를 만들고 생산하며 끝없이 펼쳐진다. 유아는 보자기에 소중한 보물을 싸기도 하고, 정사각형의 손수건 한 장으로 바나나를 만들어 놀기도 하며, 긴 스카프의 한쪽 가장자리를 접어 화관을 만들어 쓰고는 공주가 되어 상상의 세계로 여행을 떠나기도 한다.

📍 놀이 관찰의 시작

▸ 보자기는 유아의 상상력에 어떤 영향을 미칠까?
▸ 보자기 놀이에서 유아는 어떤 사회적 가치를 배울까?

📍 놀이 흐름

`episode 1` **보자기가 뭘까?**

① "색깔이 예뻐요. 머리에 쓰니까 재밌어요."

② "여기에 책을 넣어서 묶어야지."

여섯 빛깔의 보자기를 가지고 놀던 유아는 색깔의 아름다움과 손끝에 만져지는 사각 거림을 즐겼다. 보자기를 여러 장 겹치자 나타나는 독특한 색깔을 관찰하기도 한다.

가영이는 보자기에 물건을 담아서 매듭을 지어보려고 애쓰고 있었다. 보자기의 재질이 부드러운 탓에 매듭이 쉽게 풀어졌다. 오랫동안 매듭 짓기에 열중하던 가영이는 매듭을 잘 짓는 윤채에게 "이거 어떻게 하는 거야? 가르쳐줘."라며 도움을 요청한다.

👧 책을 보자기로 싸서 허리에 묶고 다녔던 옛이야기를 동화책에서 본 유아가 책 한 권을 가져다 싸고 있다. 그러나 매듭을 묶는 단계에서 어려움을 겪었고 쉽게 성공할 수 없었다. 다양한 시도 끝에 친구와 함께 해결하는 모습을 보인다.

보자기로 꾸며요

"난 장미꽃을 만들 거야.", "난 장미꽃에 앉아서 꿀을 먹는 나비를 만들래." 빨간 보자기로 장미꽃을 만들어서 바닥에 붙이고 초록 보자기로 줄기를 만든다. 노란 보자기를 모루로 묶더니 나비라며 장미꽃에 올려놓고 꿀을 먹는 나비라고 한다. 파란 보자기로 바닷가의 파도를 나타내고 종이 접시로 불가사리를, 모루로 꽃게를 표현한다. 보자기와 여러 가지 재료로 꽃밭과 바닷가 꾸미기를 하며 시간 가는 줄 모르고 놀이한다.

🧑 만지는 대로 무엇이든 만들 수 있는 보자기는 무한한 상상의 세상으로 이끄는 훌륭한 놀잇감이 됐다.

① "여기 가운데를 묶으면 나비가 되지."

② "얘들아, 이것 봐. 나비가 꽃에 앉았어."

③ "이제 어떤 재료를 사용해볼까?"

④ "파란 보자기를 바다라고 하자."

보자기로 결혼식 놀이를 해요

놀이꾼들은 보자기로 신랑, 신부를 꾸미고 교실 안 이곳저곳을 분홍색 보자기로 덮어 결혼식장으로 꾸몄다. 신랑과 신부에게 알록달록한 보자기를 꽃가루라고 하며 뿌리기도 한다.

😊 결혼식장의 하객 경험이 있는 유아들은 보자기를 이용하여 필요한 물건을 만들며 장식했다. 다양한 재료가 있었지만 유아들은 주로 보자기를 이용해 드레스와 화관, 꽃길 등을 표현했다. 결혼식 놀이에는 많은 사람이 필요해서 여러 친구를 놀이로 초대하는 자연스러운 확장이 일어난다.

① "신랑, 신부는 여기에 앉아서 기다리세요." ② "신랑 이름과 신부 이름도 써야지."

보자기로 만든 집

유아가 책상을 뒤집고 보자기를 덮어 집을 만든다. 파라슈트를 털실로 연결하니 지붕이 너무 낮다. 집 모양을 갖추려면 파라슈트 끝을 유아들 키 높이보다 높게 걸어야 한다. "얘들아, 의자 좀 잡아줘. 내가 올라갈게.", "영지야, 조심해!"

😊 놀이쌤은 망설이는 유아들에게 의자를 놓고 올라가 보도록 권유했다. 한 유아가 의자를 가져다 딛고 올라서서 높은 곳에 털실을 거는 동안 다른 유아는 의자를 잡아주며 친구의 안전을 지켜주었다.

보자기와 파라슈트로 집을 만든 놀이가 펜션으로 설정되고 유아들의 이야기는 캠핑장 놀이로 전환되었다. "예약하셨나요?", "아뇨.", "그럼 제가 내는 퀴즈의 문제를 맞혀야 이 펜션에 들어갈 수 있습니다." 반 친구들의 이름 초성을 적어서 보여주면 완전한 이름을 맞추는 문제였다. 유아들은 색종이를 가져다가 문제를 적어 보여주고, 정답을 맞히는 사람만 펜션에 들어갈 수 있다고 설명한다.

주말이면 가족과 함께하던 캠핑과 여행 경험이 놀이에서 재연되고 있다. 친한 친구끼리 시작하여 지은 집이 펜션이 되고 많은 유아들의 관심을 끈 인기 있는 펜션은 예약을 위해 줄까지 서게 되었다. 펜션 입실을 위한 퀴즈 문제 또한 기발하다. 친구의 이름 글자에 관심을 보이지 않던 유아도 퀴즈를 풀면서 친구의 얼굴과 이름을 떠올리고, 글자에 대한 관심을 확장시켜나갔다.

① "조심해, 내가 의자 잡아줄게."

② "책상 같이 뒤집어줘."

episode 5 **보자기 썰매를 타요**

여러 장의 보자기를 서로 연결하니 2~3명이 앉기에 충분하다. 이때 윤하가 썰매처럼 보자기 한쪽을 잡고 끌어준다. 만약 보자기를 이용하지 않았다면 혼자서 2~3명의 친구를 움직이도록 하는 것이 가능했을까? 유아는 보자기가 마룻바닥 위로 미끌어질 때, 혼자 힘으로 여러 명의 친구를 끌어 움직일 수 있게 된 자신의 힘에 흠칫 놀란다.

유아는 끌고 당기는 놀이를 좋아한다. 보자기는 여러 명의 친구를 어려움 없이 당길 수 있어서, 끄는 유아도 끌려가는 유아도 모두 즐겁다.

③ "ㄱㅇㅈ, 누구의 이름일까요?"

④ "썰매 타기에 교실은 너무 좁아, 우리 복도로 가자."

episode 6 **보자기로 다양하게 놀아요**

보자기로 놀이하던 현민이는 복도 한편에 놓여 있던 공을 발견한다. "잠깐만, 공을 여기 올려보자.", "그래, 우리 둘이 같이 해보자." 현민과 수현이는 보자기로 공을 들어 올리며 튕겨본다. "재밌어.", "좀 더 높이 올려보자.", "나도 같이하고 싶어.", "너도 재민이한테 같이 공놀이 하자고 해."

① "보자기에 공을 담아보자."

② "보자기를 들어서 올려봐."

교육과정 관련

신체운동·건강

신체활동 즐기기	기초적인 이동 운동, 제자리 운동, 도구를 이용한 운동을 한다.
안전하게 생활하기	일상에서 안전하게 놀이하고 생활한다.

- 유아는 보자기를 이용하여 썰매 만들어 타기, 바람 가르며 달리기, 보자기에 공 튕기고 받기, 꼬리잡기, 줄다리기 등을 하며 기초적인 이동 운동, 제자리 운동을 한다.
- 유아는 집 만들기를 위해 높은 곳에 올라가는 친구의 의자를 잡아주며 안전하게 놀이한다.

의사소통

읽기와 쓰기에 관심 가지기	자신의 생각을 글자와 비슷한 형태로 표현한다.
책과 이야기 즐기기	책에 관심을 가지고 상상하기를 즐긴다.

- 유아는 결혼식장을 꾸미면서 신랑과 신부의 이름을 적어서 붙이며 글자를 표현한다. 펜션에 입장할 수 있는 사람을 뽑기 위해 초성 퀴즈를 내면서 자신의 생각을 글자로 표현한다. 책에서 읽었던 책보를 보자기로 만들어 허리에 묶고 다니며 상상놀이를 즐긴다.

사회 관계

나를 알고 존중하기	내가 할 수 있는 것을 스스로 한다.
더불어 생활하기	친구와 서로 도우며 사이좋게 지낸다.

- 유아는 보자기의 매듭을 스스로 단단하게 지어보려고 한다. 매듭이 지어지기는 했으나 재질의 특성상 쉽게 풀리자 친구에게 매듭짓는 방법을 가르쳐달라며 도움을 요청한다. 친구들끼리 매듭 묶는 방법을 공유하면서 사이좋게 지낸다.

예술 경험

창의적으로 표현하기	다양한 미술 재료와 도구로 자신의 생각과 느낌을 표현한다.

- 유아는 다양한 색깔의 보자기로 꽃과 나비를 만들고, 모루와 종이접시 등의 재료를 더하여 꽃밭과 바다를 창의적으로 표현한다.

자연탐구

생활 속에서 탐구하기	물체의 특성과 변화를 여러 가지 방법으로 탐색한다.

- 유아는 보자기의 특성을 활용하여 혼자의 힘으로 여러 명의 친구를 끄는 썰매 놀이를 하면서 물체의 특성과 변화를 탐색한다.

놀이쌤의 고민과 성찰

"함께 놀아라.", "친구를 도와줘야지.", "무거우면 같이 들면 된단다." 백 마디의 말도 경험해보지 못한 상황에서는 설득력을 가지지 못한다.

유아는 놀이 과정에서 친구에게 자연스럽게 도움을 청하고, 혼자서 들기 힘든 책상을 옮기기 위해서 같이 들자며 제안한다. 도움을 주는 친구나 재료를 나누어주는 친구에게 고마움을 표현하며 정서적 가치를 배우고 느낀다.

역할 놀이 영역에 있던 보자기는 교실 전체로, 다시 복도로, 그리고 운동장으로 나가며 무궁무진한 놀이로 탄생했다. 하루는 물건을 담아서 묶는 놀이를 하다가도 다른 날은 탈것이 되고, 어느 날은 미술 놀이 자료가 된다. 밖으로 나가면 바람을 이용한 신체 놀이의 놀잇감으로 변했다.

예전에 놀이쌤은 보자기를 소개하며 "무슨 놀이를 할 수 있을까?"라는 질문으로 유아들의 창의성을 끌어냈다고 자부했다. 유아들의 주의를 모으고, 놀잇감을 소개하고, 사용법을 알아보고 함께 놀이한 후 다음 놀이를 생각해보았다. 그러나 이제 유아들은 가르쳐주지 않아도 미술 놀이, 신체 놀이, 과학 놀이, 역할 놀이 등으로 놀이를 펼치며 이끌어가는 진정한 놀이의 주인이다.

유아는 동화책 내용에서 인상 깊었던 장면을 재현하기도 한다. 친구들의 긍정적인 반응과 교사의 허용적인 태도는 상상력을 무한대로 끌어올리고 놀이를 더욱 창의적으로 만든다. 무엇이든 펼칠 수 있는 개방적 분위기는 유아에게 시공간을 넘나드는 자유로움을 준다. 실제 유아들은 교실에서 복도, 바깥 놀이터로 공간을 확장하면서 놀이했고, 시간과 놀이 기간의 제약을 받지 않는 자유로운 놀이로 확장됐다. 누가 강요하지 않아도 유아들은 이런 자유로움 속에서 더불어 함께하는 사회적 가치를 저절로 터득하게 된다.

가을 열매가
떼구루루

놀이의 의미와 가치

바람이 시원한 가을이면 동네 아이들은 언제나 그렇듯 뒷동산에 모여 날이 어둑해질 때까지 놀았다. 사시사철 변화하는 뒷동산에는 놀잇감과 놀이 방법이 무궁무진하다. 누구에게나 허락된 자연물이 놀잇감이었고 놀이를 만들고 이끌어가는 이는 바로 아이들이었다.

꽃잎과 들풀, 나뭇가지, 돌멩이, 낙엽, 열매들은 소박한 밥상의 재료가 됐다. 땅은 도화지가, 나뭇가지는 크레파스가 된다. 대나무 통에 끼운 작은 열매는 총알이 되어 날아간다.

'뒹굴산'이라 불리던 나지막한 뒷산은 '누가누가 빨리 굴러가나?' 시합을 하기에 안성맞춤이었다. 나무와 바위 없이 숨바꼭질은 힘들 것이다. 위험에 대처하며 신체를 스스로 조절할 줄 아는 유아는 신체의 한계를 경험하는 놀이를 시도하다 성공의 경험을 맛보기도 한다. 자연환경은 유아의 호기심과 주도성에 의해 도전하고 모험하며 성장하는 배움터가 된다.

📍 놀이 관찰의 시작

▸ 자연물은 유아의 놀이에서 어떻게 활용되며 어떤 영향을 줄까?
▸ 즐거운 놀이와 안전한 놀이 사이에서 유아의 주도성을 어디까지 수용해
  야 할까?

📍 놀이 흐름

episode 1 숲 놀이터에서 가을 열매를 찾았어요.

유치원 숲 놀이터에서 마구 뛰어다니는 유아들을 보면 놀이쌤은 마음이 조마조
마하다. 저러다 넘어지면 어쩌나, 돌출된 나무뿌리에 걸려 이마라도 다치면 어
쩌나…. "뛰지 말고 걸어 다니면서 솔방울을 찾아보자.", "거기 바위 조심해."라
며 걱정과 우려의 말을 연이어 하게 된다.

　유아는 즐겁게 뛰어다니며 솔방울을 찾는다. "얘들아, 나는 저기 아래에 내려
가서 큰 솔방울 찾았어.", "저기 나뭇가지를 치우니까 도토리 많았어." 나뭇가
지들을 들추며 도토리를 찾는데도 팔에 상처가 나는 일은 없다. 원하는 열매를
찾기 위해 울퉁불퉁 튀어나온 나무 뿌리를 건너면서도 넘어지지 않는다.

> 🧑 실외에서의 놀이는 놀이쌤으로 하여금 안전에 대해 더 많은 고민을 하게 한다. 일어나지 않은 사고의
> 위험성을 지나치게 생각하다 보면 의도와는 달리 유아의 도전적 사고와 행동을 저해하게 된다. 그
> 러나 유아에게는 천성적인 놀이 에너지와 본능적으로 위험을 감지하는 능력이 있다. 놀이쌤은 유아의
> 호기심, 신체적 성숙에 따른 도전과 조절이 필요한 유아 개인의 위험한 행동을 구분해서 볼 수 있어
> 야 하며, 기다림과 즉각적인 지도를 구별하여 반응해야 한다. 놀이쌤은 유아의 자유로운 놀이를 관
> 찰하며 교사의 다양한 역할과 개입의 방법을 익힌다.

그렇게 찾아온 솔방울과 도토리는 밥이 되고 국이 된다. 냄새가 나서 어른들은 아무도 쳐다보지 않은 은행도 유아에게는 문제가 되지 않는다. 유아들은 가을이 되어 떼구루루 굴러들어온 놀잇감을 온몸으로 받으며 놀이를 즐긴다.

① "가을 열매를 주워요."　　　　　② "오늘은 반찬이 정말 많아요."

가을 자연물로 무엇을 할까?

놀이쌤은 유치원 마당에서 키우는 벼를 교실로 가지고 왔다. 노랗게 익은 벼를 보며 유아들은 만져보고 냄새도 맡아보며 느낌을 이야기한다. "부드러워.", "난 거칠거칠해.", "이거 꽃인가 봐.", "아니야, 갈대야." 놀이쌤이 전하고 싶었던 가을의 감성을 유아들은 호기심의 대상으로 접근한다. "선생님, 이거 뭐예요.", "이거 어디서 났어요?", "선생님, 이거 왜 가져왔어요.", "어디서 가져왔어요." 벼에 대한 궁금증이 질문으로 쏟아진다.

그렇게 시작된 벼에 대한 관심은 가을의 꽃과 나뭇잎들로 이어졌다. 놀이쌤의 출근길에 찾아온 가을처럼 유아들은 집에서, 등원 길에서 가을을 찾아 유치원으로 데려왔다.

은행잎, 단풍잎, 붉게 물든 벚나무의 잎, 누렇게 물든 플라타너스 잎, 단풍나무 열매, 도토리, 솔방울, 밤, 대추, 호두, 은행….

① 교실로 가져온 가을 풍경

② "새가 알을 낳았어."

③ "가을 게시판은 가을 풍경이에요."

④ 가을 산속의 오두막과 가로등

가을 자연물은 가을 풍경이 되기도 했다가 추상화가 되기도 한다. 유아들이 등·하원 길에 만나는 가을의 풍경과 정서가 고스란히 교실로 옮겨진다.

광목천 위 '가을 작품'은 쉽게 수정할 수 있다. 큰 광목 도화지에 솔방울 하나만 놓아도 가을을 표현하는 작품이 된다. 밤색 털실을 가져다 둥지를 만들고 솔방울을 새알이라며 꾸미기도 한다. 옆에서 지켜보던 예지가 살짝 깃털 장식을 가져다 놓는다. "둥지에는 깃털이 있어야 돼.", "어떻게 알아?", "내가 봤어.", "나도 놀이터 나무 위에 있는 새집 봤어.", "나는 떨어져 있는 새알 본 적 있어.", "새집이 있는 나무 아래에는 새똥도 많아." 하얀 광목천 위의 가을 작품은 유아 개개인의 경험에 따라 계속 새롭게 태어난다.

한편 다인이와 윤채는 레고 블록 놀이를 하고 있다. 블록으로 만든 오두막집, 나뭇가지에 점토로 솔방울을 붙인 나무들, 클레이 위에 올린 도토리 가로등, 산으로 가는 도로에 흩어진 나뭇잎들은 숲속 오두막 집이란다. "선생님, 전시하고 싶어요. 게시판 앞에 교구장을 놔두고 그 위에 전시할래요.", "왜?", "게시판이 가을 산속이거든요." 가을 산속에 있는 오두막 풍경이 여실하다.

episode 3 **솔방울도 돌고, 도토리도 돌고**

유아가 좋아하고 즐겨 하는 놀이의 특성 중 하나는 모든 사물을 돌리는 것이다. 마치 팽이가 되는 것과 팽이가 되지 않는 것으로 분류하는 것 같다. 가을 열매는 유아가 돌리기에 적절한 놀이 재료가 된다.

도토리, 밤, 은행, 대추, 솔방울…. 나뭇가지도 팽이가 되어 돌리기 놀이가 점점 확장되어간다.

"얘들아~ 작은 솔방울도 팽이가 돼~", "나뭇가지도 돌아가.", "난 도토리에 이쑤시개 꽂은 팽이도 봤어. 그거 만들어볼래.", "은행이 빨리 돌까? 도토리가 빨리 돌까? 내기해보자."

색종이, 블록, 냄비 뚜껑으로만 돌리던 팽이에서 자연물 팽이가 등장하자 어떻게 하면 더 오랫동안, 더 잘 돌릴 수 있을까 고민하며 가을 열매 팽이 돌리기에 열중한다.

① "내가 팽이 접어줄게."

② "도토리도 정말 잘 돌아."

episode 4 나뭇잎 사세요~ 도토리 사세요~ 가을 사세요~

"우리 이걸로 시장놀이 하자?", "나뭇잎 사세요, 나뭇잎 사세요.", "나뭇잎은 백 원입니다.", "잘 굴러가는 도토리 팽이가 5개 천 원." 찰흙 놀이를 하던 유아들도 몰려온다. 도토리 팽이, 솔방울 팽이는 순식간에 팔려나간다.

"케이크 사세요, 케이크." 옆에서 캠핑 놀이를 하던 주현이가 와서는 "케이크 주세요.", "커피도 주세요." 한다. 컵에 담긴 도토리는 커피가 되고 솔방울 한 접시는 케이크가 된다.

시장 놀이를 하는 유아들을 보고 있으면 웃음이 난다. 구매한 물건은 모두 자기가 가질 수 있다고 생각하는 듯하다. 놀이에 몰입하면 잠시 현실을 잊어버린다. 유아들은 시장 놀이를 하며 도토리 팽이를 만족할 만큼 갖게 될 것이고, 조금 있다 맛있게 먹을 삼겹살과 소시지를 구매할 것이다. 놀이는 상상의 세계로 유아들을 이끌며 재미와 행복감을 선물한다.

① "도토리 팽이 얼마예요?"

② "캠핑에 필요한 음식을 사야 하는데 무엇을 살까?"

episode 5 그늘막을 치고 놀아요

미술 놀이에 사용했던 광목천을 가져오더니 책상 위에 덮어도 보고 교구장과 교구장 사이를 덮어도 본다. "이걸로 집 만들자.", "캠핑할 때처럼 그늘막을 만들면 좋겠어.", "그럼 기다란 막대기가 있어야 해.", "우리가 주워온 나뭇가지가 있잖아.", "우리 선생님께 도와달라고 하자."

유아의 놀이를 관찰하다 살며시 재료를 넣어주기도 하며 지원하던 놀이쌤은 이번에는 확실한 도움을 줄 기회를 얻게 됐다. 유아들의 도움 요청에 교실을 꾸미던 자작나무를 가져왔다.

자작나무를 건네받은 지원이는 캠핑 놀이의 경험을 살려서 요리조리 그늘막 만들기를 시도한다. 그런데 아무리 시도를 해도 한 그루의 나무로는 쉽게 그늘막을 만들 수 없다.

놀이쌤은 광목천의 정중앙에 나무를 끼워주고 싶었다. 그러나 언제나 그렇듯 유아들이 스스로 방법을 찾으리라는 것을 알기에 지켜보기로 했다.

꽤 오랜 시간이 지났다. 그동안 유아들은 교실의 온갖 도구들을 동원하며 그늘막 치기에 도전했다. 블록으로 기둥 세우기를 하다가 털실을 연결하여 창문에 테이프 붙이기를 한다. 털실의 특성상 떨어지기를 반복하지만 유아들은 지치지 않고 시도하며 방법을 찾았다.

이윽고 털실로 가장자리를 꽁꽁 묶고 놀이쌤에게 높은 곳에 걸어달라고 요구한다. 그렇게 유아들의 아이디어에 놀이쌤의 도움이 더해져 그늘막이 완성됐다. 오랜 시간 시행착오 끝에 완성된 그늘막은 유아들에게 의미 있고 정겨운 공간이다. 유아들은 온종일 그늘막 아래에서 자연물을 이용한 캠핑 놀이를 즐긴다.

① 완성된 그늘막 아래서 캠핑 놀이하기

② 나뭇가지로 화로 완성하기

교육과정 관련

신체활동 즐기기	실내외 신체활동에 자발적으로 참여한다.
안전하게 생활하기	일상에서 안전하게 놀이하고 생활한다.

- 유아는 숲 놀이터에서 뛰어다니고 가을 열매를 찾으며 신체활동에 자발적으로 참여한다. 돌출된 나무뿌리나 바위 등을 조심해서 안전하게 놀이하고 생활한다.

의사소통

듣기와 말하기	자신의 경험, 느낌, 생각을 말한다.
	상대방이 하는 이야기를 듣고 관련해서 말한다.

- 유아들은 벼를 탐색하며 "부드러워.", "거칠거칠해.", "꽃인가 봐.", "갈대야."라고 자신들의 느낌, 생각을 말한다. 새집에 깃털 장식을 가져다놓은 친구의 이야기를 듣고 이와 관련지어 "나무 아래에 새똥이 많으면 나무 위에 새집이 있다."라고 말한다.

사회 관계

나를 알고 존중하기	내가 할 수 있는 것을 스스로 한다.

- 유아들은 그늘막 치기에 도전하면서 교실의 온갖 도구를 동원하며 자신들이 할 수 있는 여러 가지 방법을 찾아본다.

예술 경험

창의적으로 표현하기	다양한 미술 재료와 도구로 자신의 생각과 느낌을 표현한다.
	극놀이로 경험이나 이야기를 표현한다.

- 유아들은 가을 자연물과 광목천을 이용하여 작품을 완성하고 전시하면서 자신의 생각과 느낌을 창의적으로 표현한다. 자연물로 시장 놀이를 하면서 물건을 사고파는 이야기를 표현한다.

자연탐구

탐구과정 즐기기	주변 세계와 자연에 대해 지속적으로 호기심을 가진다.
자연과 더불어 살기	주변의 동식물에 관심을 가진다.

- 유아는 놀이터 나무 위에서 관찰한 새집, 새알, 새똥에 대해 관심을 갖고, 교실로 돌아와 털실로 둥지를 만들고 솔방울로 새알을 만드는 등 주변 세계와 자연에 대해 지속적인 호기심을 가진다.

놀이쌤의 고민과 성찰

자연물을 가지고 조작하는 놀이가 생태 놀이라고 생각했다. 자격증이 있는 생태 전문가를 초대해야 더 전문적인 생태교육을 할 수 있다고 생각했다.

자연 속에서 함께 놀이하는 방법은 어른들이 가르치지 않아도 된다. 다듬어지지 않은 자연에서 유아는 저마다의 방식으로 놀이하며 다채로운 자연 속에서 의미를 찾고 자연과 교감하며 배움이 일어난다.

높은 곳에서 뛰어내리는 것을 걱정하는 어른들의 생각과 달리 유아는 충분히 뛰어내릴 수 있는 높이를 스스로 결정한다. 자신의 한계를 알려면 올라가는 행동이 선행되어야 한다. 낙엽이 깔린 곳이나 진흙이 있는 곳은 더 안전하다는 것을 터득한다. 당연히 경험이 있어야 하며 어른의 믿음과 지지가 필요하다.

이전 숲 놀이에서의 경험은 도깨비풀은 조심해야 하는 풀임을 알게 하고 이전에 만났던 딱따구리 한 마리는 기다려지는 친구가 된다. 예쁜 꽃을 관찰하려면 벌을 조심해야 하고, 찔레꽃을 꺾으면 가시에 찔릴 수 있다는 것을 익힌다.

자연은 직접 경험하고 느끼며, 때로는 도전해야 하는 놀이터이고 놀잇감이다. 폴짝 뛰어야만 간신히 건널 수 있었던 징검돌을 여러 번 경험하게 되면, 살짝 다리만 벌려도 쉽게 건널 수 있는 순간이 온다. 그렇게 자연과 함께 유아는 성장한다.

놀이쌤은 기다려주기만 해도 충분하다. 놀이쌤의 기다림에는 많은 의미가 내포되어 있다. 유아도 놀이쌤의 마음과 기대감을 읽을 수 있기에 조금씩 조절과 통제를 배우며 성장한다. 실외 다양한 장소에서의 놀이 경험은 유아들에게 안전한 행동과 공공장소에서 필요한 예의를 배우고 행동하게 한다.

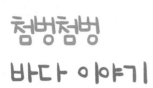

첨벙첨벙
바다 이야기

▶3세반　▶자유놀이와 바깥놀이 시간　▶3주 전개

 ## 놀이의 의미와 가치

유아가 놀이의 주체가 되면 몰입도가 높아진다. 당연히 더 놀고 싶고, 이러한 이유로 놀이 후 정리가 아쉽다. 어린 시절 바닷가에서 모래성을 쌓고 튜브를 타고 놀 때 바로 이런 마음이었다.

유아에게 '바다'는 관심과 흥미가 자발적으로 생성되기에 좋은 놀이 환경이다. 바다에 다녀온 경험에서 시작하여 상어를 물리치는 구조대로 변신하고, 종이 벽돌로 낚싯배를 만들며 노는 과정에서 유아들은 상상, 표현, 즐거움, 소통, 몰입을 경험한다. 놀이가 계속되면서 바다에 대한 호기심은 더 커지고, 상어를 물리치기 위해 협력하고, 더 많은 친구들이 배를 타기 위한 궁리 끝에 문제를 해결하며 놀이가 끝없이 이어진다.

빌리보를 타던 유아는 갑자기 바다거북이 되어 수영을 하다가 다이빙을 하기도 하면서 이야기가 연결된다. 상상을 기꺼이 받아주는 또래가 있어서 유아들은 즐겁게 놀이에 참여한다. 또한 바다 동물을 보호하기 위한 생명 존중의 가치를 실천하는 배움과 성장으로 발전한다.

‣ 유아는 개개인의 바다에 대한 경험을 어떻게 놀이로 연결하며 이어갈까?
‣ 생명 존중, 환경보호 등 생활 속 권리와 의무를 어떻게 배우고 성장할까?
‣ 유아의 생각을 전환시키기 위해 교사는 어떤 노력이 필요한가?

놀이 흐름

episode 1 바다에서 배를 타고 낚시를 해요

"애들아, 바다에서 배를 타면서 낚시해봤어?" 승재가 경태에게 바다낚시 갔던 경험을 이야기한다. "나도 언제 엄마, 아빠와 가봤어. 물고기 많이 잡아서 구워 먹었어. 엄청 맛있었어." 하면서 경태는 종이 벽돌을 바닥에 넓게 이어 붙인다. "이거 배야. 우리 배 만들자." 그러자 승재도 함께 종이 벽돌을 가져와서 이어 붙인다.

종이 벽돌이 자꾸 흐트러지자 경태가 "이거 말고 자석 블록으로 하면 좋겠다." 하고 제안한다. 어느새 친구들이 한명 두명 모여들어 함께 종이 벽돌로 배를 만든다. "우리 이제 배 타보자, 너무 좁아. 더 크게 만들자." 유아들은 종이 벽돌과 자석블록으로 넓은 배를 만들고 배에 올라탔다. 승재는 동그란 모양의 교구를 가져와서 운전대를 돌리는 시늉을 한다.

한 유아의 바다낚시 경험은 블록으로 배를 만들고, 더 많은 친구들을 태우기 위해 공간을 확장한다. 친구들을 향한 배려심은 문제해결의 과정에 더 많은 또래의 참여를 이끈다. 동그란 모양 판을 운전대처럼 돌리며 놀이하는 가작화 과정에서 호기심이 발동하고 있음을 보게 된 놀이쌤은 어떤 놀이 자료를 지원할지 고민한다.

① 종이 벽돌을 이어서 배 만들기

② 자석블록으로 배 만들기

"우리 물고기도 잡자.", "나는 바다에서 조개도 캤어.", "나는 두꺼비집 만들고 모래 놀이한 게 재미있었어.", "나는 튜브 타고 수영한 게 제일 재미있었어." 유아들은 저마다 바다에서 경험했던 이야기를 하느라 시끌시끌하다.

"우리도 친구들과 함께 바다에 놀러 가볼까?" 놀이쌤이 바다가 꾸며진 부직포를 깔아준다. 재연이가 상어를 보며 "바다에는 무서운 상어가 있어요. 난 구조대원이에요. 상어가 오지 못하게 해야겠어요." 한다. 그리고는 안내판을 만들어 세우고 종이 벽돌로 성을 쌓고는 "여기는 상어 집이야, 상어가 나오면 큰일이에요." 하며 상어를 가둔다.

바다에 갔던 경험을 이야기하면서 유아들의 호기심이 발동한 상황을 읽은 놀이쌤은 상어가 그려진 부직포를 깔아서 바다 놀이가 더 심화·확장되도록 지원한다.

① "바다에는 무서운 상어가 살아요."

② "상어가 나오지 못하게 막아야 해."

바다에 갔던 유아들의 경험이 교실에서 바다 놀이로 재현되는 중 놀이터에서 놀던 진서가 모래를 파면서 조그마한 돌멩이 여러 개를 발견하고는 "선생님, 이거 조개 아니에요?" 하고 묻는다.

　다음 날 놀이쌤은 바깥 놀이를 하러 가기 전 조개껍데기를 모래 놀이터에 묻어두었다." 현태가 모래놀이를 하다가 "선생님, 조개 찾았어요." 한다. "와! 정말 조개네. 선생님도 조개 캐러 가볼까?" 놀이쌤은 현태와 함께 모래 놀이터로 가서 조개를 찾는다. "나도, 나도 조개 캘래.", "모래를 파면 나와요.", "그럼 우리도 모래 속에서 조개를 찾아볼까?" 유아들은 신이 나서 놀이쌤이 묻어둔 조개껍데기를 찾으며 즐거워한다.

놀이쌤은 유아들이 바다 이야기에 지속적으로 관심과 흥미를 나타내며 탐색하고 놀이로 이어갈 수 있도록 놀이 환경을 지원하고자 모래 속에 조개껍데기를 숨겨두기로 한다.

① "조개껍데기가 어디 있는지 파보자."   ② "아~ 나도 조개 찾았다!"

종이배와 빌리보 배

"선생님 우리 배가 없어졌어요. 형들이 망가뜨렸어요." 유아들은 자신들이 정성껏 만든 배를 그 과정을 몰랐던 방과후반 유아들이 깨끗하게 정리한 모습을 보고 속상해한다. "우리가 다시 배를 만들면 되지. 방과후반 형들이 정리하지 않아도 되는 배를 만들면 어떨까?" 놀이쌤이 유아들의 속상함을 위로하며 전지 크기의 색도화지로 배를 접어주자 유아들은 더 멋진 배를 꾸미기 시작한다. "난 아주 큰 물고기를 그릴 거야.", "난 튜브도 그릴 거야."

꾸며진 배에 탄 유아들은 "이 배는 너무 작아.", "이 배는 찢어질 것 같아. 우리는 못 타겠어. 동물 친구들을 태워야겠다." 하면서 내리더니 동물 인형을 태워준다. "그럼 너희들 배가 없어지는데 어떻게 하지?" 놀이쌤이 빌리보를 준비해주자 유아들은 흔들흔들 빌리보를 타고 놀이한다.

재미있는 놀이를 계속해서 이어가고 싶은 유아들의 놀이 욕구와 교실을 함께 사용하는 방과후반 유아들 간의 갈등은 종종 발생한다. 이전에는 중요하지 않았던 문제들이 유아들의 놀이가 발현되면서 놀이쌤과 유아 간 협의와 합의가 필요해졌다.

① 종이배 꾸미기　　② 종이배에 동물 인형 태우기　　③ 빌리보를 이용한 뱃놀이

거북이로 변신, 미끌미끌 ~ 다이빙

"선생님, 저 거북이 됐어요." 빌리보를 타던 우진이가 갑자기 빌리보를 뒤집어 자신의 등 위에 올려놓고 거북이가 되어 수영한다. 놀이쌤이 "어머, 정말 거북이 같구나. 거북이는 물속에서 어떻게 다니니?" 하고 묻자 "거북이는 이렇게 수영해요." 하며 팔, 다리를 움직여 수영하는 시늉을 한다. 다현이와 정은이는 "바다에는 파도도 있어."라며 스카프를 펄럭인다. 거북이가 되어 수영을 하던 우진이와 경태는 빌리보 위에 올라 다이빙을 한다. "미끌미끌~ 첨벙!" 다이빙 놀이를 하던 유아들은 빌리보를 모아놓고 "야, 거북이 등이다." 하며 그 위로 걷는다. "미끄러워서 조심조심. 좋은 생각이 있어, 양말을 벗으면 돼." 양말을 벗은 유아들은 조금 더 용감해진다. 조심스럽게 한 발씩 올려놓던 우진이가 빌리보의 간격을 차츰 넓혀가며 균형을 잡고 건넌다.

빌리보 배는 거북이로 변신했다가 징검다리가 되기도 한다. 거북이 등 위에서 다이빙도 하고, 밟고 건너기도 하며 상상력을 더해 놀이를 이어간다.

🧑 놀이쌤은 유아들의 상상과 표현을 수용하면서, 놀이가 이어질 수 있도록 적절한 상호작용으로 개입하고 중재를 하고자 한다.

① "스카프로 파도 만들자."

② "거북이 등은 미끄러우니 양말을 벗는 것이 좋겠어."

episode 5 　바다 동물들을 도와주고 싶어요

바다 놀이가 계속 이어지면서 교실 안이 놀잇감들로 어질러져 가자 놀이쌤의 고민도 늘어난다. 놀이쌤은 쓰레기로 고통을 받는 바다 동물들의 모습과 많은 사람들이 여름휴가를 다녀간 바다가 쓰레기로 더럽혀져 있는 모습이 담긴 뉴스 동영상을 보여준다. 쓰레기가 물 위에 둥둥 떠다니고 동물들이 죽어 있는 모습을 유아들은 눈을 동그랗게 뜨고 바라본다.

"우리가 재미있게 놀았던 바다가 더러워지고 있대요. 어떻게 하면 좋을까요?" 하고 이야기하자 유아들은 "쓰레기를 버리지 말아요.", "쓰레기를 주워요.", "바다 동물들을 치료해 주어야 해요."라고 대답하며 얼굴을 찡그린다.

"동물들 중에는 이렇게 아픈 동물들도 있단다."

"선생님 너무 불쌍해요."

"우리 아빠가 바다에 갔을 때 쓰레기 버렸어요."

"우리가 도와줄 수 있을까?"

"내가 병원에 데려갈래요."

"우리 집에 데려올래요."

"또 어떻게 도와줄 수 있을까?"

"음~~ 쓰레기를 버리지 않아요."

"분리수거를 잘해야 해요."

놀이쌤은 유아들의 생각을 종이에 적어서 벽에 붙였다. 유아들이 지은 한 편의 동시가 만들어진다.

유아들은 바다 놀이를 통해 바다 생물의 소중함을 느끼고 자신의 소중한 친구로 감정이입을 한다. 많은 사람들의 과실로 바다가 더럽혀지고 이로 인해 고통받는 동물들이 유아들에게는 친구가 아파하는 모습과 동일한 느낌일 것이다. 자연을 누리는 권리만큼 그 환경을 지켜야 하는 책임도 있음을 유아들이 느끼도록 해야겠다는 생각에 놀이쌤이 개입하기로 결정한 것. 이후 유아들은 분리수거를 게임으로 하기도 하고, 환경을 지키기 위한 약속을 적은 피켓을 들고 유치원 내에서, 유치원 주변의 마을에서 환경 캠페인을 하며 환경 지킴이가 되어보기도 한다. 유아들은 놀이를 통해 생명 존중, 책임에 대한 가치를 배워 민주시민이 되어가는 방법을 배우고 있다.

① 환경 포스터 만들기

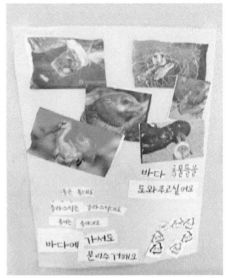

② 완성된 환경 포스터

교육과정 관련

신체활동 즐기기	신체 움직임을 조절한다.

- 유아는 신체를 조절하여 빌리보 배를 균형 있게 건너고, 스카프를 이용해 부드럽게 파도를 만들며 신체활동을 즐기는 경험을 한다.

듣기와 말하기	자신의 경험, 느낌, 생각을 말한다.
	상대방이 하는 이야기를 듣고 관련해서 말한다.

- 유아들은 바다에 다녀온 경험을 이야기하면서 친구들과 의사소통을 경험한다. 자신의 생각을 표현하고 놀이를 제안하며 주제와 관련된 이야기를 하는 것과 상대방의 입장에서 이해할 수 있도록 말하는 법을 배운다.

창의적으로 표현하기	다양한 미술 재료와 도구로 자신의 생각과 느낌을 표현한다.

- 유아는 종이 벽돌과 자석블록을 이용하여 바다를 꾸미고, 빌리보를 활용해 징검다리와 배를 만들며 다양한 생각과 느낌을 표현한다.

탐구과정 즐기기	탐구과정에서 서로 다른 생각에 관심을 가진다.
자연과 더불어 살기	생명과 자연환경을 소중히 여긴다.

- 유아는 많은 친구들이 탈 수 있는 배를 만들기 위해 궁리하고, 바다 동물들을 보호하기 위해 캠페인을 하는 등 생명과 자연을 지키기 위한 권리와 책임에 대한 가치를 배운다.

누구나 어린 시절 바닷가에서 모래성을 쌓은 경험이 있다. 모래 더미 속에 몸을 묻고 하늘을 쳐다보면서 파도의 소리를 들을 때면, 파도가 하늘을 파랗게 물들여놓은 것 같다는 생각을 한 적도 있다. 살포시 혼자 웃다 다시 일어나서 더 큰 모래성을 쌓는다. 이때 엄마의 끄덕거림은 자신감을 불러일으키고 옅은 미소는 행복의 원동력이 된다.

바다에 다녀온 경험을 이야기하는 유아들의 흥분된 목소리에서도 즐거움이 묻어난다. 바다낚시 하는 부모님을 따라가 본 경험에서 시작해 바다와 관련한 놀이를 이어간다. 종이 벽돌로 배를 만들고, 많은 친구들을 태우기 위한 방법을 궁리하는 과정에서 유아들의 문제해결력은 발휘된다. 바다에서 상어를 만나면 위험하다는 것을 알고 어떻게 하면 무서운 상어로부터 자신을 지킬 수 있는지를 상상 놀이로 재현한다. 유아의 상상력은 도구와 재료가 더해지면 빛을 발한다.

빌리보 배를 타던 유아들은 빌리보를 뒤집어서 거북이로 만들고, 거북이 등을 밟고 징검다리를 건너기도 하고, 다이빙대로 변신시켜 첨벙첨벙 뛰기도 하며 상상력을 표현한다. 바다 동물을 보호하기 위해서는 환경을 지켜야 함을 알고 캠페인을 하는 실천도 값지다.

놀이는 민주시민의 역량을 배우며 성장하게 한다. 저마다의 경험을 상상으로 구현하고 창의적으로 표현해가면서 유아는 행복한 성장을 한다. 행복한 유아는 행복한 어른이 된다. 실컷 놀았던 나의 어린 시절이 있었기에 지금 나는 행복한 어른이 됐다.

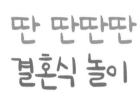

딴 딴딴딴
결혼식 놀이

▶4세반 ▶자유놀이 시간 ▶여름 4주 + 가을 1주 전개

놀이의 의미와 가치

지금 25세인 우리 딸이 4세 때 엄마, 아빠는 언제 결혼했냐고, 자기는 엄마와 아빠가 결혼하는 모습을 못 봤다고 해서 깔깔대고 웃었던 일이 생각난다. 그리고 유치원 교사를 하면서 그래도 1년에 한두 명은 선생님과 결혼한다는 유아들이 있어 행복했던 생각도 추억처럼 스쳐 지나간다.

유아는 생활과 관련한 내용이나 사건을 놀이로 현실화한다. 특히 유아기에는 지적 발달이 향상하므로 모방하는 놀이뿐 아니라 스스로 놀이를 창조하기도 한다. 또한 놀이하면서 친구들과 필요한 소품을 의논하며 만들고, 순간 떠오르는 생각을 반영해 놀이를 이어간다.

어제는 놀이에서 신부를 찾고 초대장을 만들고 꽃가루를 뿌려줄 화동을 찾는 놀이를 했다면, 오늘은 모두 함께 즐기는 결혼식 놀이를 하고, 내일은 결혼식에서 경험했던 추억을 이야기하는 방식으로 놀이가 이어진다. 이렇게 유아는 놀이를 통해서 더불어 살아가는 방법을 배우고 건강한 사회의 구성원이 되는 데 필요한 역량을 키운다.

📍 놀이 관찰의 시작

▸ 유아는 생활 속 경험을 놀이로 구현하면서 어떤 과정을 경험하는가?
▸ 유아의 능동적 참여와 예술적 표현은 결혼식 역할 놀이에서 어떻게 나타나는가?

📍 놀이 흐름

episode 1 　신부를 찾았어요

"선생님 ! 어제 우리 엄마, 아빠 결혼사진 찍었어요. 저도 같이 찍었어요."

범준이가 역할 영역에 있던 면사포를 들고 왔다. 주말에 결혼식장에 다녀왔는데, 신부는 하얀 원피스와 면사포를 쓰고 결혼식을 했고 친인척들과 사진을 찍을 때 범준이 엄마, 아빠도 함께 사진을 찍었다는 것을 알게 됐다.

"그래서 범준이도 결혼식 하고 싶어?" 하고 물으니, "네 저도 결혼식 하고 싶어요."라고 한다. 그렇게 결혼식 놀이가 시작됐다.

"그런데 결혼식을 하려면 신부가 있어야 하는데?" 놀이쌤은 신랑이 되기로 한 범준이와 신부 역할을 할 친구를 찾아보기로 했다. 그러나 꽃잎반에서는 신부를 하겠다고 나서는 유아가 없었다. 옆반으로 가서 물어보았지만 대부분의 유아들은 쑥스러운 듯 선뜻 범준이와 결혼을 하겠다고 나서지 않는다. 이때 열매반 선생님이 "범준아! 내가 신부 하면 어때?"라고 물었다. 범준이는 한참을 생각하다가 "좋아요!!"라고 대답한다.

😊 놀이쌤은 유아의 특별한 경험을 놀이를 통해 구현함으로써 역할에 따른 사회적 기술을 습득하고 준비하는 과정에서 또래들 간에 활발한 사회적 상호작용이 일어나는 기회를 제공하고 싶었다.

"우리 결혼해요.", "얘들아, 범준이와 열매반 선생님이 결혼한대요.", "와 ~ 정말이에요?" 동생 반에도, 형님 반에도 범준이가 열매반 선생님과 결혼한다는 소식을 알리고, 놀이쌤은 범준이가 초대장을 만들어서 복도에 붙이는 일을 지원한다.

결혼식장을 어떻게 꾸밀지 유아들은 이야기가 한창이다. "결혼식에 다른 반 친구들도 초대하려면 넓은 장소가 있어야 할 것 같아요.", "그럼 교실은 좁겠네.", "아~ 복도에서 하면 좋을 것 같아요.", "그래, 복도를 결혼식장으로 꾸며보자.", "어제 엄마, 아빠랑 결혼식장 갔을 때 바닥에 빨간 카펫 같은 거 있었어요.", "아~ 레드카펫?", "우리도 레드카펫 깔아볼까?", "야~ 재밌겠다."

놀이쌤과 유아들이 함께 협력하여 복도에 레드카펫 길을 만들고 있다. 결혼식 때 꽃도 뿌리고 축가도 부르자는 의견이 나왔다. 동생들이 화동을 하고 싶어해서 놀이쌤은 꽃가루를 준비한다.

결혼식장에 가본 경험이 있는 유아는 제법 많았다. 동일한 경험을 했기 때문인지 유아들은 신이 나서 자신들의 경험을 이야기하고 필요한 자료를 선정하는 데도 흥미를 보여 일을 진행하는 속도가 제법 빨랐다. 준비 과정은 학급 유아뿐만 아니라 유치원의 모든 유아들을 한마음으로 이끌었다. 모두가 함께 소품을 준비하는 과정을 보면서 놀이쌤은 유아가 주도하는 놀이일수록 복합 연령대에서 협력이 더 잘 이루어짐을 느꼈다. 어린 동생들은 형님들의 도움을 통해 인지적 자극을 받고 한 단계 발전하는 기회가 되었다. 도움을 주는 과정에서 유아는 상대방의 입장에서 설명하고 동생들이 스스로 할 수 있도록 기다려주는 모습을 보이며 배려심을 키우는 모습이다.

"축가도 부르면 좋겠어요.", "선생님, 연주도 하면 어때요?", "주하가 바이올린 잘해요." 유아들이 축가를 부르고 주하가 바이올린 연주를 하기로 한다. 모두가 즐겁게 준비하는 결혼식이어서인지 유치원은 축제 분위기로 들썩거린다.

결혼식장에 레드카펫을 깔고 화동이 뿌릴 꽃가루를 준비하는 과정에 유치원 구성원 모두가 참여하여 함께 즐기는 경험은 참으로 값진 시간이었다. 그리고 결혼식을 축하하기 위해 연주를 하는 친구도, 감상하는 친구도 다양한 예술 표현을 존중하는 문화를 경험하는 좋은 기회였다.

① 화동의 꽃가루 뿌리기

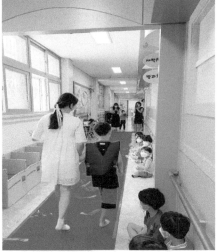

② 신랑, 신부 입장하기

③ 신랑, 신부 인사하기

④ 바이올린 축하 연주하기

나도 결혼식 하고 싶어요

범준이의 제안으로 시작된 결혼식 역할 놀이는 더 많은 유아들이 참여를 원하면서 연장하기로 한다. 이미 마음속으로 어떤 역할을 할지 결정한 유아들은 축제 분위기로 신이 났고, 유치원에는 웃음소리가 가득하다.

유아의 경험을 진지하게 들어주고 유아의 요구에 정성껏 반응해주는 것만으로도 놀이가 확장한다. 유아의 놀이에 가치가 더해져 더 많은 유아들이 참여할 경우 각각의 역할에서 유아들은 주도성을 발휘한다.

① 모두가 함께하는 결혼식 놀이   ② 웨딩카 만들기

결혼식 추억을 이렇게 담았어요

결혼식 이후 복도에 결혼사진을 전시하고 친구들의 축하 카드와 꽃다발 등을 함께 전시하는 공간을 마련하며 축하 놀이는 계속 이어졌다.

놀이쌤은 범준이가 평소에 열쇠, 공구 등을 만드는 놀이를 즐겼던 점을 생각해서 열쇠를 만들어 선물로 주었고, 유아들의 표현을 존중하는 문화를 만들어갔다.

① 축하 카드와 꽃다발 전시하기

② 기념사진 전시하기

신부, 신랑과 인터뷰를 해보았어요

결혼식 후 신랑인 범준이와 신부인 열매반 담임선생님과의 인터뷰도 있었다. 신랑 범준이는 "결혼식 전에도 열매반 선생님을 좋아했는데, 결혼식을 한 후 더 좋아졌어요.", "나중에 어른이 돼서 열매반 선생님을 못 만나게 되면 슬플 것 같아요. 그리고 많이 보고 싶을 것 같아요. 너무 좋아하니까요."라고 말했다. 신부인 열매반 선생님은 "결혼식 날 범준이가 긴장하는 모습도 귀엽고, 살짝 쑥스럽기도 했지만 유아와의 또 하나의 추억을 만든 것 같아서 즐거웠어요." 하면서 여섯 살 범준이의 순수한 마음을 느낄 수 있어서 더 행복했다고 말했다. "결혼식 후 범준이를 볼 때마다 친근감이 느껴지고 관심을 가지고 지켜보게 됐어요."

작년 담임선생님은 "범준이가 세 살 때는 유치원 현관 앞에서 매일 울거나 안 들어간다고 고집을 부리며 힘들게 했는데 이렇게 스스로 원하는 것을 표현하고 적극적으로 놀이에 참여하는 모습이 대견하다."고 하며 범준이의 성장에 놀라움을 표현했다. 그러면서도 "작년 담임선생님은 까맣게 잊고 결혼식을 다른 선

생님과 한다는 얘기를 들었을 때 서운하고 속상한 마음이 살짝 들었어요. 하하
~"라고 말하기도 한다.

놀이쌤은 이전보다 더 많이 성장한 범준이의 모습을 보며 또 한 뼘 자랄 앞으로의 모습을 기대하게
된다.

episode 6   가을, 전통 혼례에 관심을 갖게 됐어요

여름에 결혼식 놀이를 했던 추억이 기억에 남았는지 10월에 우리나라를 주제
로 놀이를 진행하자 유아들은 전통 혼례에 관심을 보인다.

옛날 우리 할아버지, 할머니들은 어떻게 결혼식을 올렸는지 궁금해하면서 결
혼식에 사용되었던 물건에 관심이 많다. 이전의 놀이 경험과 새로운 호기심이
만나면서 청사초롱, 초례상, 전통 혼례복 등 전통 혼례식에 대한 유아들의 궁금
증이 더욱 커진다.

"나도 결혼식 하고 싶어요. 옛날 사람처럼 해보고 싶어요."

역할 영역에서 혼례복을 입고 놀이하는 유아들은 옷의 모양과 문양에 관심
을 보인다. 전통 혼례에 대해 관심이 많아진 유아들과 유치원 뒤뜰에서 전통 혼
례 놀이를 하기로 한다. 신랑은 전에 결혼식을 했던 범준이, 신부는 3세반 수현
이다. 신랑과 신부는 초례상 앞에서 서로 절을 하고, 친구들은 청사초롱을 들고
밤과 대추도 던져주며 축하해준다. 전통 혼례 놀이를 구경하러 나온 친구들이
점점 더 많아진다.

복도, 테라스, 뒤뜰 등 모든 공유 공간은 유아의 놀이 공간이다. 공유 공간에서의 놀이는 더 많은 유아
들의 참관과 참여를 가능하게 한다. 참여를 희망하는 유아들이 증가할수록 놀이 문화는 점점 더
확대되고 함께 놀이하는 과정에서 공동의 가치가 만들어진다. 놀이에서 교실을 개방하고 함께할

수 있는 공유 공간을 활용하면 다른 반 친구들이 함께 어울려 놀면서 유치원 전체가 함께하는 놀이 문화가 만들어지는 것을 알게 된다.

① 전통 혼례 준비하기

② 신부를 기다리는 신랑

③ 신랑, 신부 맞절하기

④ 신랑, 신부에게 밤, 대추 던지기

교육과정 관련

사회 관계	
더불어 생활하기	친구와 서로 도우며 사이좋게 지낸다.
사회에 관심 가지기	우리나라에 대해 자부심을 가진다.

- 친구들과 함께 협력하여 결혼식장을 꾸미며 사이좋게 지내는 경험을 한다.
- 결혼식 놀이를 통해 서로 협력하고, 전통 혼례를 경험하여 우리나라의 전통에 친숙해지고, 자랑스러운 마음을 가진다.

예술 경험	
창의적으로 표현하기	극놀이로 경험이나 이야기를 표현한다.
예술 감상하기	우리나라 전통 예술에 대해 관심을 갖고 친숙해진다.

- 유아는 생활 속에서 경험한 결혼식을 극놀이로 표현한다.
- 전통 혼례 놀이를 하며 혼례복의 문양, 혼례식에 사용된 음악, 축가, 축무 등을 경험하여 전통 예술에 관심을 갖고 친숙해진다.

아빠를 좋아하는 딸은 나중에 크면 아빠와 결혼한다고 하기도 하고, 선생님을 좋아하는 유아는 선생님과 결혼한다고 하기도 한다. 친구를 좋아하면 커서 결혼하자고 새끼손가락을 걸고 약속한다. 어릴 때 누군가를 좋아하면 결혼하고 싶다고 말하는 것은 주변 사람들과 원만한 정서적 관계를 맺고 있다는 건강한 표현이다.

결혼식에 갔던 이전 경험을 놀이로 재현하며 행복해하는 유아들의 모습이 참 건강해 보인다. 모든 연령의 유아가 함께 모여 축하해주고 필요한 소품을 같이 만들고 결혼식장을 꾸미는 과정에서 유아들은 재미와 기쁨을 느끼고, 좋은 일에 함께 축하해주는 방법을 자연스럽게 배우게 된다.

유아들은 함께 놀이를 하면서 사회적인 존재로 성장한다. 서로 어울려 놀이를 준비하는 과정에서 배려와 협력을 배운다. 오늘 협력을 통해 무언가를 할 줄 알게 된다면 내일은 혼자서도 많은 것을 할 수 있게 된다.

협력의 즐거움은 또 다른 협력의 기회를 만든다. 친구들이 함께 결혼식 놀이를 위해 소품을 만들고 레드카펫을 깔고 화동을 구하러 다니고, 연주와 축가 부르는 일에 즐겁게 참여하며 함께했던 경험은 나중에 어른이 되어서도 소중한 추억이 될 것이다. 유아의 재미있고 의미 있는 경험은 이후에도 유사한 상황에서 다시 놀이로 재현되기도 한다. 놀이쌤은 1년에 두 번 결혼식 놀이가 이루어진 것도, 역할 놀이 과정에서 전체 학급의 유아가 참여한 것도 새로운 경험이다.

놀이쌤은 유아가 성인이 되어서 유치원을 행복한 배움이 있는 공간으로 기억할 수 있도록 더 즐거운 놀이 추억을 많이 만들 수 있게 지원할 것이다. 수많은 놀이 추억에서 또래, 교사, 유아 등 교육공동체가 협력하여 축제 분위기를 만들며 즐겼던 놀이는 유아의 감성을 키우는 데 충분했는데, 무엇보다 '존중과 배려, 나눔과 협력, 책임과 인정' 등의 가치를 배우는 기회가 되었기에 놀이쌤은 행복하다.

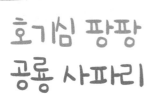

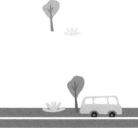

호기심 팡팡
공룡 사파리

▶ 4세반 ▶ 자유놀이 시간 ▶ 3주 전개

♀ 놀이의 의미와 가치

공룡은 유아들에게 호기심의 대상이면서 멋진 놀잇감이다. 직접적인 경험이 없는 공룡은 오히려 무한한 상상이 가능한 놀이 소재이다. 공룡 박물관을 다녀온 경험이나 책을 통한 정보, 공룡 모형만으로도 설렘과 흥분을 감추지 못하는 이유가 무엇일까? 비슷비슷하게 생긴 수많은 공룡들의 이름을 줄줄이 꿰는 유아들의 지식과 정보에 놀이쌤은 매년 놀란다.

유아의 놀이는 '흥미와 관심'으로부터 시작되어 무한 상상이 가능할 때 창의성을 발휘한다. '흥미와 관심'은 유아를 즐겁게 움직이게 하는 동력이 된다. 유아는 흥미가 있으면 어려운 과제도 도전하고 끝까지 해내는 것을 쉽게 볼 수 있다. 반면 흥미가 없는 것은 아무리 강조해도 집중하지 못한다.

따라서 놀이쌤은 유아들의 '흥미와 관심'을 읽어내고 지원할 수 있어야 한다. 놀이쌤의 입장이 아니라 유아의 시선에서 바라보고 생각하고 고민해야 하는 이유이다.

🔎 놀이 관찰의 시작

▸ 유아는 공룡 놀이에서 어떻게 상상력을 발휘할까?
▸ 놀이쌤은 유아의 개인 놀이와 공동 놀이의 조화로움을 위해 어떤 지원을 해야 할까?

🔎 놀이 흐름

episode 1 ◀ 우리 교실에 공룡이 왔어요

공룡 풍선과 놀이하기

유난히 공룡에 관심이 많은 유아들을 위해 놀이쌤은 좀 더 커다란 공룡을 제공해주려고 공룡 풍선을 제공했다. "와, 공룡이다!", "이건 브라키오, 이건 티라노, 그리고 이건 트리케라톱스야." 공룡 박사인 호준이가 자신 있게 소개한다.

"이 공룡들로 어떤 놀이를 하고 싶니?" 놀이쌤의 질문에 유아들의 목소리가 커진다. "공룡 사파리 만들면 좋겠어요.", "공룡 놀이동산 만들어요."

"너희들은 왜 공룡을 좋아하니?" 정말 궁금해진 놀이쌤이 묻는다. "크고 멋있잖아요.", "지금은 없어져서 못 보니까. 그래도 있었으면 좋겠어요.", "화산 폭발하고 나서 공룡이 다 죽었대요.", "떨어지는 운석에 맞고 죽었어요." 유아들은 저마다 알고 있는 다양한 지식과 정보들을 쏟아낸다.

"이 공룡은 육식 공룡이에요. 왜냐하면 이빨이 날카롭거든요.", "이건 초식 공룡, 브라키오는 착한 공룡이에요." 준호의 설명에 여아들도 관심을 보이며 다가온다. "브라키오하고 티라노는 만나면 안 돼요. 티라노가 정말 무섭거든요." 준호의 의견을 반영해 유아들은 육식 공룡과 분리하여 초식 공룡이 안전하게 물과 먹이를 먹을 수 있도록 울타리를 만들어준다. 종이컵 울타리 안에는 파란 블록이 물이 되어 가득 채워진다.

실제로 본 적은 없어도 유아들의 공룡 이야기는 정말 생생하다. 어려운 공룡 이름과 특징도 상세히 기억하고 설명한다. 유아의 설명이 계속된다는 것은 그만큼 관심이 있다는 것이다.

① 공룡 관찰하기

② 공룡을 위한 호수 만들기

episode 2 **공룡 사파리 공사를 시작하다**

유아들은 공룡이 사는 놀이동산을 만들기 위한 회의를 한다. 놀이동산의 이름을 짓기 위한 투표가 먼저 진행된다. 공룡 놀이동산, 공룡 사파리, 공룡 놀이터 등 3가지 제안 중에서 민철이의 의견에 따라 다수결로 '공룡 사파리'를 선정한다.

"간판이 있어야 해. 입장권을 사는 매표소도 필요해.", "화산 폭발하는 것도 만들자, 운석이 떨어지는 것도.", "'티라노는 위험하니까 들어가지 마세요' 표지판도 만들자.", "음식을 사 먹는 공룡 카페도 있으면 좋겠다." 의견이 꼬리에 꼬리를 물고 이어진다.

공룡 사파리에
만들고 싶은 것

간판 / 화산 / 운석 / 매표소 / 들어가지 마세요 / 색연필 / 기념품 가게 / 공룡 카페 / 공룡풍선 / 화살표 / 공룡알 / 영화관

회의에 이어 유아들은 공룡 사파리를 만들기 위한 대공사를 시작한다. 매표소도 만들고 간판도 만든다. 입장권도 만들고 공룡 카페도 꾸민다.

"밖에서도 잘 보이려면 크게 써. 음식은 식당에서 먹으라고도 써 줘.", "입장권에는 공룡 사파리라고 써야 맞지? 손님이 많이 오니까 많이 만들자."

유아들은 공룡 사파리를 만드는 내내 끊임없이 의견을 교환한다. 혼자 만드는 것이 아니라 모두 함께 만드는 것임을 보여주고 있다.

공사 중 안내판

수연이는 개장할 때까지 들어오지 못하도록 '공사 중이야'라는 안내판도 만들어 붙인다. 유아들은 너나 할 것 없이 각자 맡은 일을 수행하느라 바쁘게 움직인다. 여러 일들을 수행하는 유아들의 얼굴에 웃음이 가득하다.

① 공룡 사파리 간판　　　　　　　　② 공룡 사파리 입장권

 episode 3 **공룡 마을을 만들어요**

사파리 중앙에 위치할 공룡 마을은 준하와 인석이가 꾸미기로 한다. 울타리가
필요한 유아들을 위해 놀이쌤이 책상을 뒤집어 제공한다.

"마을이니까 공룡이 많이 있으면 좋겠어. 공룡을 많이 만들자." 유아들이 클
레이로 공룡을 만든다. 놀이쌤이 추가로 지원한 유점토를 만지면서 준하가 말
한다. "처음에는 단단한데 주무르면 부드러워져.", "공룡 발자국도 찍어볼까?"
하며 민석이가 응대한다. 유아들은 유점토와 클레이, 조약돌을 이용해 공룡 마
을을 꾸민다. 평평한 들판도 있고 울퉁불퉁한 언덕도 만든다. "여기는 화산이
라 조심해야 해." 민석이는 봉우리가 움푹 패인 화산도 만든다. 계곡도 있고 집
과 집을 연결하는 길도 만든다. 책상 울타리가 있어서 공룡들과 구경꾼 사이에
안전한 경계도 갖춰진다.

　유아들은 공룡 책을 통해 얻은 지식과 영화 등을 보고 얻은 정보를 총동원해 공룡 마을에 담았다.
　만들기에 몰입하는 유아들의 모습이 사뭇 진지하다.

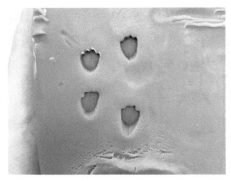

① 공룡 발자국 찍기

② 공룡 마을 만들기

episode 4 **공룡빵이 맛있는 공룡 카페도 있어요**

교실 한쪽에서는 공룡 카페 만들기가 한창이다. 민지와 친구들은 공룡 그림을 색칠하여 붙인 다음 솜을 넣어 부풀린 공룡빵도 만든다.

"여기는 음식 먹는 자리야.", "이건 브라키오빵, 이건 티라노빵. 솜을 넣으면 진짜 빵 같아.", "안에 솜을 넣으니까 공룡 인형 같다."

유아들은 빵을 만들어 바구니에 담고, 빵 봉지도 만들어놓는다.

episode 5 **누워서 보는 영화는 너무 재밌어**

지연이와 민서는 영화관을 만들고 있다. "영화관은 깜깜해야 되는데." 지연이가 걱정하며 말하자 민서가 책상 옆에 의자를 붙이고 천을 덮어씌운다. "너무 낮아서 영화 보기가 힘들 것 같아."라는 지연의 말에 "누워서 보면 돼."라고 안내한다.

유아들이 만든 영화관의 재미를 더하고자 놀이쌤은 3D 입체 안경과 사진을 지원해준다. 유아들은 책상 아래쪽에 사진을 붙인 후 안경을 쓰고 누워서 관람한다. "진짜 영화야! 구름이 튀어나오는 것 같다." 지연이와 민서는 만족한 듯 탄성을 지른다.

놀이쌤은 놀이를 어떻게 지원할까 고민하다 입체 영화를 지원했는데 유아들의 놀이에 즐거움과 상상력을 더해준 것 같다.

① 책상 아래에 만든 공룡영화관

② 입체 안경 만들기

episode 6 ▶ 여러 가지 공룡 게임도 소개합니다

원준이와 친구들은 게임장을 만들고 있다. "공으로 공룡 맞히기 게임을 만들자." 는 원준이의 제안에 유아들은 의견을 모으고 재료를 찾아온다. 수진이가 가져온 재활용품 포장 틀은 공룡을 세워놓기에 맞춤형이라 유아들은 여러 가지 공룡을 그리고 오려 붙여 게임 판을 완성한다. "바닥에 선도 그리자." 맨 앞에 초록색, 그 뒤로 파랑, 빨강. 유아들은 색깔 테이프로 거리에 따라 간격을 두고 붙인다.

언제부터인가 유아들은 게임의 방법도, 규칙도 스스로 만들고 게임의 방법에 따라 난이도를 조절하는 능력을 발휘한다. 놀이쌤은 유아들의 놀이와 생각의 발전에 매번 놀라울 뿐이다.

유아들은 운석이 떨어지는 게임도 만든다. 운석을 던져 공룡을 맞히는 게임이다. 돌멩이는 운석이 되고 벽돌을 쌓아 공룡 과녁도 만든다. 클레이로 만든 공룡들이 운석을 기다리고 있다.

① 공룡 맞히기 게임　　　　　　　　　② 게임에 필요한 운석 만들기

episode 7 | 공룡 사파리에 손님이 넘쳐요

공룡 사파리에 5세반 형님들을 초대한 유아들은 교실 입구에서 입장권을 팔고 각 코너에서 놀이를 소개한다. "발자국 모양을 따라가세요.", "음식은 공룡 카페에서만 드세요.", "공룡을 맞히면 선물을 드립니다." 동생들의 안내에 따라 형님들도 공룡 사파리에서 신나게 놀이한다.

① 매표소　　　　　　　　② 공룡 사파리 놀이

교육과정 관련

| 신체활동 즐기기 | 신체 움직임을 조절한다. |
| 안전하게 생활하기 | 일상에서 안전하게 놀이하고 생활한다. |

- 공룡 사파리 공사하기, 공룡 마을 꾸미기 등 '공룡 사파리' 놀이동산을 만드는 과정에서 규칙을 지켜 안전하게 놀이하며 신체를 조절하여 공룡 맞히기 게임을 한다.

의사소통

| 듣기와 말하기 | 자신의 경험, 느낌, 생각을 말한다. |
| | 상대방이 하는 이야기를 듣고 관련해서 말한다. |

- 공룡에 대해 알고 있는 지식과 '공룡 사파리' 공사하기 등과 관련지어 자신의 경험이나 생각을 말하며, 친구의 이야기를 듣고 그와 관련해 이야기하는 경험을 한다.

사회 관계

| 나를 알고 존중하기 | 내가 할 수 있는 것을 스스로 한다. |
| 더불어 생활하기 | 친구와 서로 도우며 사이좋게 지낸다. |

- '공룡 사파리'를 만드는 과정에서 무엇을 만들어야 하는지, 어떤 규칙이 필요한지를 알며, 만들기 활동에 참여한다.
- 친구와 서로 도우며 '공룡 마을 꾸미기'와 '공룡 맞히기' 놀이를 하며 사이좋게 지낸다.

예술 경험

| 창의적으로 표현하기 | 다양한 미술 재료와 도구로 자신의 생각과 느낌을 표현한다. |

- 다양한 미술 재료와 도구로 '공룡 사파리'에 필요한 간판, 입장권, 누워서 보는 영화관, 공룡빵 만들기 등을 하며 자신의 생각과 느낌을 표현한다.

자연탐구

탐구과정 즐기기	궁금한 것을 탐구하는 과정에 즐겁게 참여한다.
	주변 세계와 자연에 대해 지속적으로 호기심을 가진다.
생활 속에서 탐구하기	일상에서 길이, 무게 등의 속성을 비교한다

- 공룡이 사라진 이유, 공룡의 이름, 초식 공룡과 육식 공룡에 대해 이야기를 나누고, 공룡 마을 꾸미기 등의 놀이를 하면서 공룡에 대해 지속적으로 호기심을 갖고 필요한 정보나 자료를 수집한다.
- 공룡 맞히기 게임을 하면서 거리와 힘의 관계를 알고, 물체와 무게와의 관계를 경험한다.

놀이쌤은 늘 유아들의 관심과 흥미가 무엇인지 관찰한다. 적절한 시기에 필요한 지원을 통해 유아들의 놀이가 확장될 수 있도록 돕고 싶은 마음에서이다. 소소한 놀이 자료의 제공과 놀이쌤의 지지만으로도 유아들의 놀이에 큰 변화가 일어났음을 경험했기 때문이다.

공룡 사파리도 그런 놀이 중 하나이다. 유아들은 유난히 공룡에 관심이 많아서, 공룡에 대해 이야기할 때면 초롱초롱한 눈망울이 더욱 반짝여지는 것을 놀이쌤은 알고 있기에 애정을 담아 공룡 풍선을 제공했다. 평소 공룡에 대한 관심이 컸던 유아들의 놀이는 큰 공룡 풍선이 투입되면서부터 자연스럽게 '공룡 사파리' 만들기 놀이로 확장됐다.

모든 유아의 관심이 집중된 공룡 사파리 놀이는 유아들의 경험과 지식과 정보가 총동원됐다. 놀이공원에서 보았던 매표소, 입장권, 카페, 게임장 등이 등장했고, 책을 통해 알게 된 화산과 운석이 놀이에 반영됐다. 육식 공룡과 초식 공룡의 특성을 알고 분리하여 배치하기도 했고 생활 속 빵집의 경험을 살려 공룡빵을 만들기도 했다.

공룡 사파리를 만드는 과정 내내 유아들은 즐겁고 행복해했다. 3주간이 짧게 느껴질 정도로 나날이 새로움의 연속이었다. 어제의 놀이에 오늘 새로운 아이디어가 보태지고, 어제의 실패를 반영해 오늘 새로운 놀이 방법이 보완됐다. 운영자와 이용자는 유아들의 합의에 따라 수시로 바뀌었고 어느 유아도 소외되지 않고 역할을 맡았다. 우리만 즐거우면 안 될 것 같은 마음이 모여 5세반 형님들을 초대했다. 동생들이 만든 놀이에 기꺼이 응하고 즐겁게 참여해준 형님들 역시 한결같이 행복한 표정들이다.

지난 3주간 우리를 행복하게 했던 공룡 사파리를 떠나보내면서 유아들도 놀이쌤도 많은 아쉬움이 남는다. 우리가 만든 사파리를 어떻게 기억할 수 있을까? 놀이쌤은 공룡 사파리의 마지막 모습을 카메라에 담으며 정리한다.

이제 공룡 사파리는 보물찾기 놀이로 자연스럽게 이어졌다. 유아들의 놀이는 끝이 곧 새로운 시작이다. 그리고 놀이는 유아들의 일상이며 생활이다.

길이
필요해요

▶ 4세반　▶ 자유놀이 시간　▶ 5주 전개

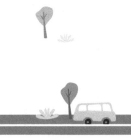

 놀이의 의미와 가치

유아는 움직이는 것을 타고 노는 것을 좋아한다. 스스로 땅을 딛고 서기 전부터 보행기를 타고 놀고, 자전거를 타기 시작하면서부터는 신나게 달리는 모험을 즐기며 자신감을 얻기도 한다. 이런 자신감은 성장 과정에서 자아를 채우고 자존감을 키워주며 일생의 큰 자산이 되기도 한다. 좁은 공간에서 붕붕 자동차를 타며 부딪히는 문제를 해결하기 위해 생각을 모으고 대안을 찾아가는 모습에서 유아의 유능함을 볼 수 있다. 유아는 놀이하면서 스스로 필요한 규칙을 만들고 지키며, 그 과정에서 '조절과 협력'을 경험하기도 한다. '나'를 넘어 다양하게 구성되는 '우리'를 경험하면서 더불어 살아가는 공동체성과 시민성을 배우기 시작한다.

'길이 필요해요' 놀이에서 유아는 새로운 도전과 모험을 시도하기도 하고, 다양한 문제를 해결하기 위해 서로의 생각을 조율하는 협동과 배려를 경험하기도 한다. 동물보호를 위해 '동물들이 지나는 길'을 만들며 생명 존중에 대한 가치를 배우고, 자동차가 경사로에서 가속이 붙는다는 사실을 발견하기도 한다. 무엇보다 유아가 주도하는 역동적인 놀이로 재미와 즐거움이 끊이지 않는다.

놀이 관찰의 시작

▸ 자동차를 타기 위해 유아들은 어떻게 공간을 재구성할까?

▸ 자동차를 타고 달리면서 유아들은 어떤 도전과 모험을 즐길까?

▸ 유아는 자동차 놀이를 통해 어떤 규칙과 가치를 배울까?

놀이 흐름

episode 1 신나게 달릴 수 있는 길을 만들자

"얘들아 비켜봐, 빨리 달리고 싶은데 부딪힐 것 같아.", "달리고 싶은데, 달릴 수가 없어.", "재미 없어.", "너무 좁아."

신체 활동실에서 붕붕 자동차를 타던 유아들은 공간이 좁다고 하소연을 한다. 좁은 공간에서 여럿이 자동차를 타다 보니 자꾸 부딪히게 되고 갈등과 싸움이 빈번하게 일어난다.

놀이쌤은 '어떻게 하면 부딪히거나 싸우지 않고 재미있게 자동차를 탈 수 있을지' 토의를 해보자고 제안한다.

"교실 앞 긴 복도에서 자동차 타면 안 돼요?"

"복도에서 타면 훨씬 재미있을 것 같아요."

복도로 진출한 자동차들은 서로 경쟁하듯 속도를 내며 달리기 시작한다.

전후좌우 구분 없이 무질서하게 운행하던 자동차들은 급기야 서로 부딪히는 교통사고가 발생한다.

"자꾸 사고가 나면 안 되잖아. 우리 길을 만들자." 민준이의 제안에 유아들은 자동차를 타고 가는 길과 오는 길을 구분하여 만들기를 시작한다. 승유와 민준이는 안전모와 안전조끼까지 착용하고 공사에 임한다.

🧑‍🦰 놀이쌤은 유아들의 의견을 반영해 복도에서도 자동차를 탈 수 있도록 허용했다. 긴 복도는 자동차를 타기에 안성맞춤으로, 자동차 놀이의 속도와 유아들의 재미를 배가했으나 자동차가 부딪힐 경우 안전사고에 대한 위험부담도 그만큼 커졌다.

🧑‍🦰 놀이쌤의 염려를 읽었는지 유아들은 사고 방지를 위한 길 만들기를 제안했고 모두가 협력하여 길 만들기 공사를 진행했다. 놀이쌤은 여러 가지 길을 연상케 하는 다양한 도로 테이프를 제공했다.

① "자동차를 타기에 너무 좁아요."

② "자동차 길을 만드는 공사를 해요."

episode 2 ❱ 신호등도, CCTV도 만들자

"여긴 자동차가 가는 길이고 여긴 오는 길이야. 이건 자전거 길, 알겠지?"
　"사람이 건너가는 횡단보도를 만들어야 해."
　"신호등도 만들자."
　유아들은 함께 의논하며 복도를 통과하는 긴 길을 만들기 시작한다. 어느새 복도에는 길을 건너는 친구들을 위한 횡단보도가 그려져 있고, 복도 천장에는 커다란 신호등이 매달려 있다. 길을 만들고 필요한 규칙을 만들었지만 여전히 과속하는 유아들 때문에 놀이쌤은 고민이다.

"모두 안전하게 자동차를 타려면 어떻게 하면 좋을까?"

"CCTV를 만들어 달아요."

"빨리 달리면 카메라에 찍히지."

"맞아, 우리 아빠도 빨리 달려서 벌금 낸 적 있어."

유아들은 신호등 뒤에 커다란 CCTV도 만들어 설치한다.

놀이쌤은 유아들이 자동차 놀이를 하기 위해서는 규칙이 필요하다는 것과, 함께 만든 규칙을 지키지 않았을 때 새로운 대안이 필요하다는 것을 놀이 경험을 통해 배우고 있음을 알게 됐다.

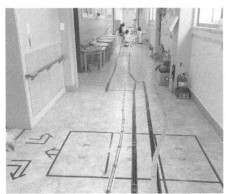

① 자동차 도로

② 신호등과 카메라

episode 3 ◀ 주차장도, 동물원도 필요해요

"얘들아~ 길 위에 차가 계속 달리기만 하면 어떻게 해?"

"아~ 주차장도 만들어야겠다."

"주차장은 어떻게 만들지?"

"주차장도 테이프를 붙여서 만들자."

"그런데 차를 타고 가면서 길에 죽어 있는 동물도 본 적 있어."

"동물들이 차가 많으면 쉬었다가 길을 건널 수 있게 동물원도 만들어주자."

"좋은 생각이야. 동물원을 빨리 만들어주자."

고속도로처럼 쌩쌩 질주하던 복도 한쪽에 하얀 종이테이프로 나란히 그려놓은 주차장도 생기고 나무 블록으로 울타리를 두른 동물원도 들어선다.

"얘들아, 동물들이 길을 지나다가 사고가 날 수도 있어."

"동물이 지나는 길도 만들어주자."

"그런데 어떻게 만들지?"

동물들이 다치는 일이 없도록 생태로를 만들겠다는 유아들의 제안을 듣고 놀이쌤은 유아들이 마음껏 활용할 수 있도록 자료장을 개방한다.

현준이가 초록색 테이프를 찾아내더니 그것으로 생태로를 만들기 시작한다. 생태로는 자동차 길보다 우선하여 동물들이 지날 때는 자동차는 멈추기로 약속을 정한다.

놀이쌤은 유아들이 자연과 생명을 소중히 여기고 스스로 지키는 의무를 실천하고 있음을 발견한다. 놀이 과정을 통해 생명 존중과 배려를 자연스럽게 내면화하는 배움과 성장이 있음을 관찰한다.

① 하얀색 종이테이프로 만든 주차장　　② 동물원과 초록색 생태로

경사로에서 속도가 빨라져요

"자동차가 빨리 달리려면 어떻게 해야 할까?"

"조금 높은 곳에서 내려오면 빨리 달릴 수 있어."

"나도 자전거 탈 때 아주 쌩쌩 달렸는데 무섭지만 진짜 재미있어."

태현이와 상민이가 재활용품 박스에서 상자들을 찾아와 책상에 덧대어 기울기가 있는 도로를 만든다. 책상에서부터 자동차를 굴리면 경사로를 따라 자동차가 빠르게 내려온다. 그때 상민이 자동차가 경사로를 벗어나 굴러떨어진다.

"자동차가 옆으로 굴러떨어졌어. 옆에 담을 만들자."

"터널도 만들자."

태현이와 상민이는 경사로에서 자동차가 굴러떨어지지 않도록 난간에 담을 만들고, 반원통형 블록으로 터널도 만든다.

놀이 속에서 유아들은 다양한 원리를 경험할 수 있다. 위에서 아래로 달릴 때 가속이 붙어서 빨라진다는 원리를 유아들은 자연스럽게 경험하고 기뻐했다. 놀이쌤은 유아가 필요한 놀잇감을 스스로 찾을 수 있도록 재활용품 보관 박스를 복도에 비치했다. 모두가 유용하게 사용하는 복도의 재활용품 박스는 너나 할 것 없이 수시로 다양한 재활용품을 모으게 했고 이제는 자연스러운 공유의 문화로 정착했다.

① 유아들이 만든 경사로와 담

② 재활용품 보관 장소

교육과정 관련

신체운동·건강

안전하게 생활하기	교통안전 규칙을 지킨다.

- 유아들은 자동차 놀이를 하면서 필요한 교통 규칙을 만들고 지킨다. 교통안전을 위해 신호등과 과속 단속용 CCTV를 만들며, 교통안전 규칙의 중요성을 경험한다.

사회 관계

더불어 생활하기	친구와의 갈등을 긍정적인 방법으로 해결한다.
	서로 다른 감정, 생각, 행동을 조절한다.

- 유아들은 좁은 공간에서 자동차를 타면서 발생하는 문제를 해결하기 위해 규칙과 질서를 스스로 만들고 갈등을 긍정적으로 해결한다. 놀이 규칙을 만들고 지키는 과정에서 서로의 감정, 생각과 행동을 존중한다.

예술 경험

창의적으로 표현하기	다양한 미술 재료와 도구로 자신의 생각과 느낌을 표현한다.

- 유아들은 테이프를 활용해 자동차 길을 만들고, 신호등과 CCTV, 자동차를 만들며 자신의 생각과 느낌을 표현한다.

자연탐구

생활 속에서 탐구하기	물체의 특성과 변화를 여러 가지 방법으로 탐색한다.
자연과 더불어 살기	주변의 동식물에 관심을 가진다.
	생명과 자연환경을 소중히 여긴다.

- 유아들은 힘과 경사도에 따라 자동차의 속도가 달라진다는 것을 탐색한다.
- 자연과 동물을 아끼고 사랑하는 방법을 생각하고 놀이로 표현한다.

유아들은 신체 활동실에서 자동차를 타고 놀다가 더 신나게 달릴 수 있는 길이 필요하자 놀이 공간을 복도로 확장하게 됐다. 자동차끼리 부딪히는 문제를 해결하기 위해서 가는 길과 오는 길도 만들었다. 함께 즐겁게 놀기 위해서는 규칙이 필요함을 깨닫고 스스로 규칙을 만들어가는 과정에서 '존중과 배려', '조절과 협력'이라는 가치와 지극히 일부분이지만 공동체성과 시민성을 경험했다.

유아들은 자동차를 안전하게 타기 위해 주차장, 신호등, CCTV를 설치했고, 길을 지나는 동물을 보호하기 위해 생태로도 만들었다. 유아 개개인의 다양한 경험이 통합되어 함께 만드는 놀이로 이어졌고, 그 과정에서 사람과 모든 동물은 생명을 가지고 있으며 소중하고 안전하게 지킬 필요가 있음을 배웠다. 실제로 도로에서 여러 동물을 만난 경험은 없었지만 상상 놀이는 유아에게 동물의 소중함과 공존하는 존재임을 배우기에 충분한 놀이였다.

또한 유아들은 놀이를 발전시키고 지속하면서 자동차가 경사로를 달릴 때는 가속이 붙는다는 새로운 사실을 알게 됐고, 자동차가 굴러떨어지는 것을 방지하기 위해 안전한 담을 쌓아야 함을 경험했다. 자동차의 안전을 위해 터널도 필요하다는 일상의 경험을 고스란히 놀이로 표현하기도 했다.

'길이 필요해요' 놀이를 통해 유아들은 자신들이 주도하는 놀이에 책임이 따른다는 것을 경험했다. 유아의 주도성은 마음대로 하는 무질서의 모습이 아닌 서로의 안전과 놀이권을 존중하며 질서를 만들어가는 과정에서 빛을 발했다.

자율은 자기통제를 내포한다는 것을 유아들의 놀이를 통해 다시금 느낀다. 유아에게 주어진 자율성은 문제 상황을 도전의 기회로 전환하고, 새로운 놀이로 확장하는 힘을 발휘하게 한다.

유아들에게 자동차를 타고 복도를 달리는 세상은 행복한 도전이었다.

데굴데굴
구슬 놀이터 만들기

▸4세반 ▸자유놀이 시간 ▸3주 전개

 놀이의 의미와 가치

유아의 놀이를 관찰해보면 유아가 선호하는 놀이에는 몇 가지 특징이 있다.

마음대로 던지고 굴릴 수 있는 것, 움직임과 변형이 가능한 '개방적 소재'를 이용한 놀이이다. 즉 유아는 널찍한 공간에서 몸을 마음껏 움직이며 언제든 놀이 규칙을 바꾸어도 되는 자유로운 놀이를 좋아한다. 또 유아는 바퀴 달린 자동차를 밀거나 공을 던지고 튕기거나 굴리는 놀이를 좋아해서 양말조차 돌돌 말아 굴린다. 그러므로 작고 동그란 형형색색의 구슬은 유아를 만족시키기에 충분한 놀잇감이다. 종이 접시 위에 한가득 올린 구슬은 모든 유아에게 관심의 대상이 된다. 접시를 들어 올리는 순간 접시 위 구슬은 일시에 교실 바닥으로 쏟아져 사방으로 굴러간다. 움직임이 빠른 구슬의 특징은 유아의 반사적인 호기심을 유발시킨다. 사방으로 흩어진 구슬을 모으느라 이리 뛰고 저리 뛰는 유아들에게 구슬은 구슬치기 놀잇감이 아니다. 한꺼번에 흩어진 구슬들을 어떻게 모아 보관할지 다양한 해결책을 찾는 과정은 유아들로 하여금 문제를 해결하는 주체가 되도록 하며 동기를 유발하는 놀이 자극이 된다.

📍 놀이 관찰의 시작

> ▸ 유아에게 구슬은 제한적 소재가 되지 않을까?
> ▸ 유아는 구슬의 특성을 어떻게 놀이에 이용할까?

📍 놀이 흐름

`episode 1` **구슬이 또르르~**

놀이쌤은 유아가 구슬을 어떻게 가지고 놀지 궁금하여 구슬이 가득 담긴 종이 접시를 교실 한편에 놓아두었다. 잠시 후 서희가 구슬을 갖고 놀기 위해 구슬이 담긴 종이 접시를 집어 든다. 그 순간 구슬들이 와르르 바닥으로 쏟아지며 마치 점프라도 하듯 튕겨져 사방으로 흩어졌다. 몇 개의 구슬은 손이 닿지 않는 교구장 밑으로 쏙 들어가버렸다. 갑작스럽게 벌어진 일이라 당황한 서희는 머쓱하게 서 있고, 놀이를 하고 있던 유아들은 "우와~ 구슬들이 도망간다~"라고 외치며 동시에 일어나 흩어져서 굴러가는 구슬을 잡느라 법석이다.

몸을 한껏 낮추고 교구장 밑으로 손을 들이밀며 그 속으로 들어간 구슬을 꺼내는 유아가 있는가 하면, 제법 민첩한 동작으로 흩어지는 구슬을 한개 한개 잡아채는 유아도 있고, 두 손바닥을 펴서 여러 개의 구슬을 한꺼번에 쓸어 담는 유아도 있었다. 유아들은 각자의 방법으로 구슬들을 모았다.

이때 한 움큼 구슬을 모은 유아가 납작해진 종이 접시에 자신이 모은 구슬을 힘차게 담는다. 그러자 몇 개의 구슬이 또다시 바닥으로 굴러갔고, 몇몇 유아들이 굴러가는 구슬을 다시 접시에 담았다. 이때 민지가 혼잣말로 "구슬이 도망가지 않게 구슬 집을 만들어야겠네."라고 하자 서희는 "그래그래, 구슬이 도망가지 않게 우리 구슬 집을 만들어주자."라고 말했다.

 이리저리 굴러가는 구슬들을 잡느라 한바탕 소동을 겪은 유아들은 민지의 의견에 모두 찬성이다. 구슬을 안전하게 보관할 수 있는 구슬 집 만들기에 합의한 유아들은 이제 어떤 재료로 구슬 집을 만들어야 할지 의논하기 시작한다. 이렇듯 유아 주도의 놀이는 놀이 중에 발생하는 문제상황을 유아 스스로 인식하고, 문제를 해결하기 위해 다른 사람들과 의견을 나누는 것이 자연스럽게 이루어진다.

"얘들아, 색종이로 상자를 만들어서 구슬을 넣는 건 어때?" 마침 색종이를 접다가 일어나 구슬을 모은 민지의 의견이다. 이전에 색종이로 종이상자를 접었던 기억이 났었나 보다. 옆에 있던 지안이가 "색종이집에 구슬 넣으면 찢어져서 구슬이 또 도망가버려."라고 대답한 뒤 무언가를 찾는 듯 주변을 두리번거리다 "여기 종이상자에 넣는 건 어때?"라고 말하며 재활용통에 있는 작은 과자 상자를 가리킨다. 그러자 영채가 "그건 구슬을 담기엔 너무 작아. 이 구슬이 다 들어가지 않을 것 같은데."라고 말한다. 그러자 블록 놀이를 하던 인국이 "그럼 이 블록은 어때? 구슬이 나갈 수 없게 튼튼하고 우리가 구슬 집을 크게 만들어주면 되잖아."라고 말하며 우레탄 블록을 가리켰다. 그러자 모두 "그래, 그거 좋겠다."라고 말하며 찬성하는 분위기다. 어느새 유아들은 블록장 앞으로 모였다.

 이렇듯 산만하게 흩어지는 구슬을 모아야 했던 경험은 유아들로 하여금 구슬 집의 재료는 크고 튼튼한 블록이 적합하다는 생각을 하게 했다.

① 접시에 올려둔 구슬 　　　　② 블록으로 구슬 집 만들기

블록으로 구슬 집을 만들기로 했던 민지와 서희, 지안이, 영채, 인국이는 어떻게 구슬 집을 만들 것인지 살짝 망설이는 눈치들이다. 그러던 중 지안이가 "구슬은 작으니까 나오지 못하게 꽉 막아야 돼."라고 말했고, 4명의 유아는 블록을 겹쳐 연결하며 구슬 집을 만들기 시작한다. 영채는 "이렇게 틈이 있으면 구슬이 다시 도망갈 수 있잖아."라고 말하며 인국이가 쌓은 블록을 다시 꼼꼼히 붙여서 블록 사이의 틈이 없게 쌓아준다. 그리고 틈이 없이 튼튼하고 넓은 구슬 집 위에 마치 지붕처럼 구슬을 담아두었던 종이 접시를 덮음으로써 구슬들은 이제 함부로 구슬 집에서 나오지 못하게 됐다. 그러나 이러한 해결 방식이 새로운 문제를 가지고 왔다. 지붕 위에 종이 접시를 올리자 안에 있는 구슬을 볼 수 없게 된 것이다. 그러자 민지가 구멍이 2개 뚫린 '숫자 8' 블록을 가지고 와서 맨 위 네모 블록과 바꿔 끼운다. 이제 뚫린 구멍으로 구슬들을 볼 수 있게 됐다. 그렇게 구슬집이 완성되자 민지는 종이 접시를 놀이쌤에게 가지고 와서는 '여기에 구슬이 있습니다. 차지 마세요'라고 적어달라고 한다. 놀이쌤이 이유를 묻자, 민지는 "친구들이 구슬 집인지 모르고 차면 또 구슬들이 도망가잖아요."라고 말한다. 놀이쌤은 "표시를 하는 좋은 방법을 생각했구나."라고 말하며 민지의 아이디어를 칭찬해주고 글씨를 써준다. 민지는 안내 문구가 적힌 종이 접시를 지붕처럼 다시 덮고 나서 구멍 사이로 구슬이 잘 있는지 확인한다. 잠시 후 민지는 '숫자 7' 블록을 구슬 집에 비스듬히 세워놓는다. "그건 뭐야?" 하고 인국이가 묻자 민지는 "이건 구슬이 바깥으로 나올 때 미끄럼을 타고 내려오라고 미끄럼틀 만들어준 거야."라고 말한다.

이렇듯 유아의 놀이 속에는 이야기와 의미들이 숨어 있다. 놀이의 시작은 구슬이 굴러가고 흩어지지 않도록 집을 만드는 것이었다. 그러나 놀이의 진행 과정에서 유아들은 구슬의 입장이 되어 구슬이 막혀 있는 공간에서 답답해하지 않도록 문제해결력을 발휘하는 한편, 구슬을 이야기 재료로 삼아 놀이에 변화를 주고 있음을 알 수 있었다.

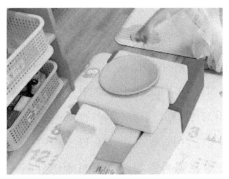

① "이제는 구슬이 멀리 굴러가지 않아."　　　② "구슬들아 잘 있니?"

정원이 있는 높은 구슬 집 만들기

미끄럼틀과 지붕 있는 구슬 집을 멋지게 만들었다고 뿌듯해하며 구슬들이 잘 있
는지 살펴보는 민지와 지안이에게 준서와 시준이가 다가와서 "이게 뭐야?"라고
묻는다. "이건 구슬들이 안 굴러가도록 튼튼하게 만든 구슬 집이야."라고 민지가
대답하자 준서와 시준이는 "근데 구슬 집이 너무 작아. 우리가 더 멋지고 튼튼한
구슬 집 만드는 걸 도와줄게."라고 말한다. 민지와 지안이가 승낙하자 준서와 시
준이는 블록 몇 개를 바닥에 평평하게 놓고 구획을 잡은 후 또 다른 블록으로 벽
을 쌓는다. 그리고 "이건 이층집이야. 이쪽에 정원도 만들자."라고 제안한다.

> 평소 블록 놀이를 즐겨 하고 창의적이고 멋진 작품을 잘 만들었던 시준이와 준서가, 작고 갇혀 있는
> 듯한 구슬 집을 보고 넓은 집으로 만들어보자고 민지와 지안이에게 의견을 내고 4명의 유아는 함께
> 구슬 집을 다시 만들기 시작했다.

널찍하게 만들어진 구슬 집을 구경하던 준서가 정원이라고 만든 넓은 공간에
들어가 앉는다. 유아는 공간이 생기면 그 안으로 들어가고 싶어 한다. 곧 시준

이도 따라 들어가며 "우와~ 배다. 여기는 구슬 집이 있는 배예요. 모두 어서어서 타세요~"라고 말한다. 시준이의 한마디에 민지와 지안이도 따라 들어간다.

구슬 집 정원은 어느새 유람선이 됐고, 유아들 모두가 들어간 자리는 복잡해졌다. "나와! 나오라고. 우리가 먼저 왔다고.", "나도 좀 들어가자."라며 승민이와 민지가 실랑이를 벌이자 준서가, "우리 구슬들이 답답한 것 같으니까 높은 집 말고 더 넓은 집을 다시 만들자."라며 구슬 집을 해체하기 시작한다.

구슬을 위해 만든 정원이 넓은 공간에 유아들이 들어서면서 '유람선 놀이로 순간 변경되었다. 유람선에 탑승하려는 유아들이 몰리면서 좁아진 공간 문제로 갈등이 발생했다. 갈등상황을 인식한 유아들은 질책보다는 구슬들이 답답해하는 것 같으니 다시 넓게 만들어주자고 놀이를 제안했다. 이렇듯 유아는 놀이를 통해 자연스럽게 배려를 배우고 익힐 수 있는 경험을 한다. 놀이의 시작점에서 유아들은 구슬이 흩어지지 않도록 단순한 구슬 집을 만드는 것이 목표였다. 그러나 놀이가 발전하면서 새로운 목표가 생겼다. 구슬도 안전하게 보관하고 자신들도 그 안에서 함께 놀이를 하고 싶은 마음이 커진 것이다. 이 모든 것을 충족시키는 구슬 집이 어떻게 만들어질지 놀이쌤은 다음 놀이가 기대된다.

① "정원이 있는 더 넓은 구슬집을 만들자."

② "얘들아, 구슬 집 정원에 들어와. 우리가 타니까 배가 된 것 같다."

유아는 시간을 들여 정성껏 만든 결과물이라도 허물고 다시 재창조하는 것에 유연하다. 더 많은 친구와 함께 놀 수 있는 '넓은 집'에 의미를 둔 유아들은 저마다 블록 하나씩을 집어 든다. 어디서부터 블록을 놓고 집을 만들 것인지, 또는 얼마만큼 넓은 집을 지을 것인지 서로 구체적인 의논은 없었지만 유아들은 보다 넓은 집을 만들기 위해 구슬 집을 중심으로 양옆으로 블록을 이어간다. 그리고 어림짐작으로 자신들이 모두 들어가기에 충분하다고 생각한 만큼의 울타리를 완성한다.

유아들은 끊임없이 다양한 방식을 시도하며 놀이 이야기를 만든다. 유아들 사이에 많은 이야기가 공유될수록, 더 많은 친구와 함께 새로운 이야기를 만들어갈수록 유아 놀이의 결과물은 이전과는 더 많이 달라지고 더 많이 새로워진다. 놀이쌤은 관찰을 통해 놀이 공유가 새로운 상상하기의 동력이 되고, 이러한 상상이 유아들의 창의적 표현에 긍정적 영향을 주고 있음을 알게 된다.

① 구슬 집을 중심으로 블록 이어 붙이기

② "함께 만드니까 금방 완성됐다."

구슬을 위한 길 만들기

유아들은 힘을 합쳐 넓은 집을 만들었고, 구슬들을 가지고 놀 정도로 넓은 공간이 생겼다. 몇몇 유아가 구슬을 이리저리 굴리며 놀이한다. 여러 개의 구슬을 굴리던 회주가 구슬 하나를 바닥에 내려놓고 손바닥을 이용해 구슬을 밀어내듯 굴린다. 미는 힘의 세기에 따라 구슬의 이동 거리가 달라진다. 구슬의 움직임을 지켜보던 회주가 잠시 생각에 잠기더니, 이내 역할 영역으로 가 주걱 하나를 가져와서는 주걱으로 구슬을 다시 굴린다.

회주의 놀이를 지켜본 승민이와 호준이도 국자와 숟가락을 가져와 저마다의 방식으로 구슬을 굴리기 시작한다. 이때 승민이가 "우리 구슬이 다닐 수 있는 길을 만들자."라고 말하며, 블록을 양쪽으로 세우고 가운데에 통로를 만든다. 그리고 통로 길을 따라 구슬을 이동시키며 놀이를 이어간다. 회주도 다른 블록을 가져와 길을 더 길게 연장하며 구슬 놀이에 동참한다.

넓은 구슬 집은 유아들이 구슬을 자유롭게 움직이며 놀 만큼 충분했다. 그러나 유아 개개인이 자신의 구슬을 이동시키고자 할 때 서로 동선이 겹쳐 어려움이 발생했다. 유아들은 문제를 해결하기 위해 이전에 자동차 길을 만들었을 때처럼 블록으로 구슬 길을 만들었다. 놀이를 관찰하던 놀이쌤은 유아가 무언가를 구성하는 것에 자신의 의지를 가지고 적극 개입할 때 가장 효과적으로 지식을 쌓으며 배운다는 것을 알게 됐다.

① 나무 주걱으로 구슬 굴리기

② 구슬이 갈 수 있는 길 만들기

유아들은 이전보다 더 복잡한 길을 만들면서 구슬이 세워진 블록의 면에 부딪치지 않고 통과할 수 있도록 주걱으로 방향을 조절한다. 다른 쪽에서는 "와~ 이건 구슬 미끄럼틀이야."라며 구슬을 '숫자 7 블록' 위에 놓고 마치 구슬이 미끄럼이라도 타는 것처럼 굴린다. 친구들이 박수를 치며 크게 웃고 떠드는 놀이가 재밌어 보였는지 승민와 하영이도 와서는 "나도, 나도." 하며 구슬을 올려놓고 미끄럼틀 놀이처럼 아래로 굴린다. 한참을 놀던 승민이가 역할 영역에 있는 오목한 그릇을 들고 와 미끄럼틀 끝에 놓으며 신이 난 듯 말한다. "이제부터는 구슬이 미끄럼틀을 타고 내려오면 여기 그릇에 모이는 거야." 그러나 구슬은 유아들의 예상과는 달리 옆으로 빠져나가거나 튕겨나간다. "아, 이상하다?", "아~ 정말." 기대와는 다른 결과가 나오자 유아들의 다소 짜증 섞인 목소리가 들려오기 시작한다.

해결책을 찾아낸 승민이가 "아하!" 하며 숫자 7의 꼭대기가 아닌 중간쯤에서 구슬을 천천히 굴린다. "와, 골인이다, 골인!" 지켜보던 친구들이 응원하자 하영이가 다시 한번 도전한다. 이번에도 골인이다.

자신들이 기대한 만큼 그릇 안으로 구슬이 들어가지 않자 유아들은 이후에도 여러 차례 시행착오를 거치며 실패의 원인을 찾아간다. 구슬이 숫자 7 블록의 굽은 곳을 지나거나 내려오는 속도가 너무 빠른 경우에는 그릇에 들어가지 않고 다른 곳으로 튕겨져 나간다는 것을 깨닫게 된다.

① 구슬 미끄럼틀 놀이

② 출발 위치를 변경한 미끄럼틀 놀이

구슬로 연결된 다양한 놀이

구슬들을 한데 보관하고자 시작됐던 구슬 집 만들기 놀이가 구슬 미로 놀이와 구슬 미끄럼틀 놀이 등으로 발전하며 교실 여기저기서 구슬을 이용한 놀이가 진행된다. 정우는 갑자기 교실을 두리번거리더니 비어 있는 공간을 찾아 앉는다. 조금 전 '숫자 9 블록'을 이용한 놀이를 하다가 문득 블록을 옆으로 눕히면 구슬이 지나갈 수 있는 통로가 만들어진다는 것을 발견한 것이다. 정우가 적당한 자리에 '숫자 9' 블록을 가로로 눕힌다. 그러고는 '숫자 9'의 동그랗게 뚫린 구멍으로 구슬을 던져 골인시키는 행동을 반복하며, 자신은 지금 골프를 한다고 말한다.

다른 한편에서는 조금 전까지 구슬 놀이를 하던 희주가 역할 영역에서 혼자 무엇인가를 한다. 놀이쌤은 방금 전까지 친구들과 놀이를 하던 희주를 봤기에 혹시나 못 보는 사이 친구들과 다툼이 있었던 것은 아닌지 걱정이 된다.

물끄러미 보고 있는 놀이쌤에게 희주가 말한다. "선생님, 이거 드세요. 이거 구슬 아이스크림이에요." 구슬 놀이 중 구슬 아이스크림이 생각났던 희주는, 접시에 예쁘게 구슬을 올려놓고 놀이쌤에게 어서 먹으라는 표정을 짓는다.

🧑 유아 놀이는 계획되지 않은 채 진행되고 발전한다. 또한 언제라도 새로운 생각이 떠오르면 놀이의 방향이 전환되고 새로운 놀이 목적이 생겨나며, 놀이를 이어가기 위해서 필요한 장소와 재료를 유아 스스로 선택하게 된다.

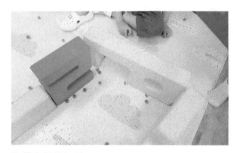
① 구슬 골프 놀이

② 구슬로 만든 구슬 아이스크림

교육과정 관련

신체운동·건강

신체활동 즐기기	실내외 신체활동에 자발적으로 참여한다.
	신체 움직임을 조절한다.

- 유아는 굴러가는 구슬을 잡기 위해 분주하게 몸을 움직이고 블록으로 구성물을 만들어 배를 타는 것처럼 신체활동을 한다. 또한 구슬 미로나 구슬 골프 놀이를 위해 신체의 여러 부분을 움직이고 조절한다.

의사소통

듣기와 말하기	자신의 경험, 느낌, 생각을 말한다.
	상대방이 하는 이야기를 듣고 관련해서 말한다.

- 유아는 구슬이 흩어지지 않도록 블록을 이용하여 틈이 없는 공간을 만들고 이어서 멋진 정원이 있는 구슬 집, 구슬 놀이터를 만들고 부수지 말라는 표지판을 세우는 등, 놀이 경험을 나누는 과정에서 상대방의 이야기를 잘 듣고 관련된 이야기로 반응하며, 의사소통의 방식을 배운다.

사회 관계

나를 알고 존중하기	나의 감정을 알고 상황에 맞게 표현한다.
더불어 생활하기	친구와 서로 도우며 사이좋게 지낸다.

- 구슬 집이 좁아서 친구들끼리 작은 다툼이 일어나자 문제상황을 인식하고 친구들의 기분을 헤아려 긍정적인 방법으로 문제를 해결하며 사이좋게 놀이를 이어간다.

예술 경험

창의적으로 표현하기	다양한 미술 재료와 도구로 자신의 생각과 느낌을 표현한다.
예술 감상하기	서로 다른 예술 표현을 존중한다.

- 구슬 집과 구슬 놀이터 만들기는 블록이라는 제한된 놀잇감을 사용하였지만 유아가 표현하고자 하는 자신의 방식에 따라 창의적인 표현을 이끌었다.
- 계속 변화해가는 결과물을 감상하면서 또 다른 방식으로 함께 만들어가는 과정을 통해 서로를 존중하는 태도를 갖게 한다.

자연탐구

탐구과정 즐기기	궁금한 것을 탐구하는 과정에 적극적으로 참여한다.
생활 속에서 탐구하기	물체의 특성과 변화를 여러 가지 방법으로 탐색한다.

- 유아들이 필요한 구슬 집과 구슬 놀이터를 만드는 과정에서 완성물을 만들려면 어떻게 구성해야 하는지 생각하고 친구들과 이야기하며 물체의 특성에 맞는 재료를 주변에서 찾아 이용한다.

놀이쌤의 고민과 성찰

구슬을 던져서 맞히는 구슬치기는 우리나라 전통놀이 중 하나이다. 이전에 놀이쌤은 구슬 놀이 방법을 유아들에게 전달하면서 구슬치기, 구슬 벽치기, 삼각형 치기 등을 소개했다. 먼저 안전하게 구슬을 다루는 방법을 설명하고 흩어지는 구슬의 성질을 이야기해준 뒤 정리 정돈의 필요성을 강조했다. 이렇게 구슬의 놀이 방법을 전달했던 놀이쌤으로서는, 정해진 규칙과 질서를 지키지 않고 마음대로 구슬을 가지고 노는 유아들의 모습이 한편으론 불편하기도 했다. 또한 구슬을 함부로 다루는 유아들의 모습도 그렇고 교실 이곳저곳에서 구슬이 하나 둘씩 보이자 이제 그만 구슬을 치워야 하는 것은 아닐까 생각했다.

유아들의 움직임과 이동이 많은 놀이 자료는 놀이쌤에게 늘 부담이 된다. 그러나 놀이쌤은 유아들의 오감을 자극하면서 '혼자 놀이'뿐 아니라 '협력 놀이'까지 촉진하는 구슬이 유아 주도 놀이로 진행된다면 어떠한 형태로 변화할지 궁금해졌다. 또한 유아 스스로 구슬의 특성을 탐색함으로써 보다 안전하게 사용하며 이에 대한 규칙을 자발적으로 제안하기를 기대했다. 놀이쌤은 이러한 고민과 기대감을 담아 튼튼한 구슬 보관 용기 대신에 약한 재질의 종이 접시 위에 구슬을 담아두었다.

유아가 놀이의 주도성을 갖는다는 것은, 스스로 놀이를 시작하고 끝낼 수 있는 결정권을 가진다는 뜻이다. 또한 놀이의 방식을 결정하고 소재를 선택하는 모든 과정에서 유아가 선택권을 가져야만 한다는 점을 놀이쌤은 구슬 놀이 과정에서 다시 한번 확인했다. 구슬을 이용한 구슬치기와 굴리기뿐 아니라 사방으로 흩어지는 구슬들을 잡기 위해 분주히 움직이는 것, 구슬이 흩어지지 않도록 구슬 집을 만드는 것, 역할 놀이에서 사용하는 주방 기구를 이용해 구슬을 굴려보는 것 모두 다 유아로부터 시작된, 유아들이 만들어가는 즐거운 놀이이다.

즐거움이 주는 에너지는 새로운 발상과 함께 무언가를 시도하고 도전할 수 있는 용기와 기회를 제공한다. 결국 놀이를 통해 유아들이 얻는 '즐거움'은 놀이가 베푸는 '최고의 가치이자 배움'이다.

아기자기 캠핑 놀이

▶4세반 ▶자유놀이 시간 ▶6주 전개

놀이의 의미와 가치

유아 주도적 놀이는 유아의 놀이가 가지는 배움의 의미와 교육적 가치를 새롭게 이해하도록 한다. 유아가 배워야 할 것을 사전에 계획하여 가르치지 않아도, 유아는 놀이를 통해 스스로 배울 수 있다는 것을 놀이쌤이 신뢰하지 않는다면 유아의 주도성은 그만큼 줄어들게 된다. 그러나 유아의 놀이를 최우선으로 존중하고 유아의 의견을 수용하여 놀이의 진정한 주체가 될 수 있도록 배려한다면, 놀이쌤은 유아가 얻게 될 최고의 놀이 경험 이상으로 교육과정의 자율적 운영과 그 결과에 따른 놀라운 교육적 효과를 경험하게 된다.

놀이를 통해 서로의 의견을 나누고 협력하다 보면 상대방의 생각을 이해하고 공감하는 힘이 길러진다. 이런 측면에서 캠핑 놀이는 유아 개개인의 경험이 공동의 놀이로 이어지고, 놀이 자료의 발견과 새로운 아이디어를 통해 확장된 놀이로 발전하며 또 다른 이야기를 만들어가는 의미 있는 놀이라고 할 수 있다.

📍 놀이 관찰의 시작

‣ 유아는 경험과 놀이를 어떻게 연결하며 놀이를 발전시키는가?
‣ 놀이를 지원하고 이어주기 위해 교사는 어떤 역할을 해야 하는가?

📍 놀이 흐름

episode 1 보자기에서 시작된 캠핑 놀이

역할 영역에서 보자기 천을 가지고 온 동수와 지수는 친구들의 이동이 덜한 교실 바닥에 보자기를 펼쳐놓았다. 그리고 조금 전까지 가지고 놀았던 게임 판을 보자기 위에 올려놓은 뒤 게임 놀이를 이어간다. 교실 바닥에 보자기가 펼쳐지자 이를 본 진희와 지현이가 "우리도 들어가도 돼?"라며 보자기 위에 올라가 앉는다. 역할 영역에서 다양한 음식을 접시에 담아 가져온 유아들은 마치 소풍이라도 온 듯 보자기 위에 앉아 먹는 시늉까지 하며 놀이를 이어간다. 놀이가 재밌어 보였는지 보자기 곁을 지나던 민수와 아진이가 "우리도 들어가도 돼?"라며 이미 좁아진 보자기 위로 비집고 들어와 앉는다. 자리에 앉아 맛있는 음식을 먹는 시늉을 하던 아진이가 다른 음식을 준비하러 가려는 듯 일어서며 "보자기 위에서 음식을 먹으니까 꼭 캠핑장에 온 것 같다."라고 말한다. 이때 보자기 위에 친구들이 많아지자 복잡함을 느낀 동수가 "사람이 많아 좁으니까 더 넓게 만들면 어때?"라고 다른 유아들에게 제안한다.

동수의 제안에 모두 동의한 유아들은 무엇을 이용해 장소를 넓히는 것이 좋을지 찾느라 주변을 두리번거린다. 그때 아진이가 놀이쌤을 향해 "선생님, 저거 써도 돼요?"라며 교사 책상보를 가리킨다. 놀이 맥락을 지켜보던 놀이쌤은 얼른 책상보를 꺼내 건네주었다.

커다란 보자기와 책상보를 연결하며 자신들이 앉을 수 있는 공간을 넓힌 유아들은 이번에는 보자기와 책상보 가장자리에 담을 쌓듯 블록을 세워 경계를 만들기 시작했다.

한동안 블록으로 경계를 만들던 지현이가 무언가 아쉽다는 듯 "선생님, 저것 좀 여기다 가져다주세요."라며 놀이쌤에게 부탁한다. 보자기와 책상보를 이은 곳이 ㄱ자 모양으로 됐는데, 유아들의 눈에는 자연스럽게 보이지 않은 듯했다. 유아들은 쌓았던 블록을 다시 허물고는 놀이쌤이 가져다준 매트를 연결해 더욱 커진 네모 형태의 바닥을 만들고 다시금 테두리에 블록으로 경계를 세우기 시작했다.

이윽고 유아들은 자신들이 완성한 넓은 공간을 흐뭇하게 바라보다 울타리 안으로 들어가 이리저리 걸어본다. 부드러운 보자기와 책상보를 밟을 때마다 바닥에 깔린 천들이 조금씩 밀리는 것을 발견하고는 "여기 테이프를 붙여야겠다."라고 말하며 바닥의 천과 천을 테이프로 연결해서 붙인다. 그렇지만 겉면에 붙여놓은 테이프가 금방 떨어지는 것을 본 동수가, 바닥 겉면이 아닌 안쪽으로 테이프를 붙이고는 꾹꾹 눌러가며 단단히 붙였다. 하지만 이것도 잠시, 동수가 사용한 테이프는 폭이 너무 좁아 접착성이 떨어진다는 것을 알고 있는 놀이쌤이 "좁은 테이프로 붙이니까 잘 안 붙여지지? 선생님이 잘 붙게 넓은 테이프로 가져다줄게."라고 말하고 테이프를 찾아 동수에게 건네주며 유아가 붙이는 것을 도와주었다.

유아들의 놀이를 관찰한 놀이쌤은, 유아 주도적 놀이가 진행되면서 이전과는 다르게 먼저 놀이를 제안하고 친구에게 동의를 구하는 유아가 많아졌음을 느낀다. 유아들은 친구들과 의견을 교환하고 합의하여 놀이를 확장했으며, 놀이 상황에 적절한 놀이 자료와 장소를 스스로 찾아내며 성장하고 있었다. 놀이쌤은 그동안 준비된 놀이를 설명하고 안내해왔던 기존의 교사 역할에서 이제는 유아의 놀이를 관찰하고 그 의미를 읽으며, 유아가 놀이에 대해 설명하는 것을 경청하고 유아가 필요로 하는 것들을 지원하는 역할로 의미 있는 변화가 일어나고 있음을 성찰하고 있다.

① "보자기 위에서 음식 먹으니까 캠핑 온 것 같다."

② "좀 더 넓은 자리를 만들자."

③ 블록으로 경계선 쌓기

④ 매트를 이용하여 영역 넓히기

episode 2 다양한 텐트 만들기

보자기 위에서 시작한 상차림 놀이는 유아들의 참여가 많아지면서 더 넓은 놀이 영역이 필요해졌다. 조금씩 놀이 공간을 넓히는 것 같았는데 어느새 교실의 절반 이상을 차지하게 된 것이다. 놀이쌤은 더 넓어진 공간에서 유아들이 더 많은 음식을 차려놓고 이와 관련한 놀이를 할 것으로 예상했다. 그러나 유아들은 예상과 달리 자리 영역을 넓히는 것에만 관심을 보였다.

유아들이 영역 넓히기에 몰두하던 중 한 유아가 "우리 여기에 캠핑장 만들자." 라고 말한다. 몇몇 유아가 이에 호응하더니 블록을 가지고 와서 자신들만의 자리를 만들기 시작했다. 이를 본 수호가 시준이와 우주에게 "우리도 이쪽에 텐트를 만들자."라고 제안했고, 곧 세 유아는 책상 2개를 가져와 책상과 책상이 맞닿게 붙인 뒤 주변에 블록을 세워가며 자신들만의 장소를 만들기 시작한다.

① 책상을 텐트로 이용하기　　　② 블록을 이용하여 텐트 넓히기

파라솔 만들기

캠핑 놀이가 교실 공간을 점점 더 많이 차지하게 되자 교실의 대부분 공간이 본격적인 캠핑장으로 변한 듯했다. 그 속에서 유아들은 매일매일 자신의 영역을 쌓다가 허물기를 반복하며 놀이를 이어간다. 어느 날 책상과 블록을 이용해 캠핑장을 만들던 연숙이가 "우리 집에 있는 우산 가져오면 좋겠다."라고 말한다. 우산을 파라솔 대용으로 사용해 공간을 꾸미고 싶은 것이다. 이유를 알게 된 놀이쌤은 다음 날 알록달록한 우산을 가져다주었다.

　놀이쌤이 우산을 건네자 뜻밖의 선물을 받은 것처럼 연숙이는 "와, 우산이다!" 탄성을 자아내며 활짝 웃는다. 우산을 받은 연숙이는 '숫자 6' 블록을 가져와 블록의 동그란 구멍에 우산 손잡이를 끼우고 세우려고 한다. 우산이 기우뚱 넘어지자 시준이가 얼른 와서 연숙이의 우산 세우기를 돕는다.

　숫자 6 블록 3개를 겹쳐 세우고 우산 손잡이를 집어넣었지만 우산은 바르게 세워지지 않고 흔들린다. 그러자 유아 중 한 명이 "여기 구멍에 무엇을 넣어야 우산이 흔들리지 않아."라고 나름의 해결책을 내놓는다. 이를 지켜본 놀이쌤은 "구멍에 신문지를 끼우면 어떨까?"라고 의견을 물었다. 유아들은 흔쾌히 승낙했고 놀이쌤은 신문지 몇 장을 유아들에게 가져다주었다. 결국 유아들은 6자 블록 구멍에 우산을 끼우고 여분의 공간을 신문지로 채워 우산을 멋지게 세울 수 있었다.

유아는 자신이 흥미로워하는 것들을 행동으로 옮기며 놀이할 때 더욱 역동적이 된다. 유아가 제안한 방식이 놀이로 실현되기 위해서는 놀이쌤의 더 많은 융통성이 발휘되어야 한다. 놀이쌤은 놀이의 참여자로서 유아 놀이의 흐름을 이해해야 한다.

① 파라솔 만들기

② 캠핑장 만들기

episode 4 　**캠핑장으로 가는 버스와 기차**

매일같이 벌어지는 활기찬 캠핑 놀이는 놀이쌤을 더욱 분주하게 만든다. 단순한 관찰자가 아닌 놀이자로 함께 참여하다 보니 유아들이 요구하는 재료들뿐 아니라 놀이쌤 스스로도 필요한 놀이 자료들이 생각났기 때문이다. 어느 날 놀이쌤은 커다란 종이 박스 2개를 교실 바닥에 놓아두었다. 그리고 박스들이 어떻게 유아들 손으로 재탄생하게 될지 기대감을 가지고 지켜본다.

① 접시저울을 꽂아 핸들로 사용하기

유아 주도로 놀이가 진행된 이후부터 눈에 띄게 달라진 유아들의 행동은 놀이쌤으로 하여금 기대감을 가지게 하기에 충분했다. 가장 큰 변화 중 하나는 사물을 바라보는 유아들의 태도였다. 유치원 현관에 도착한 순간부터 교실에 들어올 때까지 유아들은 그동안 무심하게 지나쳤던 주변 사물들을 처음 본다는 듯 바라봤는데, 마치 어떤 놀이로 사용할 수 있을까를 고민하는 것처럼 자세히 관찰하는 모습을 보였다. 특히 놀이쌤을 더욱 기대하게 만든 변화 중 하나가 새로운 놀이에 대한 호기심으로 잔뜩 들뜨고 행복한 표정을 지으며 교실로 들어오는 유아들의 모습이다.

놀이쌤의 기대처럼 교실에 놓인 커다란 박스를 발견한 우주가 기뻐하며 "우와, 이걸로 캠핑장 가는 버스 만들면 되겠다!"라고 소리쳤다. 놀이쌤은 유아들이 박스를 이용해 캠핑장에 필요한 도구를 만들 것으로 생각했지만 유아들은 캠핑장으로 가는 버스를 만들기로 한 것이다. 놀이쌤은 자신의 생각을 유아들에게 말하지 않은 것을 다행으로 생각하며, 우주가 제안한 캠핑장으로 가는 버스에 구멍을 뚫고 창문을 내는 일을 도왔다. 박스에 창문을 뚫어주자 이번에는 하진이가 박스 윗부분에도 구멍을 내달라고 말한다. 놀이쌤이 이유를 묻자 하진이는 과학 영역으로 가더니, 고장 나서 더 이상 사용할 수 없는 접시저울의 둥근 부분을 들고 와서는 "구멍에다 이걸 끼워서 운전을 하려고요."라고 말한다. 그리고는 놀이쌤이 박스 윗부분에 구멍을 뚫자 접시저울의 둥근 부분을 끼우고 돌리며 "붕붕~ 이건 핸들이야."라고 말한다.

고장 난 접시저울을 과학 영역 한쪽 구석에 두었는데 어떻게 그걸 사용할 생각을 했는지, 놀이쌤은 유아들의 관찰력에 다시 한번 놀랐다.

유아들이 보기에 어느 정도 버스의 윤곽이 잡혔는지 시연이가 버스를 예쁘게

② 캠핑 기차 만들기

③ 손수레로 물건 옮기기

④ 캠핑용품 가게

꾸며야 한다며 매직을 가져와선 그림을 그린다. 그러자 옆에서 구경을 하던 민지가 다른 상자 하나를 들고 와서는 "선생님, 여기에 구멍 뚫어서 고무줄로 연결해주세요. 나는 버스 말고 캠핑장 가는 기차 만들 거예요."라고 한다. 민지는 박스 2개를 연결해 기차를 만들고 싶은 것이다. 놀이쌤은 박스에 고무줄을 연결하면서 상자를 더 많이 가져오지 못한 것을 아쉬워했다. 그때 지윤이가 역할 영역에서 손수레를 가져와 박스에 연결해달라고 한다. 기차가 완성되자 유아들은 기차에 싣고 갈 물건이라며 여러 가지 음식과 보자기, 방석 등을 기차 안에 넣는다. 이윽고 상자 안으로 들어간 유아들은 마치 기차가 출발하는 것처럼 제자리 뛰기를 하면서 "칙칙 폭폭~" 소리까지 지르며 즐거워한다.

유아들은 기차놀이를 하면서 기차에 싣고 간 물건들은 정해진 장소에 모아놓는다. 그러더니 책상을 보자기로 감싸고는 물건들을 예쁘게 정리하고 가게 놀이를 한다. "물건 사세요, 물건 사세요. 여기는 캠핑용품을 파는 곳이랍니다. 캠핑에 필요한 물건들이 많이 있어요."라고 말하며 캠핑하는 친구들에게 물건을 팔기 시작한다.

역할 놀이는 유아들로 하여금 자신의 경험을 재연할 수 있는 기회를 갖게 하는 동시에 사회적 역할을 배우고 의사소통의 기술을 습득할 수 있게 한다. 역할 놀이는 다른 유형의 놀이에 비해 놀이쌤이 사전에 준비해야 할 것이 많아 부담스러운 것이 사실이다. 그러나 유아에게 역할 놀이는 놀이쌤의 생각처럼 많은 시간과 공을 들여 준비할 때만 가능한 놀이가 아니다. 유아는 놀이의 준비 과정 자체를 즐긴다. 놀이에 필요한 자료를 주변에서 찾고 적당한 재료를 대체물로 활용하고 놀이를 발전시키며 그 속에서 즐거워한다. 유아들로부터 발현되는 놀이는 단순하게 시작되지만, 놀이가 진행되고 발전함에 따라 복잡한 사고를 갖게 하며 배움으로 이끌어준다.

episode 5 ▸ 휴지 속대를 이용한 바비큐 놀이

캠핑 놀이가 여러 놀이로 발전되고 확장될 무렵, 유아들의 가정으로부터 캠핑 관련 자료들을 지원받기 시작했다. 부모들은 휴지 속대와 캠핑 의자, 작은 텐트 등을 유아 편에 보내왔다.

놀이쌤은 유아들에게, 휴지 속대를 이용해 무엇을 만들 수 있을지 질문했다. 한 유아가 "모닥불 피울 때 쓰는 나무같이 생겼어요. 바비큐도 구워 먹을 수 있어요."라고 대답한다. 다른 유아들도 같은 생각이라는 듯 빨간색 블록으로 모닥불을 피울 화로 모형을 만들더니, 휴지 속대를 나뭇가지라며 그 안에 넣는다. 그렇게 역할 영역의 음식 모형과 쌓기 영역의 블록 등이 음식이 되어 모닥불 위에 얹혔다.

한참을 모닥불에서 음식 굽기 놀이를 하던 민정이가 문득 무언가 생각났는지 검은색 사인펜을 가져와 휴지 속대에 고기와 채소 그림을 그려 넣었다. 휴지 속대는 모닥불을 피울 때 사용하는 나뭇가지에서 다양한 모양의 꼬치구이로 바뀌었다. 이후 민정이는 휴지 속대를 갖가지 색종이로 감싸며 갈색의 고기와 초록색의 브로콜리, 주황색의 당근, 빨간색의 소시지로 변신케 했다. 그러자 유아들은 한발 더 나아가 이렇게 색종이로 꾸며진 휴지 속대에 나무젓가락까지 꽂아 꼬치구이로 만들었다. 바비큐 놀이는 이후 교실 캠핑장뿐 아니라 복도 통로는 물론이고 복도에 있는 옷장 등 장소를 이동하며 진행됐다.

① 가정에서 지원해준 휴지 속대

② 모닥불 땔감으로 변신한 휴지 속대

③ 사인펜으로 그린 고기와 채소

④ 색종이로 만든 꼬치

⑤ 복도에 만든 바비큐장

⑥ 옷걸이를 이용해 만든 바비큐장

episode 6 **잠자리, 나비 잡기 놀이**

가정에서 지원받은 또 하나의 놀이 자료는 잠자리채였다. 유치원 밖에 나비나 잠자리 같은 곤충들이 없으니 유아들과 함께 가서 사용을 못하고, 교실에서 잠자리채로 무엇을 해야 하나 난감했다. "얘들아, 잠자리채가 있는데 이것으로 어떻게 놀까?" 하고 놀이쌤이 묻자 지윤이가 "유치원 밖에 잠자리가 있으면 잡으면 되는데 잠자리가 없으니까 교실에서 잠자리를 그려 붙여요. 그리고 우리가 잠자리를 잡으면 돼죠."라고 한다.

유아들의 문제해결력은 언제나 기발하고 쉽다. "선생님, 잠자리랑 나비, 벌… 우리가 그리고 싶은 거 다 그려도 돼죠?", "그럼~ 너희들이 그리고 싶은 거 다 그려도 돼." 유아들은 여러 종류의 곤충을 어설프게나마 그리고 가위로 잘라가며

① 잠자리채로 그림 잠자리 잡기

② 흔들리는 그림 나비 잡기

만들기 시작한다. 이윽고 유아들은 자신들이 그리고 오린 곤충 그림들을 교실 문과 선풍기, 파라솔 등에 줄을 달아 매달았다. '고정되어 있는 곤충들을 잡는 것이 과연 재밌을까?'라는 놀이쌤의 생각과 달리 유아들은 잠자리채를 이용해 스스로 순번을 정하고 줄까지 서면서 곤충 잡기 놀이에 푹 빠진 모습이다. 그리고 창문으로 들어오는 바람에 흔들리는 곤충을 잡는 것이 더 재밌다는 것을 알게 된 유아들은 바람이 통하는 곳으로 그림 곤충을 옮겨 매달기도 했다.

episode 7 **물고기 낚시 놀이**

놀이쌤이 파란색 비닐봉지에 쓰레기를 담는데 채준이가 보고는 "선생님, 이거 바다 색깔 같아요."라고 한다. 놀이쌤이 비닐봉지 몇 장을 내어주자 교실은 순식간에 바다 캠핑장으로 변한다. 어느덧 바다가 되어버린 파란색 비닐봉지 위에 유아 몇이 매직으로 물고기를 그리기 시작한다. 그림이 그려지는 사이 또 다른 유아는 바다 속에 들어간다며 비닐 위에 올라가 이리저리 돌아다닌다. 채 마르지 않은 그림들이 밟히면서 지워지자 그림을 그리던 유아들이 불평을 한다. 놀이쌤은 종이 위에 물고기를 그리자고 제안했다. 유아들은 흔쾌히 동의하고 종이에 그림을 그리고는, 가위로 오린 뒤 파란 비닐 위에 올려놓았다. 이제 파란색 비닐 바다 위에는 물고기들이 헤엄을 치는 중이다. 그러자 누군가 낚시 놀이를 하자고 제안했고,

자석 낚시를 경험했던 몇몇의 유아가 놀이쌤에게 자석을 요구했다.

놀이쌤은 물고기 모양에 클립을 끼우고 자석에 줄을 달아 유아들이 낚시 놀이를 할 수 있도록 자석 낚싯대 3개를 준비해주었다. 그런데 낚싯대가 3개뿐이라 자기 차례를 기다리는 것이 지루해졌는지 채연이가 아이디어를 낸다. 교실 칠판에 붙어 있는, 자신들의 이름표 뒤에 붙어 있는 자석을 이용해 낚싯대를 만들자는 것이다. 미처 생각하지 못한 제안이었기에 채연이를 칭찬해주고 곧바로 털실을 이름표에 연결해 유아들에게 나누어주었다. 유아들은 자기 이름표가 달린 전용 낚싯대를 모두 갖게 된 것이다. 자신의 이름이 적힌 낚싯대여서일까? 유아들은 저마다 낚싯대를 더 소중하게 다루었고, 친구들의 낚싯대 줄과 엉키지 않도록 이름표를 줄 세워 정리 정돈 하는 모습으로 놀이가 진행됐다.

캠핑 놀이는 물고기 낚시에 이어 바다 캠핑 놀이로 흥미롭게 어우러지며 진행되어간다.

유아 주도적 놀이가 활발해질수록 교실 안팎에 존재하는 모든 사물은 유아에게 의미 있는 존재가 된다. 놀이쌤은 유아들의 창작력을 잘 알고 있기에 유아가 사물에 대해 이야기하는 것을 무심히 지나치지 않고 흥미를 갖고 듣게 된다. 또한 미처 생각하지 못했던 부분에서 아이디어를 내는 유아들의 독특한 제안을 칭찬하고 격려한다. 유아들의 제안으로 놀이는 더욱 즐겁고 의미 있게 발전하는데, 이때 놀이쌤의 응원은 유아의 자존감을 높이는 힘이 되기도 한다.

① 비닐에 물고기 그리기

② 자석 이름표 낚싯대

③ 물고기 낚시 놀이

교육과정 관련

신체운동·건강

신체활동 즐기기	실내외 신체활동에 자발적으로 참여한다.
안전하게 생활하기	일상에서 안전하게 놀이하고 생활한다.

- 유아들은 보자기나 매트로 영역을 구성하거나 블록으로 경계선을 만들 때 스스로 신체활동에 참여하여 놀이를 주도한다.
- 유아들은 박스에 구멍을 내는 것이 위험한 행동임을 인지하고 놀이쌤에게 도움을 요청하여 안전하게 놀이를 하려고 노력한다.

의사소통

듣기와 말하기	자신의 경험, 느낌, 생각을 말한다.
	상대방이 하는 이야기를 듣고 관련해서 말한다.

- 유아들은 자신의 경험, 느낌, 생각을 친구들과 함께 이야기하며 토의하는 과정을 통해 새로운 놀이를 생성하고 변형·확장해 나간다.

사회 관계

더불어 생활하기	친구와 서로 도우며 사이좋게 지낸다.

- 유아들은 친구들과 무거운 책상을 같이 옮기고 잠자리채로 잡히지 않는 곤충들을 잡는 방법을 알려주는 등 서로 힘을 합치고 어려운 일을 도와주며 사이좋게 지낸다.

예술 경험

창의적으로 표현하기	다양한 미술 재료와 도구로 자신의 생각과 느낌을 표현한다.

- 유아들은 캠핑 놀이를 하기 위해 교실에 있는 보자기, 블록, 책상, 우산, 박스, 휴지 속대, 이름표 등의 다양한 재료를 이용해 자신의 생각을 표현한다.

놀이쌤의 고민과 성찰

놀이 중심 교육과정을 운영하다 보니 유아들의 놀이 전개 방식과 놀이 흐름에 기대감이 생긴다. 유아가 놀이를 주도하도록 놀이쌤은 자신의 생각을 일방적으로 이야기하기보다 놀이 상황을 관찰하고 유아들의 느낌과 생각을 우선 경청한다. 유아들이 말하는 이야기의 의미와 유아들의 몸짓과 행동을 살펴보고 놀이가 어떻게 전개될지 예측하는 것은 놀이의 지원 방식을 결정하는 데도 도움이 된다.

그러나 유아들의 놀이는 언제나 새롭고 전혀 예상하지 못한 방향으로 전개되는 경우가 빈번하다. 이런 경우에 놀이쌤은 자신의 의견을 먼저 말하기보다 새롭게 전개되는 놀이에서 행해지는 유아들의 말과 행동에 관찰의 초점을 맞추며 그들의 이야기에 귀를 기울여야 한다.

유아 놀이는 롤러코스터처럼 일련의 예측할 수 있는 긴장감과 놀라움을 안겨주며, 늘 새롭고 흥미롭다. 그 속에는 예측하지 못한 순간들이 산발적으로 존재하고, 외부에서 가해지는 여러 제안 혹은 조언들이 극적인 변화의 순간을 가져오는 티핑 포인트(Tipping Point)로 작용하며 전혀 다른 형태로 놀이가 전개되기도 한다.

많은 유아가 폭발적으로 관심을 보이는 놀이는 짧은 시간에도 집중도와 완성도를 높일 수 있다. 이때 동일한 놀이에 흥미를 갖는 유아들은 자신의 경험에서 발전한 놀이를 제안하게 되고, 자신이 가장 잘하는 놀이 방식으로 다른 친구에게 도움을 주며, 이제껏 잘하지 못해 망설였던 놀이에 도전하는 용기도 낸다.

유아들은 현실에서는 불가능한 것들을 놀이로 이어가며 그 속에서 기쁨과 즐거움을 얻는다. 놀이 과정에서 필요한 소품을 만들기 위해 재료를 찾아보고 만들어가는 과정에서 창의적 사고가 촉진하며, 이러한 과정에서 유아와 교사, 유아와 유아, 유아와 놀이 자료 간의 상호작용이 증폭한다. 유아의 의미 있는 경험은 모두 교사가 갖고 있는 놀이에 대한 신념과 이에 따른 교수 행위의 산물임을 알기에 놀이쌤은 오늘도 성찰의 시간을 갖는다.

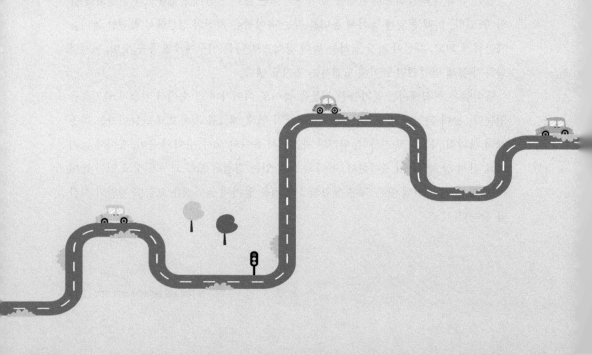

PART 04

의미 읽기를 통한 놀이와 활동의 연결

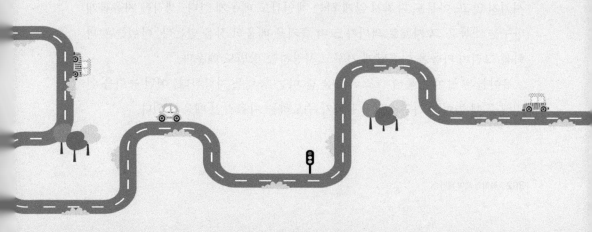

네 맘대로
세상을 칠해봐

🔎 놀이의 의미와 가치

유아들은 필요한 놀잇감을 직접 만들 때 더욱 신이 나서 놀이에 몰입한다. 놀잇감 중 재활용품은 마음껏 상상하기가 가능한 아주 좋은 놀이 재료이다. 재활용 상자를 이용해 집을 짓고 도로를 닦고 마을을 꾸미는 유아들의 눈빛이 반짝인다. 자신의 생각대로 꾸민 공간은 그 자체로 유아들에게 신나는 놀이터이며, 아침마다 유치원에 오고 싶은 설렘을 주는 곳이다. '재활용 놀이터'는 유아들이 사람, 자연, 시간, 공간, 문화 등과 마주치며 겪는 다양한 경험들로 채워진다.

자유로운 놀이는 유아의 흥미와 욕구를 일깨운다. 이런 놀이는 주변을 오염시키지 않고, 아무도 다치지 않게 하는 책임감도 배우게 한다. 생각을 자유롭게 나누는 소통은 그 자체로 의미가 크며 즐거운 배움의 장을 만든다. 아이들은 벽화를 그리며 마을을 아름답게 가꾸고 사랑하는 방법도 배운다.

유아들은 놀이를 통해 스스로 배울 줄 아는 능력을 자랑한다. 이런 능력을 인정해줄 때 놀이는 자연스럽게 유아가 주도하는 자율적인 배움이 된다.

놀이 활동의 흐름

주제, 공간, 방법의 자율성을 허용하자 평소에는 그리기 활동에 참여하지 않았던 유아들이 자발적으로 그림 그리기를 즐긴다. 놀이쌤은 놀이가 계속 확장할 수 있도록 관련한 동화, 이야기 나누기, 토의 등 다양한 방법을 지원했다.

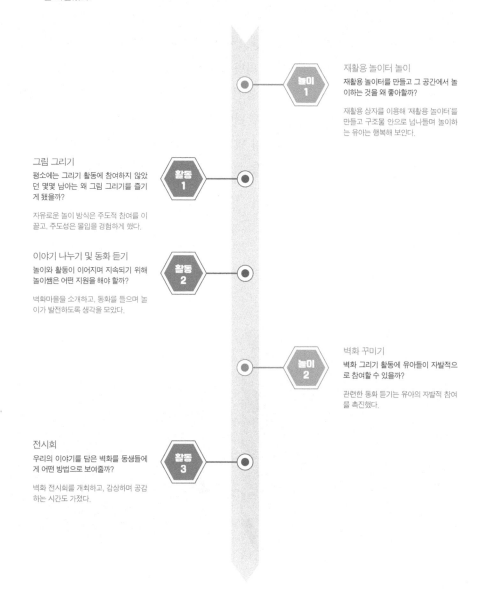

재활용 놀이터 놀이
놀이 1
재활용 놀이터를 만들고 그 공간에서 놀이하는 것을 왜 좋아할까?

재활용 상자를 이용해 '재활용 놀이터'를 만들고 구조물 안으로 넘나들며 놀이하는 유아는 행복해 보인다.

그림 그리기
활동 1
평소에는 그리기 활동에 참여하지 않았던 몇몇 남아는 왜 그림 그리기를 즐기게 됐을까?

자유로운 놀이 방식은 주도적 참여를 이끌고, 주도성은 몰입을 경험하게 했다.

이야기 나누기 및 동화 듣기
활동 2
놀이와 활동이 이어지며 지속되기 위해 놀이쌤은 어떤 지원을 해야 할까?

벽화마을을 소개하고, 동화를 들으며 놀이가 발전하도록 생각을 모았다.

벽화 꾸미기
놀이 2
벽화 그리기 활동에 유아들이 자발적으로 참여할 수 있을까?

관련한 동화 듣기는 유아의 자발적 참여를 촉진했다.

전시회
활동 3
우리의 이야기를 담은 벽화를 동생들에게 어떤 방법으로 보여줄까?

벽화 전시회를 개최하고, 감상하며 공감하는 시간도 가졌다.

📍 놀이 흐름

> episode 1 ◀ **재활용 놀이터 벽에 그림을 그리는 유아들**

유아들은 교실 한쪽에 자리한 커다랗고 작은 재활용 상자를 이용해 '재활용 놀이터'를 만들고는, 구조물 안으로 머리만 넣기도 하고 혹은 그 안으로 들어가거나 밖에서 다양한 방법으로 놀이를 즐긴다. 언제부턴가 유아들이 재활용 놀이터 곳곳에 그림을 그리는 모습이 관찰된다. 특히 평소에는 그림 그리기를 즐기지 않았던 남아들이 재활용 놀이터의 벽 곳곳에 그림을 그리거나, 재활용 상자에 그림을 그려서 공간을 표시하는 등 그리기 활동에 푹 빠진 모습을 보인다.

🧑 평소 주제나 활동에 맞춘 그림 그리기를 싫어하던 몇몇 남아는 왜 저렇게 열심히 그림을 그릴까? 정해진 종이에, 정해진 주제로 그림을 그리는 것이 싫었던 건 아니었을까? 공간과 주제, 방법 등에 더 자유를 준다면 그림 그리기 활동을 즐기게 될까? 이런 궁금증과 고민이 생긴 놀이쌤은 아이들에게 자율성을 허용하고 몰입하는 과정을 들여다보기로 했다.

① 재활용 상자를 이용한 놀이터　　② 유아들이 만든 놀이 공간

③ 재활용 상자에 그림을 그려 만든 공간

④ 유아들이 만든 벽화

내 맘대로 세상을 칠한다면?

놀이쌤은 유아들이 재활용 놀이터에 그림을 그리며 몰입하는 모습을 보고 '부산 벽화마을'과 '홍제동 개미마을' 등 벽화로 아름다워진 동네의 모습에 대해 이야기를 나누는 시간을 지원한다.

유아들은 "동네가 정말 예뻐요, 우리도 저렇게 그림을 그려보면 좋겠어요.", "우리 동네도 그림 그리면 이쁘겠다."라고 말하며 깔깔대고 웃는다.

놀이쌤은 유아들의 흥미와 관심이 놀이와 활동의 확장으로 이어지도록 『네맘대로 세상을 칠해봐』 동화를 먼저 들려준다. 그리고 "네 마음대로 세상을칠할 수 있다면 어떤 색들을, 어떤 그림들을 그려보고 싶니?"라고 질문을 던진다.

 놀이쌤은 유아들에게 A4 용지 정도의 종이에 그림을 그리게 한 후 모아서 전시를 할 계획이었으나,

평소 그림 그리기를 싫어하던 몇몇 남아도 즐겁게 참여할 수 있도록 '벽화인데 정말 벽화처럼 크게 그려보는 것은 어떨까?'라고 제안해보았다. 유아들의 자유로운 표현을 적극적으로 지지하고 모든 유아의 참여를 지원하려는 마음이 들었기 때문이다.

episode 3 **아름다운 벽화를 위한 준비**

"우리 마을을 아름답게 만들 수 있는 벽화를 어떻게 그리면 좋을까? 생각을 나누어보자"라는 놀이쌤의 질문에 유아들은 자유롭게 생각을 표현하고 아이디어를 낸다. 스케치를 할 것인가에 대한 이야기도 나눈다. 크레파스, 색연필, 물감 등 저마다의 원하는 도구를 선택하고 벽화의 내용 역시 우리 마을에 어떤 그림이 있으면 더 아름다울지에 대한 각자의 생각을 담아 그리기로 한다. 물을 가져오는 친구, 물감을 짜는 친구 등 역할 분담도 한다. 벽에 물감이 묻지 않도록 신문지를 붙이자고 제안하는 유아도 있고, 많은 신문지가 필요하다는 이야기에 신문지를 가져오겠다는 유아도 있다.

① 아름다운 벽화를 그리기 위한 이야기 나누기

② 벽화 그리기를 위한 의사결정 과정

🔴 놀이쌤은 옆반 교사와 함께 큰 종이를 교실 앞 복도 벽에 부착하고 유아들이 오염에 신경 쓰지 않고 자유롭게 그릴 수 있도록 벽의 옆과 아래에 신문지를 덧대어 주었다. 그리고 활동이 시작되기 전에 각 가정에 놀이의 배경과 취지를 안내하고 유아에게 편한 옷을 입혀 등원시켜달라고 부탁하는 등 여러 상황에 구애받지 않고 자유롭게 그리기를 할 수 있도록 준비했다.

episode 4 ◀ 벽화 놀이에 자발적으로 참여하는 유아들

벽화는 하루 종일 그릴 수도 있지만, 놀이쌤은 모든 유아가 반드시 벽화 그리기 활동에 함께해야 하는 것은 아니라고 이야기한다. 유아가 복도와 교실에서의 놀이를 선택할 수 있고 선택한 장소에서의 놀이 역시 원하는 방식으로 참여할 수 있음을 전하고, 자유롭게 놀이한다는 것은 이에 따른 책임이 필요하다는 것을 유아가 느끼게 하고 싶었다. 이에 놀이쌤은 '자율적인 선택에 따른 우리의 책임은 무엇일까'에 대해 이야기를 나누어 보자고 제안한다.

재아는 이전 놀이에서 '책임'이라는 가치에 대해 이야기했던 경험을 떠올리듯 "벽에 그림을 그려서 더럽히지 않아야 해요. 우리가 지켜야 하는 규칙을 지킬 책임이 있어요."라고 대답한다. "선생님이 보지 않을 때 다치지 않을 책임도 있어요."라고 은재가 덧붙인다.

🔴 하루 종일 벽화 그리기를 할 수 있게 계획할 수도 있지만 그림 그리기에 거부감을 느끼는 유아도 있을 것이므로 자유롭게 활동에 참여할 수 있도록 했다. 복도에서는 벽화를 그리고 교실에서는 자유놀이를 할 수 있도록 하고 필요한 공간을 확장했다. 물론 놀이쌤은 유아의 안전사고에 대한 우려, 물감 활동을 하다 보면 으레 발생하는 오염이 걱정은 됐으나 평소 유아들과 자주 이야기를 나누었던 자유와 책임이라는 가치를 유아들이 생각해보도록 했으며, 유아들을 신뢰하기로 했다.

벽화 그리기가 시작되자 유아들 사이에서 공간과 관련해 분쟁이 일어난다. 놀이쌤은 분명 여유롭게 공간을 계획했다고 생각했으나 유아들이 많이 모이다 보니 그리기 공간이 부족해진 것이다. 놀이쌤은 '어떻게 하면 좋을지' 다시 유아들과 의견을 나누기 시작한다. 유아들은 '위와 아래로 나누어서 그리기', '오른쪽과 왼쪽으로 나누어서 그리기', '물감이 흘러내려 색이 섞이므로 밝은 색부터 그리기' 등 그동안의 경험을 기반으로 이야기하고 합의하며 하나씩 문제를 해결해나간다.

유아들은 그렇게 놀이를 통해 사람들과 관계를 맺고 사회의 중요한 구성원으로 성장하며 공유와 협동의 가치를 배우고 있는 것이다. 벽화 그리기 활동에 참여하지 않는 유아가 단 한 명도 없을 만큼 모든 유아가 적극적으로 놀이에 몰입하고 있다.

유아들은 벽화에 자신들의 이야기를 기록해나간다. 평소 그림 그리기에 즐겨 참여하지 않았던 몇몇 유아도 긴 시간 집중해서 벽화 활동에 자발적으로 참여한다. 참 신기한 일이다.

🧑 벽화 그리기를 관찰하던 놀이쌤은 남아들이 그림 그리기를 싫어했던 이유가, '그림 자체를 싫어한 게 아니라 정해진 것을 정해진 방법으로 그리는 것이 싫었던 게 아닐까?'라는 생각을 하게 됐고, 앞으로도 많은 유아들이 보다 자유롭고 즐겁게 미술 활동을 할 수 있는 방법은 없는지 찾아보기로 했다. 한편 놀이쌤은 벽화를 그리는 복도와 교실을 오가면서 물감 보충해주기, 교실 놀이 함께 하기 등으로 유아 개개인의 놀이와 활동을 관찰하고 지원했다. 유아가 어떤 선택을 하든지 놀이쌤은 자유로운 방식의 참여를 격려했다. 유아들은 개별 관심과 흥미에 따라 벽화 그리기와 교실 놀이에 번갈아 참여했다.

유아들은 그림을 그리면서 협동하는 모습을 보인다. 무거운 물통 손잡이를 같이 들기, 조심스럽게 이동하기, 좁은 공간을 서로 나누어 함께 사용하면서 모두가 공동의 목표를 가지고 참여할 때 더욱 즐겁게 놀 수 있음을 경험하고 있다.

① 모두 함께 참여하는 벽화 그리기

② 평소 그리기에 참여하지 않던 유아도 즐겁게 벽화 그리기

③ 친구의 그림에 색칠하기

④ 상상 속 그리기에 빠진 유아

episode 5 ◀ 우리 마을 벽화 전시회에 초대합니다!

놀이쌤은 벽화 그리기에 자발적으로 참여해서 즐겁게 표현하는 아이들의 감성을 지속시키고자 전시회를 개최하여 유아들의 성취감과 자신감을 격려했다.

🧑 벽화 그리기 활동을 하면서 놀이쌤은 교사의 계획과 지도 하에 유아에게 전달하는 협력의 중요성이 아닌, 유아가 놀이를 통한 '즐거운 협력의 경험을 더 많이 갖기를 희망했다. 유아 스스로 공동체에 대한 소속감과 자부심을 가지고 합의를 위해 의견을 조율하고 협력하는 경험을 갖게 해주고 싶었다. 놀이쌤은 유아들이 이런 과정을 통해 공동체성과 건전한 시민의식을 형성하여 더불어 살아가는 사회 구성원으로 성장할 것이라는 기대와 확신이 있기 때문이다.

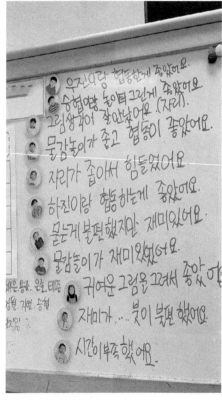

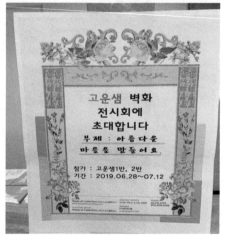

① 벽화 그리기에 대한 유아들의 평가　　　② 벽화 전시회

재활용 상자를 이용한 '재활용 놀이터 만들기'는 재활용 놀이터에 그림을 그리는 유아들이 관찰되면서 '벽화 그리기' 활동으로 이어졌고, 이 활동은 이후 아름다운 마을을 가꾸기 위한 '환경 캠페인' 활동으로 확장됐다.

📍 관찰에 기초한 놀이 지원

자발적인 그림 그리기	평소에는 그리기 활동에 참여하지 않았던 남아들이 왜 자발적으로 그림 그리기를 즐기게 됐을까? 하는 궁금증이 생겼다. 주제, 공간, 방법의 자율성을 허용하고 몰입의 과정을 관찰해보니, 자유로운 놀이의 방식은 주도적 참여를 이끌고 놀이의 주도성은 몰입의 즐거운 경험을 갖게 한다는 것을 알게 됐다.
놀이와 연결된 이야기 나누기와 동화	놀이와 연결된 활동(이야기 나누기)은 벽화에 대한 관심을 증폭시켰고, 호기심을 자극하는 동화책을 선정해서 읽어주자 또 다른 놀이로 확장됐다.
서로의 의견을 나누는 소집단 토의 활동	유아에게 동기가 부여된 놀이는 다음 놀이에 대한 기대감을 갖게 한다. 유아는 재미있는 놀이를 만들어가기 위해 필요한 사안을 함께 이야기하게 되는데, 필요에 따라 만들어진 토의 시간은 이야기 주제에 대한 집중과 서로의 의견을 듣고 조율하는 방법을 터득하게 한다.
공유를 위한 전시회	모두가 참여하여 함께 만든 놀이는 즐거운 과정일 뿐만 아니라 의미 있는 결과를 창출한다. 유아는 자신들이 함께 만든 의미 있는 결과를 다른 사람들과 나누기를 원한다. 유아는 결과를 다른 사람들과 공유하기 위해 다시 토의를 하는 가운데 다른 사람을 고려한 사고의 과정을 경험하게 된다.
마을을 지키고 사랑하는 마음을 담은 환경 캠페인	유아는 자신들이 결정한 놀이 과정에서 발생한 문제에 대해서는 훨씬 너그럽게 대응한다. 새로운 규칙을 만들기도 하고 자연스러운 역할 분담에 따른 사회적 기술을 배우기도 한다. 무엇보다 함께 만든 규칙을 스스로 지켜나가며 책임감을 학습한다.

교육과정 관련

신체활동 즐기기	신체 움직임을 조절한다.

- 유아는 그리고 만드는 과정에서 온몸의 감각을 이용하여 움직이고, 표현의 방식에서 필요한 대근육과 미세한 소근육을 조절하며 활용한다.

의사소통

	말이나 이야기를 관심 있게 듣는다.
	자신의 경험, 느낌, 생각을 말한다.
듣기와 말하기	상대방이 하는 이야기를 듣고 관련해서 말한다.
	바른 태도로 듣고 말한다.

- 아름다운 벽화 그리기와 마을 가꾸기를 위한 자리에서 유아들은 자신의 경험, 느낌, 생각을 자유롭게 주고받으며, 친구의 이야기를 귀 기울여 듣고 바른 태도로 말하는 경험을 한다.

사회 관계

나를 알고 존중하기	내가 할 수 있는 것을 스스로 한다.
더불어 생활하기	친구와 서로 도우며 사이좋게 지낸다.
	약속과 규칙의 필요성을 알고 지킨다.

- 유아는 물감 활동으로 인한 주변의 오염, 이동 중 다치지 않을 책임, 협소한 작업 공간 등에 대해 의견을 나누고 합의하는 과정을 통해 다양한 문제를 해결해나가며 관계성을 배운다.

예술 경험

아름다움 찾아보기	예술적 요소에 관심을 갖고 찾아본다.
창의적으로 표현하기	다양한 미술 재료와 도구로 자신의 생각과 느낌을 표현한다.
예술 감상하기	서로 다른 예술 표현을 존중한다.

- 유아는 벽화를 꾸미기 위해 자신의 생각과 느낌을 자유롭게 표현한다.
- 유아는 작품을 감상하며 서로의 표현을 존중하고 아름다운 요소를 공유한다.

평소 그리기 활동을 싫어하던 남아들이 '재활용 놀이터' 놀이에 흠뻑 빠져 그림을 그리는 모습은 놀이쌤으로 하여금 많은 것을 생각하게 했다. 단순히 평면적인 작업 활동보다는 입체적인 구성하기를 좋아한다고 생각했고, 그림으로 표현하는 데에 자신이 없기에 즐겨 참여하지 않는다고 생각했다. 그러나 기존의 형식과 틀을 깬 커다란 종이에 익숙한 책상과 바닥이 아닌 벽면에 마음껏 그림을 그리고, 부드러운 소재의 붓과 색의 혼합이 자유로운 물감 등을 활용한 미술 놀이는 유아의 호기심을 불러일으키기에 충분했다. 동화를 듣고 나서 유아가 제안한 벽화는 놀이쌤에게도 동기부여가 되었지만 하얀 벽이 물감으로 더럽혀질까 봐 선뜻 수용하기가 어려웠다. 그러나 이런 걱정이 기우였음을 유아들은 놀이로 보여주었다. 놀이가 끝난 후에도 복도 벽은 원래의 모습 그대로 깨끗했으니까.

유아들은 서로 의견을 나누고 합의하는 놀이 과정을 통해 건강한 시민으로 성장하는 모습을 보여주었다. 위에서 아래로 흐르는 물감의 특성을 생각해 밝은 색부터 칠하고 나중에 어두운 색을 입히는 기발한 발상, 벽화 놀이를 즐기며 동네를 아름답게 가꾸는 책임감, 스스로 제안한 환경보호 운동까지 해내는 유아들이 너무나도 기특하고 대견했다. 유아들은 이러한 과정에서의 배움을 좋아했고, 함께하는 놀이는 그것이 무엇이든 언제나 즐겁게 참여했다.

'놀이' 하면 나는 유년 시절이 떠오른다. 민들레 꽃잎을 모래 위에 얹은 노란 꽃밥으로 밥상을 차리며 놀던 날, 햇살은 참으로 따뜻했고 바람은 감미로웠다. 감나무 아래에서 감이 얼마나 익었는지 눈이 시릴 정도로 쳐다보며 기다렸던 시간은 인내심을 배우게 했다. 하얀 눈이 소복이 쌓인 날, 비료 포대에 지푸라기를 잔뜩 쑤셔 넣은 썰매를 타고 언덕을 내려올 때, 발아래로 펼쳐지는 평화로운 마을을 보며 자신감을 키웠다. 유년 시절은 삶 자체가 '놀이'였고 마을은 훌륭한 '배움터'였다. 어른들의 간섭이나 평가 없이 자유롭게 자신의 생각대로 자연과 세상을 만나면서 놀이에 푹 빠져 즐기는 유아가 많아지길 바란다.

바글바글
미용실에 손님이 몰려와요

▶5세반 ▶자유놀이 시간 ▶4주 전개

🔍 놀이의 의미와 가치

유아의 놀이는 일상생활을 그대로 담아낸다. 미용실 놀이는 평소 머리 모양, 옷차림 등 꾸밈새에 관심이 많던 여아들이 전개한 놀이이다. 성인이 매만져주는 머리 모양을 경험한 유아들은 모방을 바탕으로 다양한 묶기와 땋기 기술을 개발하여 미용실 놀이에 적용했다.

학급의 친구들을 대상으로 전개된 미용실 놀이는 시간이 흐르면서 손님으로 참여했던 친구들의 관심이 줄어들면 더 이상 전개가 어려워진다. 놀이가 멈춰질 위기에서 놀이가 지속되길 원하는 몇몇 유아의 요구를 파악한 놀이쌤은 '손님을 모으는 방법'을 찾는 소집단 토의 활동으로 놀이를 지원한다. 그리고 놀이를 지속하기 위한 아이디어 회의를 통해 함께 생각을 모으고, 다른 학급의 협조를 구하면서 미용실 놀이를 다시 이어간다.

놀이와 활동의 경계를 굳이 명확하게 구분할 필요는 없다. 대집단이든 소집단이든 놀이쌤은 놀이와 자연스럽게 이어지도록 활동을 지원할 수 있다. 다만 활동도 유아들이 놀이라고 인식할 수 있도록 놀이의 요소를 담아야 한다.

놀이 활동의 흐름

유아들이 즐겨 참여하는 놀이가 계속해서 확장할 수 있도록 놀이쌤은 필요한 자료를 제공하고 적절하게 상호 작용한다. 미용실 놀이가 멈출 위기에서 놀이쌤은 소집단 토의 활동을 선택했고, 유아들이 놀이를 지속할 수 있는 방법을 찾도록 지원했다.

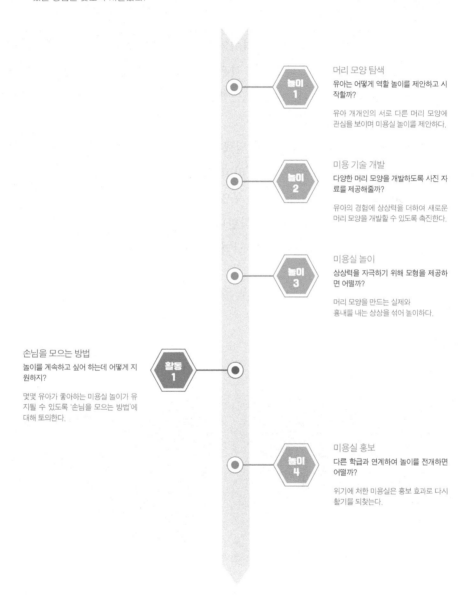

놀이 1

머리 모양 탐색

유아는 어떻게 역할 놀이를 제안하고 시 작할까?

유아 개개인의 서로 다른 머리 모양에 관심을 보이며 미용실 놀이를 제안하다.

놀이 2

미용 기술 개발

다양한 머리 모양을 개발하도록 사진 자 료를 제공해줄까?

유아의 경험에 상상력을 더하여 새로운 머리 모양을 개발할 수 있도록 촉진한다.

놀이 3

미용실 놀이

상상력을 자극하기 위해 모형을 제공하 면 어떨까?

머리 모양을 만드는 실제와 흉내를 내는 상상을 섞어 놀이하다.

활동 1

손님을 모으는 방법

놀이를 계속하고 싶어 하는데 어떻게 지 원하지?

몇몇 유아가 좋아하는 미용실 놀이가 유 지될 수 있도록 '손님을 모으는 방법'에 대해 토의한다.

놀이 4

미용실 홍보

다른 학급과 연계하여 놀이를 전개하면 어떨까?

위기에 처한 미용실은 홍보 효과로 다시 활기를 되찾는다.

📍 놀이 흐름

episode 1 **머리 모양에 관심을 갖다**

"윤아 머리 모양 이쁘다, 그지?" 다겸이의 말에 희주가 고개를 끄덕인다. "나도 고무줄로 묶을 줄 아는데." 다겸이가 작은 고무줄로 희주의 머리 끝부분을 감아 묶어본다. "와, 진짜 잘한다." 윤아가 손뼉을 치며 감탄하자 희주가 쪼르르 거울 앞으로 달려가서 보며 즐거워한다.

"다른 친구들의 머리도 묶어주면 되겠다."라는 윤아의 제안에 "우리 미용실 하자."라고 다겸이가 응한다. 세 친구는 미용실 놀이에 무엇이 필요한지 종이에 적으며 계획을 짜기 시작한다.

3명의 유아는 화이트보드에 개업 날짜를 적어놓고 가격표를 만들어 붙인다.

미용실 놀이 가격표

파마 5,000원, 고데기 1,000원, 땋는 것 2,000원 앞머리 1,000원, 잘라주는 것 5,000원

👩 놀이쌤은 미용실 놀이가 활발하게 이루어질 수 있도록 다양한 색깔의 고무줄과 미용 놀이 자료를 제공해주었다.

① 미용실 놀이 계획하기

② 미용실 개업 준비

③ 미용실 용품을 꾸미기

④ 미용 도구 진열하기

⑤ 역할 놀이에 필요한 지갑과 돈 만들기

⑥ 유아들이 만든 지갑

미용 기술을 개발하다

"이렇게 묶으면 안 돼?" 윤아의 제안에 다양하게 묶는 방법을 연습한다. 머리카락이 긴 윤아가 모델이 되고 손기술이 좋은 다겸이가 미용사가 된다. "손님들이 원하는 머리 모양을 고를 수 있도록 안내해주면 어때?" 놀이쌤이 제안하자 유아들은 저마다의 기억을 끄집어낸다. "엄마랑 미용실 갔을 때 봤는데 예쁜 머리가 많았어.", "나도 봤어.", "우리도 여러 가지 머리 모양을 찍어서 사진 책을 만들자." 유아들은 헤어스타일 안내 책을 만들기로 한다. 놀이쌤이 묶기와 땋기 등 다양한 헤어스타일이 담긴 사진을 지원해준다.

놀이쌤은 헤어스타일을 찾는 과정을 유아들에게 제안할까 고민하다가, 유아들의 관심이 머리를 직접 묶거나 땋는 것에 집중되는 것을 보면서 그 흥미를 더 지속시켜주고 싶어 화보를 직접 지원하는 방법을 선택했다. 주어진 자료를 어떻게 활용하는지도 궁금했기 때문이다.

"이건 너무 어려워. 이 모양으로 하자." 다겸이는 친구들과 의논하며 다양한 머리 모양을 시도한다. 한 갈래로 한 번 묶기와 두 번 묶기, 양 갈래로 한 번 묶기와 두 번 묶기, 한 갈래로 땋기, 양 갈래로 땋기, 양 갈래로 땋아서 묶기 등 유아들이 찾아낸 머리 모양이 매우 다양하다.

유아들은 화보에서 마음에 드는 머리 모양을 먼저 고른 다음, 자신이 할 수 있는지를 가늠하고 시도했다. 한 가지 스타일에서 파생하여 다른 스타일이 창작됐고, 시간이 지날수록 고무줄로 묶는 속도도 빨라졌다.

① 머리를 묶고 땋는 다양한 미용 기술을 연습하기

② 모방으로 시작하여 만들어낸 다양한 헤어스타일

"손님들 여기서부터 한 줄로 서주세요." 손님을 맞이하는 희주가 분주하다. 줄을 서서 대기하는 유아가 늘면서 기다리는 시간도 길어진다. 그럼에도 불평을 하거나 짜증을 내는 손님은 없다. 다겸이 미용사는 쉴 틈 없이 머리를 묶고 땋는다. 순서가 된 손님이 안내 책에서 머리 모양을 선택하고 요구하면 미용사가 그대로 만들어준다. 때로는 고무줄이 필요 없는 스타일도 있다. 파마나 고데기는 적당히 흉내만 내고 매만져준다. 특히 남자 손님은 딱히 스타일이 달라지는 것 없이 빗어주기만 하는데도 만족한 표정으로 돌아가는 신기한 미용실이다.

손님을 맞이하던 희주는 미용 비용을 계산하는 카운터도 맡는다. "파마 5,000원입니다.", "고데기 1,000원입니다." 헤어스타일이 많이 다르지 않은 것 같은데 나름대로 이름도 있다. 헤어스타일 이름과 가격이 주문 전에 정해지는 것이 아니라 미용이 끝나고 계산대에서 결정되는 데도 실랑이가 없다.

👩 유아의 놀이 속에는 실제와 허구가 섞여 있다. 그러나 유아들은 별로 개의치 않는다. 허구도 실제도 유아에게는 모두 즐거운 놀이이며, 즐거움은 변화와 몰입을 가져온다.

① 줄을 서서 대기하는 미용실 손님

② 미용 비용을 계산하는 카운터

분주하던 미용실에 손님의 발길이 뚝 끊겼다. 몇 번씩 다녀간 같은 반 손님들이 더 이상 미용실을 찾지 않기 때문이다. 미용실을 운영하던 세 친구가 풀이 죽어 앉아 있다.

"미용실 원장님, 우리 회의합시다." 지켜보던 놀이쌤이 미용실을 찾아 회의를 제안한다. 다겸이와 윤아와 희주가 종이와 연필을 들고 모여 앉는다. 미용실 직원이 아닌 영재도 관심을 보이며 함께한다.

> 놀이쌤 : 손님이 없는데 이제 미용실 문을 닫아야 할까?
>
> 윤아 : 안 돼요. 손님을 모으면 되잖아요.
>
> 놀이쌤 : 그러면 손님을 다시 오게 해야 할 텐데, 어떻게 하면 좋을까?
>
> 다겸 : 손님이 오면 선물을 주면 좋을 것 같아요.
>
> 윤아 : 어떤 선물을 주지? 지금 갖고 있는 게 없어.
>
> 희주 : 천사점토로 예쁘게 만들면 되잖아.
>
> 다겸 : 남자는 팽이를 좋아해. 팽이를 만들어주자.
>
> 희주 : 우린 못 만들어. 너무 어려워.
>
> 윤아 : 영재야, 네가 팽이 제일 잘 만들잖아, 도와줘.
>
> 영재 : 좋아, 해줄게.
>
> 다겸 : 팽이 만들기가 제일 어려우니까 그건 많이 왔을 때 주자.
>
> 윤아 : 다섯 번 오면 천사점토를 주고, 열 번 오면 팽이를 주면 어때?
>
> 유아들 : 좋아.
>
> 윤아 : 팽이를 영재 혼자 다 만들려면 힘드니까 남자애들한테 도와달라고 하자.

윤아는 팽이를 만들고 있는 남자 친구들에게 가서 도와달라고 요청하고, 남자 유아들은 흔쾌히 자신들이 만든 팽이를 건네준다.

놀이쌤 : 그럼 선물 준다는 걸 어떻게 알리지?

윤아 : 우리가 찾아다니면서 알려주면 돼요.

다겸 : 다른 반이랑 동생 반에도 가서 알리면 안 돼요?

놀이쌤 : 좋은 생각인데, 그 반 선생님께 허락을 받아야 하지 않을까?

윤아 : 우리가 가서 부탁해볼게요.

회의를 마친 유아들은 쿠폰을 만들고 점토로 선물도 만들기 시작한다. 미용실 놀이에 참여하지 않았던 다른 유아들도 만들기를 거들어준다.

놀이쌤은 놀이를 멈출 것인지, 아니면 다른 방향으로 확장할 것인지 유아들의 놀이를 좀 더 면밀하게 관찰한다. 놀이가 유지되길 원하는 유아들의 마음을 읽은 놀이쌤은 그들의 의견을 들어보기 위해 '회의를 소집했다. 손님이 없는 문제를 해결하기 위해 고민과 생각을 나눌 수 있도록 '토의 자리를 마련한 것이다. 미용실에 흥미를 잃은 학급 친구들 대신 다른 반으로 관심을 돌렸고 홍보를 하기 위한 자료도 만들고 전략도 세웠다. 놀이쌤은 유아들의 고민이 미치지 못하는 지점에서 질문으로 개입하여 토의가 활발하게 이루어지도록 지원했다. 짧은 시간의 소집단 활동이지만 미용실 놀이를 지속하고 확장하는 데 충분한 도움이 됐다.

① 놀이를 지속하기 위해 회의하기

② 점토로 홍보 선물 만들기

③ 쿠폰 카드 만들기

④ 쿠폰을 만드는 유아

episode 5 동생, 친구 손님이 몰려왔어요

유아들은 홍보를 위해 학급 친구들에게 초대장을 돌리며 쿠폰제를 알린다. 동생반과 옆반도 방문하여 열심히 홍보한다. "선생님, 우리 반에서 미용실을 하는데요, 손님 좀 많이 보내주세요."

미용실을 안내하는 화살표

교실 옆 복도 벽에는 미용실을 찾아오는 안내판과 화살표도 만들어 붙인다. 미용실 이름은 유아들의 성을 모아 '정최강최' 미용실이다.

홍보 효과로 손님들이 다시 미용실을 찾기 시작한다. 다른 반 친구들도, 동생들도 끊임없이 미용실을 찾았고, 방문했던 손님들의 입소문 덕에 다른 손님들도 물어물어 찾아온다. 미용실에 다시 즐거움과 활기가 넘친다.

주춤했던 미용실은 다시 문전성시를 이뤘다. 쿠폰제로 인해 남자 유아들의 팽이 만들기도 덩달아 바빠졌다. '미용실 영업 활성화'가 '보나 멋진 팽이 만들기'에 영향을 주었고 두 가지 놀이 덕분에 교실 전체가 활기를 띠었다. 전혀 다른 놀이인 미용실 놀이와 팽이 만들기가 함께 맞물려 돌아가는 기이한 경험이다.

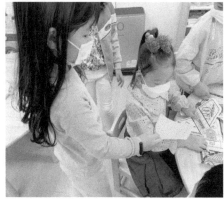

① 초대장 전달하기

② 옆 반 선생님께 미용실을 홍보하기

📍 관찰에 기초한 놀이 지원

소집단 토의 활동	놀이 과정에서 문제가 발생했을 때 유아들 스스로 문제를 해결할 수도 있지만 때로는 놀이쌤의 도움이 필요한 경우가 있다. 토의 활동의 경우 교사의 질문으로 유아들의 생각을 이끌어내고 스스로 해결 방법을 찾을 수 있도록 지원할 수 있는데, 학급 전체의 갈등이나 문제가 발생했을 때는 대집단 활동으로, 해당 놀이에 참여하는 유아들만 참여해도 되는 경우에는 소집단 활동으로 전개할 수 있다.

교육과정 관련

신체활동 즐기기	신체 움직임을 조절한다.

- 유아는 끈으로 머리를 묶거나 땋는 과정에서, 지갑을 만들고 간판을 그리는 등 미용실을 준비하는 과정에서 다양하게 소근육을 활용한다.

의사소통

듣기와 말하기	말이나 이야기를 관심 있게 듣는다.
	자신의 경험, 느낌, 생각을 말한다.
	상대방이 하는 이야기를 듣고 관련해서 말한다.
	바른 태도로 듣고 말한다.

- 미용실 놀이 과정을 통해 유아는 친구들과 역할에 맞게 자신의 느낌과 생각을 자유롭게 주고받는다.
- 소집단 활동을 통해 손님을 모으는 방법을 토의하며 상대방의 이야기를 듣고 그와 관련하여 자신의 생각을 말하는 경험을 한다.

사회 관계

나를 알고 존중하기	내가 할 수 있는 것을 스스로 한다.
더불어 생활하기	친구와 서로 도우며 사이좋게 지낸다.
	친구와 어른에게는 예의바르게 행동한다.

- 유아는 함께 미용실을 준비하고 놀이하는 과정에서 서로 역할을 나누고 서로의 생각을 존중하며 협력하여 놀이한다.
- 다른 학급 교사에게 미용실 놀이를 홍보하는 과정에서 어른에게 바른 태도로 자신의 생각을 명확하게 전달하는 경험을 한다.

예술 경험

아름다움 찾아보기	자연과 생활에서 아름다움을 느끼고 즐긴다.
창의적으로 표현하기	다양한 미술 재료와 도구로 자신의 생각과 느낌을 표현한다.

- 유아는 다양한 머리 모양을 만들고 감상하면서 아름다움을 느끼고 즐긴다.
- 유아는 끈을 이용하여 다양한 머리 모양을 구상하고 표현한다.

자연탐구

생활 속에서 탐구하기	도구와 기계에 대해 관심을 가진다.

- 미용실에서 활용하는 다양한 도구에 관심을 갖고 놀이에 활용한다.

놀이쌤의 고민과 성찰

놀이쌤은 유아들이 미용실 놀이를 시작하자 단순하게 머리 모양 흉내 내기를 하지 않을까 생각했다. 그러나 유아들은 끈을 활용해 일상생활에서 경험한 머리 모양을 모방하여 만들었고, 더 나아가 묶기와 땋기 등의 기술을 조합해 다양한 머리 모양을 개발해 냈다. 한 가닥과 두 가닥, 묶기와 땋기로 세밀하게 구분하여 다양하게 표현하는 유아들의 솜씨는 매우 놀라웠다.

유아에게 놀이는 일상생활의 연속이며, 서로의 경험이 통합되는 시간이며, 놀이를 통해 새롭게 접한 경험을 다시 생활에서 활용하는 삶이 되기도 한다.

이렇듯 유아는 생활 속에서의 경험을 놀이의 소재와 주제로 연결하는 데 천부적이다. 놀이를 들여다보면 유아들의 흥미와 관심뿐만 아니라 삶도 엿볼 수 있다.

의미 있는 놀이는 즐거움을 준다. 놀이가 즐거우면 유아의 삶도 더 행복해지지 않을까? 놀이가 곧 삶인 것을 새삼 깨닫는다.

아슬아슬
탑 놀이

▶5세반 ▶자유놀이 시간 ▶3주 전개

놀이의 의미와 가치

주변에서 흔히 보이는 돌멩이는 좋은 놀잇감이다. 잘 보이지 않는 돌멩이를 찾아 캐내는 탐색 놀이는 유아에게 주변 환경에 관심을 갖고 주의 깊게 관찰하는 기회를 제공한다. 또 매끈하게 다듬어지지 않고 모양이 제각각인 자연의 돌을 그대로 이용해 탑을 쌓는 놀이는 유아로 하여금 많은 고민과 시행착오를 경험하게 해준다.

기성 장난감을 가지고 하는 놀이보다 쉽지 않은 조건을 이겨내는 놀이가 더 큰 호기심을 자극해 도전의 용기와 성취의 기쁨을 맛보게 해준다. 때론 어려운 조건이 더 좋은 배움의 기회를 베푼다.

탑 놀이는 놀이쌤이 직접 지원하며 유아들과 함께 했던 놀이이다. 탑 놀이에 참여하던 유아의 호기심이 지속되지 않고 사라지는 것을 보고 놀이쌤은 모든 유아가 함께 도전할 탑 쌓기를 제안했다. 놀랍게도 이 놀이는 다양한 모습으로 전개됐다. 놀이 흐름을 보면서 적절하게 지원을 제공하는 것은 쉽지 않지만 놀이쌤의 중요한 역할은 맞다.

놀이 활동의 흐름

돌멩이 놀이에서 탑 놀이로 이어지는 과정에서 놀이쌤은 활동을 지원한다. 탑 쌓는 방법에 대해 함께 이야기를 나누는 활동은 돌무더기를 쌓았던 한 유아의 경험이 모두가 참여하는 탑 쌓기로 이어지도록 놀이를 확장하는 계기가 됐다.

놀이 1

돌멩이 찾기 놀이
주변 환경에 관심을 갖고
돌멩이를 찾는 것도 놀이겠지?

돌멩이를 찾아라.
"여기 돌멩이가 숨어 있어."
"돌멩이가 진짜 커졌어."

놀이 2

돌멩이 관찰 놀이
흥미와 관심을 지속시키려면
다양한 돌멩이가 필요하겠지?

"색깔이 되게 많아."
"이건 미끄러운 돌멩이야."
"이렇게 작은 돌도 있다니!"

활동 1

탑을 쌓는 방법 찾기
유아들은 울퉁불퉁한 돌멩이를 어떻게
쌓을까?

"어떻게 해야 무너지지 않게 돌멩이를
높이 쌓을 수 있을까?"

놀이 3

다양한 탑 놀이
여러 나라의 탑 사진을 보여주면 놀이가
확장되지 않을까?

"이 탑은 이름이 뭘까?"
"탑은 위가 뾰족하고 않아."

활동 2

탑 놀이의 공유와 감상
가정과 교실 놀이가 이어지도록
연결시켜주는 방법은 무엇일까?

"탑이 천장까지 닿았어."
"상자로 탑을 쌓았어."
유치원과 가정에서 친구들이 쌓은 다양
한 탑을 함께 감상한다.

놀이 흐름

episode 1 **울퉁불퉁 돌멩이를 찾아라**

돌멩이 놀이 첫날, 유치원 주변으로 돌멩이를 찾으러 나간다.

"돌멩이가 안 보여." 공원에도 놀이터에도 돌멩이가 쉽게 눈에 띄지 않는다. 유아들은 걸어가면서 흘낏흘낏 살펴보다가 어느새 땅바닥에 바짝 붙어서 찾고 있다.

"찾았다. 여기 돌멩이가 숨어 있어." 재영이가 흙 위로 솟은 돌멩이를 잡고 흙을 파헤쳐 기어코 뽑아낸다. 다른 유아들도 재영이의 방법을 따라 너도 나도 돌멩이를 캐내기 시작한다.

"돌멩이가 진짜 커졌어." 땅속에 묻혀 있던 돌멩이를 캐낸 민균이가 감탄을 연발한다. 흙 위로 튀어나온 부분만 보고 돌멩이 크기를 짐작했던 유아들은 숨겨진 부분이 더 클 수 있다는 것에 놀라는 눈치다. 하나 둘씩 모은 돌멩이가 수북이 쌓이자 탐색 놀이는 끝이 난다.

> 돌멩이를 찾는 탐색 과정이 즐거운 놀이가 됐다. 유아들은 탐색에 몰입했고 돌멩이를 발견하면 마치 보물을 찾은 듯 설레는 표정으로 기뻐했다. 어른의 관점에선 특별한 게 없어 보이지만 유아에겐 즐거운 놀이가 될 수 있다는 것이 놀이쌤은 마냥 신기하고 놀랍다.

① 이리저리 돌멩이 찾기

② 각자의 기준으로 돌멩이 탐색하기

교실로 들여온 돌멩이는 유아들의 호기심을 자극한다.

　"색깔이 되게 많아." 돌멩이 표면을 자세히 들여다보던 진하의 말에 영재가 돋보기를 들고 관찰하기 시작한다. "돌멩이가 볼록볼록 튀어나왔어." 영재는 울퉁불퉁한 표면이 신기한 듯 만져보기도 한다.

　범진이는 교실 한쪽에 비치된 둥근 돌멩이를 쏟아놓고는 돌무더기를 쌓기 시작한다. "이것 봐, 자꾸 미끄러져." 굴러떨어지는 돌멩이를 모아서 쌓기를 반복한다. "이건 미끄러운 돌멩이야." 윤겸이가 유리 색깔 돌을 모아 둥글게 쌓는다.

　　유아에게 돌멩이는 신기한 관찰 대상이다. 자기 나름대로의 방법으로 관찰하고 그것을 자유롭게 표현한다. 놀이쌤은 둥근 돌멩이와 유리로 된 색깔 돌멩이를 교실에 비치해두었다. 흥미와 관심을 더하여 놀이가 지속되기를 바라는 마음에서였다.

① 돌멩이의 색과 질감을 관찰하기

② 돋보기로 자세히 관찰하기

③ 둥근 돌멩이로 쌓기 놀이하기

④ 유리 색깔 돌로 쌓기 놀이하기

탑을 쌓는 방법을 찾아라

돌멩이를 쌓는 놀이가 더 이상 지속되지 못하고 끝나버리자 놀이쌤은 안타까운 마음에 이야기 나누기 활동을 지원한다.

> 놀이쌤 : 선생님이 돌멩이로 탑을 쌓는데 자꾸 무너져. 봐봐~(놀이쌤이 작은 돌멩
> 이 위에 큰 돌멩이를 쌓자 중심이 흔들리며 무너진다.)
> 윤하 : 선생님, (위에) 무거운 걸 쌓으니까 그렇죠.
> (놀이쌤이 뾰족한 부분에 돌멩이를 올려 쌓는데 또 무너진다.)
> 영재 : 납작한 것을 놓아야죠.
> 놀이쌤 : 어떻게 하면 좋을지 잘 모르겠어. 어떻게 해야 무너지지 않게 돌멩이
> 를 높이 쌓을 수 있을까?
> 준희 : 위로 올리고 올려서 천천히 쌓으면 돼요.
> 하준 : 안 떨어지게 쌓아야 해요.
> 범석 : 무너지지 않도록 붙들어주면서 쌓아야 해요.
> 윤겸 : 맨 처음엔 큰 것, 그다음 큰 것, 작은 것 순서대로 쌓으면 돼요.
> 놀이쌤 : 그러면 너희들이 돌멩이 탑을 쌓는 다양한 방법을 연구해볼래?

유아들은 돌멩이 쌓기 프로젝트를 수행하기 시작한다. 쌓다가 무너지기를 반복하지만 쉽게 포기하지 않는다. 울퉁불퉁한 돌멩이를 이리 돌리고 저리 돌려 납작한 면을 찾아내기도 하고, 돌의 어디에 놓아야 중심을 잡을 수 있는지 여기저기에 올려보며 방법을 찾는다.

윤하가 돌멩이를 쌓는 동안 희주는 무너지지 않도록 돌멩이를 붙잡아준다. 영재와 친구들은 4명이 동시에 돌멩이를 모아 무너지지 않도록 엮어서 쌓는다. 범석이와 지수는 과일 포장지를 돌멩이 위에 대고 그 속으로 돌멩이를 통과시켜 쌓는다. 나름대로 돌멩이를 얹을 때 흔들림을 줄이기 위함이다.

별하와 승태는 돌멩이와 돌멩이 사이를 연결하여 서로 맞물린 형태로 탑을 쌓는다. 쌓다가 무너지기를 반복하다가 마치 아치 모양의 다리처럼 돌멩이가 서로 중심을 잡고 공중에 떠 있는 모양을 보며 친구들이 환호성을 지른다.

놀이쌤은 유아들이 만든 탑을 사진으로 찍어서 함께 보며 다시 이야기를 나눈다.

놀이쌤 : 너희들이 쌓은 탑들이 너무 다양하고 멋져. 어떻게 만든 건지 소개 좀
　　　　해줄래?
별하 : 탑을 쌓을 때 승태와 같이 두 손으로 붙들고 쌓았어요. (무게중심을) 잘
　　　　잡아야 해요. 안 그러면 자꾸 떨어져요.

탑을 쌓기 위해 찾아낸 방법들을 설명하느라 유아들의 이야기가 끝없이 이어진다.

유아들은 단순히 위로 쌓는 방법만이 아니라 다양한 방법을 동원해 탑을 쌓았다. 돌멩이들을 서로 지탱하게 하여 돌을 얹는 기술을 여러 번의 시행착오 끝에 찾아내는 모습에서 유아들의 무한한 가능성을 또다시 발견할 수 있었다. 이야기 나누기가 오히려 유아들의 놀이에 방해가 되지 않을까 걱정했으나 많은 유아들이 탑 쌓기에 관심을 갖고 도전하도록 자극이 된 것 같아 다행이라는 생각이 들었다. 이야기를 나누기 전에는 몇몇 유아만 혼자서 탑을 쌓고 놀았는데, 활동 후 탑 쌓기에 관심을 갖는 유아들이 늘면서 여럿이 협력하여 탑을 쌓는 모습을 볼 수 있어 더 기뻤다.

① 협력하여 돌탑 쌓기

② 혼자서 돌탑 쌓기

③ 돌멩이를 무더기로 쌓기

④ 과일 포장지 이용해 탑 쌓기

⑤ 유아들이 쌓은 돌멩이 탑

⑥ 돌멩이들로 서로 중심을 잡아 쌓은 탑

episode 4 이것으로도 탑을 만들 수 있어요

돌멩이 탑은 어느새 다양한 소재를 이용한 탑 놀이로 확장한다.

윤겸이는 모양이 반듯하지 않은 다각형의 원목으로 탑을 쌓는데, 깎여진 면을 돌려가며 무게중심을 잘 찾아낸다. 민균이와 범석이는 젠가를 눕히고 세우며 탑을 쌓는다. 하준이는 수수깡을 잘라 '우물 정(井)' 자로 엮어 탑을 쌓는다. 영재는 아키레일 교구를 이용해 자기 키보다 높게 3개의 기둥으로 연결된 탑을 쌓고, 지수는 수수깡과 이쑤시개와 천을 엮어 삼각형의 탑을 쌓는다. 지수와 친구들은 수수깡을 엮어 바람개비탑도 완성한다.

탑 놀이는 바깥 놀이에서도 이어져 흙을 모아 흙탑을 쌓기도 하고, 흙에 나뭇가지를 꽂아 탑 놀이를 하기도 한다. 나뭇가지에 잎을 끼워 층층이 탑을 만들기도 하고 흙탑에 돌멩이 장식을 붙이기도 한다. 유아들의 탑은 매우 다양하다.

놀이쌤은 교실 한쪽에 여러 나라의 탑 사진을 게시해주었다. 에펠탑이 지원이의 수수깡탑으로 표현됐고 다보탑이 민균이의 젠가탑으로 바뀌었다. 사진 한 장으로 놀이가 다양하게 확장될 수 있음이 신기하다.

① 원목으로 탑 쌓기

② 젠가탑 놀이

③ 흙탑 놀이

④ 아키레일탑 놀이

⑤ 수수깡탑 놀이

⑥ 수수깡과 이쑤시개, 천으로 탑 만들기

⑦ 모두가 함께 만든 바람개비탑

코로나19로 인해 가정에서 놀이하는 유아와 유치원에 등원하는 유아로 나뉘면서 탑 놀이를 전개하기가 쉽지 않다. 놀이쌤은 가정과 교실 놀이를 연계하고 싶어 사진전을 열고 탑 놀이를 공유하기로 한다.

> 놀이쌤 : (가정 놀이 사진들을 공유하며) 집에서 놀이하는 친구들이 만든 탑을 소개
> 할게. 세빈이는 젠가로 피라미드탑을 쌓았고, 윤서는 플레이콘으로 둥
> 근 탑을 쌓았어. 모든 친구들의 탑 사진을 전시하고 함께 감상해보자.

놀이쌤은 가정과 교실에서 만든 유아들의 탑을 전시하고, 가정에도 유치원에서 유아들이 만든 탑들을 사진으로 찍어 공유한다. "와, 아키레일탑이 천장까지 닿았어.", "예하는 상자로 탑을 쌓았어."라며 유아들은 자기와 다른 소재, 다른 방법으로 쌓은 다양한 탑들을 감상하며 감탄사를 연발한다.

놀이쌤은 탑 놀이를 전개하며 함께 모이지 못하는 유아들의 모습이 안타까웠다. 모여서 함께 놀이는 못하지만 놀이를 연계하고 공유하기 위해 놀이 결과를 소개하는 활동을 지원했다. 격주로 등원하는 유아들은 서로 만나지 못하지만 같은 공간에 전시된 사진을 공유하며 놀이를 이어갔고, 가정과 교실의 다른 공간을 넘어서 교류했다.

① 천장까지 쌓은 탑

② 친구들의 탑 사진 감상하기

③ 가정에서 만든 다양한 탑 사진 전시

④ 교실에서 만든 다양한 탑 사진 전시

관찰에 기초한 놀이 지원

놀이 확장을 지원하는 이야기 나누기	놀이 중심 교육에서 교사가 주도하는 활동이 놀이의 흐름을 방해할 수도 있지만 때로는 이 활동이 놀이를 지속하고 확장하는 계기가 되기도 한다. 교사가 주도하는 활동은 주로 놀이를 지원하기 위해 필요 시 계획하되, 유아들의 관심과 흥미를 유발하고, 경험과 생각을 충분히 공유함으로써 다시 확장된 놀이로 이어갈 수 있도록 놀이와 놀이를 연결하는 다리 역할을 하는 것이 좋다.
탑 놀이 공유와 감상	놀이 결과물을 서로 공유하는 경험은 매우 의미 있다. 나와 다른 사람의 생각과 표현이 다름을 알고 존중하는 경험을 할 수 있기 때문이다. 감상을 통해 아름다움의 요소도 경험하지만 다양한 정보를 얻을 수 있으므로 유아에게는 놀이의 아이디어를 얻는 새로운 놀이의 시작점이 되기도 한다.

교육과정 관련

신체운동·건강

신체활동 즐기기	신체 움직임을 조절한다.

- 유아는 탑을 쌓는 과정에서 신체의 움직임과 힘을 조절하는 경험을 한다.

의사소통

듣기와 말하기	말이나 이야기를 관심 있게 듣는다. / 자신의 경험, 느낌, 생각을 말한다.
	상대방이 하는 이야기를 듣고 관련해서 말한다. / 바른 태도로 듣고 말한다.

- 탑을 쌓는 방법을 서로 이야기하면서 유아들은 다른 사람의 이야기를 주의 깊게 듣고 이해하며 자신의 경험과 생각을 언어로 표현하는 경험을 한다.
- 탑 놀이 과정에서 친구들과 탑을 쌓는 방법을 의논하면서 서로의 생각과 경험을 듣고 말한다.

사회 관계

나를 알고 존중하기	내가 할 수 있는 것을 스스로 한다.
더불어 생활하기	친구와 서로 도우며 사이좋게 지낸다. / 서로 다른 감정, 생각, 행동을 존중한다.
사회에 관심 가지기	다양한 문화에 관심을 가진다.

- 유아는 스스로 선택한 소재로 자신만의 방법을 찾아 탑을 쌓는 경험을 한다.
- 친구들과 함께 탑을 쌓는 과정에서 친구와 서로 도우며 협력하는 경험을 한다.
- 여러 나라의 탑 사진을 보며 다양한 문화에 관심을 가지고 자신의 탑 놀이에 적용하는 경험을 한다.

예술 경험

아름다움 찾아보기	자연과 생활에서 아름다움을 느끼고 즐긴다.
창의적으로 표현하기	다양한 미술 재료와 도구로 자신의 생각과 느낌을 표현한다.
예술 감상하기	서로 다른 예술 표현을 존중한다.

- 유아는 돌멩이, 수수깡, 원목 등 다양한 소재로 탑을 만들며 자신의 생각과 느낌을 자유롭게 표현한다.
- 유아는 서로가 만든 탑 놀이 결과를 감상하며 서로의 생각이 다름을 알고 표현을 존중하는 경험을 한다.

자연탐구

생활 속에서 탐구하기	물체의 특성과 변화를 다양한 방법으로 탐색한다. / 물체의 위치와 방향, 모양을 구별한다.

- 유아는 돌멩이를 찾고, 돌멩이의 모양과 색을 관찰하며 돌멩이를 활용한 다양한 놀이 방법을 탐색하는 경험을 한다.
- 유아는 탑을 만드는 과정에서 물체의 모양과 방향을 이해하고 적절하게 활용하는 경험을 한다.

돌멩이를 수집하는 과정에서 자신의 기준으로 다양한 돌들을 탐색한 경험은 유아의 관심을 높이기에 충분했다. 이러한 관심은 돌멩이 탑을 더 높이 그리고 안전하게 세우기 위해 고민하고 탐구하는 탑 놀이로 전개되었다. 그러나 돌멩이를 쓰러뜨리지 않고 높게 쌓는 것은 생각보다 쉽지 않기에 어느 순간 유아들은 탑 쌓기 놀이에 흥미를 잃는다. 놀이쌤은 탑 쌓기의 어려움으로 인해 놀이가 중단되지 않기를 바라는 마음과, 다양한 방식으로 탑을 쌓고 연결함으로써 유아의 흥미가 더 넓어지고 관심이 지속되길 바라는 마음으로 관련 활동을 지원했다. 탑 쌓기 경험 나누기, 여러 나라의 탑 사진 게시하기, 다양한 소재를 비치하는 환경 지원, 놀이 결과물을 감상하는 활동 지원 등 놀이 과정에서 물리적 지원과 정서적 지지까지, 교사가 놀이를 어떻게 지원해야 좋은지 나름대로 고민하며 다양하게 시도했다.

이러한 이유로 놀이쌤에게 탑 쌓기는 유아들 이상으로 의미와 가치가 있었던 놀이이다. 놀이 중심이 자칫 교사의 방임이 되지 않을까? 유아 중심이 자칫 교사의 개입을 위축하게 하지는 않을까? 유아의 놀이 맥락을 이해하고 의미를 찾으며 적절하게 지원하기 위해서도 놀이쌤의 고민과 성찰은 계속되어야 한다.

놀이로 시작된
명화감상

▶ 5세반 ▶ 자유놀이 시간 ▶ 2일 전개

 놀이의 의미와 가치

놀이쌤이 가장 고민하는 문제 가운데 하나는 '놀이와 배움의 스펙트럼에서 어떻게 놀이와 활동을 의미 있게 연결 지을 것인가'이다. 유아는 공간, 자료, 시간 등 자유로운 환경이 주어지면 자연스럽게 놀이를 펼친다. 그러나 유아의 발현적 놀이가 의미 있는 활동으로 연결되는 일은 쉽지 않다. 실제로 주제는 교통기관인데 유아들로부터 가게 놀이가 발현되는 경우가 있었고, 계획안 속의 역할놀이에는 '정비소 놀이'가 기록되어 있고 관련 소품이 준비되어 있었으나 유아들은 소품을 이용해 병원 놀이 또는 장난감을 수리하는 가게 놀이 등 제각각 놀이를 진행하는 경우가 있었다. 그러던 어느 날, 가을 주제를 진행하고 있을 무렵 몇 명의 유아가 복도에서 가게 놀이를 하고 싶다고 했다. 유아들의 가게 놀이를 지켜보면서 유아가 좋아하는 놀이로부터 시작되는 활동, 유아가 놀이하면서 궁금한 것을 먼저 이야기하도록 환경을 조성함으로써 배움의 가치를 좀 더 넓히는 활동 등, 놀이쌤이 놀이를 지원하는 활동의 선택과 방식에 대한 고민이 점점 더 깊어진다.

놀이 활동의 흐름

교실에서 하는 역할 놀이 공간이 비좁아서인지 유아들은 평소 놀이 공간으로 사용하지 않는 복도에서 놀이하기를 원했다. 놀이쌤은 유아가 필요한 소품을 가지고 복도에서 놀이를 할 수 있도록 지원해주었고, 흥미롭게 진행되는 가게 놀이에 귀 기울이고 민감하게 바라보았다. 놀이쌤은 놀이자로 참여하며, 명화 감상 활동과 연결해 더욱 의미 있게 놀이가 확장하도록 지원했다.

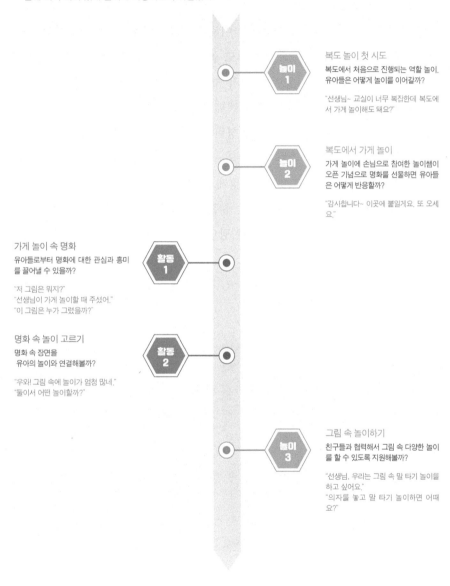

놀이 1

복도 놀이 첫 시도

복도에서 처음으로 진행되는 역할 놀이.
유아들은 어떻게 놀이를 이어갈까?

"선생님~ 교실이 너무 복잡한데 복도에
서 가게 놀이해도 돼요?"

놀이 2

복도에서 가게 놀이

가게 놀이에 손님으로 참여한 놀이쌤이
오픈 기념으로 명화를 선물하면 유아들
은 어떻게 반응할까?

"감사합니다~ 이곳에 붙일게요. 또 오세
요."

활동 1

가게 놀이 속 명화

유아들로부터 명화에 대한 관심과 흥미
를 끌어낼 수 있을까?

"저 그림은 뭐지?"
"선생님이 가게 놀이할 때 주셨어."
"이 그림은 누가 그렸을까?"

활동 2

명화 속 놀이 고르기

명화 속 장면을
유아의 놀이와 연결해볼까?

"우와! 그림 속에 놀이가 엄청 많네."
"둘이서 어떤 놀이할까?"

놀이 3

그림 속 놀이하기

친구들과 협력해서 그림 속 다양한 놀이
를 할 수 있도록 지원해볼까?

"선생님, 우리는 그림 속 말 타기 놀이를
하고 싶어요."
"의자를 놓고 말 타기 놀이하면 어때
요?"

놀이 흐름

episode 1 **가게 놀이를 복도에서 한다고?**

몇몇의 유아가 "선생님, 복도에서 놀이해도 돼요?", "우리 가게 놀이를 하려고요." 한다. 순간 놀이쌤은 교실에서도 놀이 후 정리가 잘 안 되는데 이것저것 다 꺼내서 복도에서 놀이하면 정리가 제대로 될까? 주제와 다른 가게 놀이를 할 경우 주제 전개가 원활하지 않을 텐데 괜찮을까? 하는 걱정부터 앞선다.

그러나 놀이쌤은 유아들로부터 생성된 가게 놀이의 진행 과정이 궁금했고 주도성이 주는 책임을 믿기로 했다. "우와~ 복도에서 가게 놀이는 처음 하는 것 같은데 정말 특별한 놀이가 되겠다. 어떻게 이런 생각을 해낼 수가 있었니? 재미있게 놀고 복도는 우리 모두가 사용하는 공간이니 정리도 놀이처럼 즐겁게 할 수 있겠지?"라는 놀이쌤의 반응에 유아들은 당연하다는 듯이 긍정적 메시지를 보낸다.

놀이쌤은 유아들에게 놀이 공간과 방법을 선택할 수 있는 자유를 주면서 정리에 대한 긍정적인 기대와 자율적인 책임을 알게 해주고 싶었다.

① 복도 가게 놀이

② 가게 주인에게 명화 사진을 선물하는 놀이쌤

오늘도 복도에서 놀이해도 돼요?

복도에서 가게 놀이를 한 그다음 날도 유아들은 복도에서 놀이를 하고 싶어 한
다. 놀이쌤은 유아들의 가게 놀이에 손님으로 참여하면서 놀이 지원을 하기로
했다. 놀이쌤은 "우와~ 손님이 엄청 많고 바쁘시네요. 가게를 오픈한 지 얼마
안 됐나 봐요. 제가 가게 오픈 기념 선물로 좋은 그림을 하나 가져왔어요." 하면
서 명화 사진 한 장을 주인을 맡은 유아에게 전달한다.

　놀이를 하던 유아들은 뜻밖의 선물에 "와~ 감사합니다." 하며 한쪽 벽면에 그
림을 붙인다. 놀이쌤은 덧붙여 "다른 나라에서는 이 그림이 너무 유명해서 줄을
서서 본답니다. 손님 없을 때 시간 되면 그림을 감상해보세요."라고 말한다.

episode 3　저 그림은 선생님이 주신 거야!

가게 놀이 속 밀레의 '만종' 그림

가게 놀이는 그다음 날도 계속된다.
놀이쌤은 유아들이 오가면서 가게
놀이에 참여하는 모습을 사진으로
담는다. 자유 놀이가 끝나고 모두
모인 자리에서 놀이쌤은 놀이에 참
여한 유아들의 이야기를 듣고자 가
게 놀이 사진을 보여준다. 이때 명
화를 직접 받았던 준영이가 "앗! 저
그림은 놀이할 때 선생님이 기념 선
물로 주신 거야!"라고 외친다. 옆에
있던 승민이가 "언제 주신 거야? 무슨 그림인데?"라고 묻기 시작하면서 유아들은
명화에 관심을 보이기 시작한다.

유아들의 대화에서 명화 감상이 시작됐다. 이전의 명화 감상은 대부분 놀이쌤이 질문하고 유아들이 보이는 것과 느낀 것을 이야기했다면 지금은 순서가 바뀌었다. 유아들은 그림을 보며 끊임없이 질문하고 이에 대한 대답도 유아들이 한다. 놀이쌤은 유아들 간의 대화를 들으면서 필요할 때 그림에 대한 설명을 하면 된다. 이렇게 신나고 재미있고 생동감 넘치는 명화 감상 시간이 있었던가? 놀이와 활동, 이야기 나누기와 명화 감상 시간의 경계가 명확하지는 않지만 능동적인 참여와 배움에 대한 호기심이 증폭되는 시간이었다.

episode 4 **명화 속에 100가지 놀이가 숨어 있네!**

화가 브뢰헬의 '어린이들의 놀이'라는 명화 속에는 100여 가지 놀이가 담겨 있다. 명화 속 놀이를 감상하며 실제로 해보고 싶은 놀이를 찾아보기로 했다. "난 바닥에서 뒹구는 놀이하고 싶은데!", "예서야~ 우리 훌라후프처럼 생긴 걸로 놀이하는 거 해보면 재미있겠다. 저거 해보자." 하며 그림 속 놀이를 교실에서 그대로 재연하기 시작한다.

① 브뢰헬의 '어린이들의 놀이' 그림에서 직접 해보고 싶은 놀이 찾아보기

② 그림에서 발견한 유사한 놀이하기

③ 그림 속 모습 재현하기

④ 그림 속 놀이 따라 하기

episode 5 선생님 등에 올라탈래?

수십 개의 놀이가 그려진 그림 속에서 우리 반 유아들의 절반 이상이 직접 해보고 싶다고 선택한 놀이는 '나무 울타리 난간에 3명의 유아들이 올라타서 앉아 있는 놀이'였다. 놀이쌤은 그림 속 놀이 장면을 재현해주고 싶어 고민하다가 힘차게 제안을 해본다. "선생님 등에 올라타서 앉아볼래? 3명까지 태울 수 있거든!" 순간 유아들은 환호하며 신나게 물개 박수를 친다.

수많은 놀이 가운데 유아들은 왜 난간에 걸터앉은 유아들의 모습을 따라 해보고 싶었을까? 다소 위험해 보이기는 하지만 한 번도 경험해보지 않았기에 도전해보고 싶었던 것일까? 아니면 여러 유아들의 동일한 동작을 똑같이 표현하며 즐거움을 함께 느끼고 싶었던 걸까? 놀이쌤은 유아들의 바람을 즉흥적이라도 재현해주고 싶어 기꺼이 놀이에 동참했다.

① 꼭 해보고 싶은 명화 속 놀이 고르기

② 울타리 난간 대신 놀이쌤의 등에 올라타기

 ## 관찰에 기초한 놀이 지원

소집단 토의 활동	한 번도 놀이 공간으로 활용한 적이 없던 복도에서의 놀이를 제안한 유아들. 유아들의 이 제안에는 놀이의 특성이 고스란히 담겨 있다. 복도에서 진행될 놀이는 유아들의 '자유로운 선택'의 결과이며, 새로운 공간에서 시도되는 놀이는 그 자체로 '참신한 창의성'과 '설렘'을 가질 수밖에 없다. 이렇게 시작된 놀이는 유아로 하여금 깊은 '몰입'을 맛보게 한다.

교사의 놀이 참여로 놀이와 연결되는 명화 감상	놀이쌤은 유아의 놀이에 귀 기울이고 민감하게 관찰하며 가게 놀이가 진행되는 다음 날 놀이자로 참여한다. 유아들이 즐겨 하지 않는 명화 감상을 가게 놀이와 연결 지으면 어떨까? 놀이 영역에 붙여진 명화 사진에 유아들은 관심을 가질까 등등이 놀이쌤은 궁금했다. 그리고 가게 놀이 오픈 선물로 그림을 전달하며 놀이와 활동을 연결 짓는다. 놀이쌤은 자연스러운 연결을 위해 적절한 개입 시기와 방법을 끊임없이 고민하고 관찰하는 것이 중요함을 느낀다.
명화를 감상하며 친구와 함께하는 협력 놀이	100가지의 놀이가 그려진 명화를 보면서 유아들은 그림 속 놀이 장면 중 하나를 선정하고 재현하며 새로운 놀이로 재구성하는 경험을 했다. 명화 감상과 놀이가 연결된 경험은 더 이상 지루한 명화 감상 시간이 아니다. 이러한 경험은 이후에도 다양한 명화에 의미를 부여하고 감상의 방법과 놀이에 대한 소통을 활발하게 한다.

교육과정 관련

신체운동·건강

신체활동 즐기기	기초적인 이동 운동, 제자리 운동, 도구를 이용한 운동을 한다.
안전하게 생활하기	일상에서 안전하게 놀이하고 생활한다.

- 명화 속 여러 가지 놀이를 훌라후프, 줄넘기 등의 도구를 이용해 다양한 움직임으로 재현하며 신체활동 놀이에 즐겁게 참여한다.
- 복도의 공유 공간에서 놀이를 할 때 안전하게 놀이해야 함을 알고 스스로 규칙을 지켜 생활한다.

의사소통

	말이나 이야기를 관심 있게 듣는다.
듣기와 말하기	자신의 경험, 느낌, 생각을 말한다.
	상대방이 하는 이야기를 듣고 관련해서 말한다.
	바른 태도로 듣고 말한다.

- 유아들은 100가지 놀이가 그려진 명화를 보며 하고 싶은 놀이를 말하고, 친구와 어떤 놀이를 할지 의견을 나누는 과정에서 자신의 경험, 느낌, 생각을 자유롭게 주고받는다.
- 친구와 함께한 협력 놀이에 대해 여러 친구에게 소개하는 시간을 통해 바른 태도로 듣고 말할 수 있다.

사회 관계

더불어 생활하기	서로 다른 감정, 생각, 행동을 존중한다.
	친구와 서로 도우며 사이좋게 지낸다.
사회에 관심 가지기	다양한 문화에 관심을 가진다.

- 명화를 감상하며 서로 다른 감정, 생각, 행동을 존중하고 친구와 함께 협력해서 명화 속 놀이를 시도하거나 재구성할 수 있다.
- 그림 속 놀이를 보면서 다른 나라의 놀이 문화에 관심을 가진다.

예술 경험

예술 감상하기	다양한 예술을 감상하며 상상하기를 즐긴다.

- 가게 놀이를 하면서, 또는 100가지의 놀이가 담긴 명화를 감상하면서 다양한 놀이를 상상하는 경험을 갖는다.

자연탐구

탐구과정 즐기기	탐구과정에서 서로 다른 생각에 관심을 가진다.

- 명화 속에서 놀이를 찾거나 새로운 놀이로 재구성할 때 친구의 다른 생각에 관심을 가진다.

놀이쌤은 중학교 시절 국어 시간의 한 장면을 잠시 떠올려본다. 국어 선생님은 문단의 주제가 문단 앞부분에 드러나면 두괄식이고 문단 끝부분에 제시되면 미괄식이라고 설명했다. 그동안 놀이쌤의 동시, 명화 감상, 새 노래, 게임 등의 활동 진행 방법을 보면, 교사가 앞부분에서 명확히 주도하며 제시하는 두괄식 방법을 적용한 적이 많았다. 하지만 유아들로부터 발현된 복도에서의 가게 놀이는, 처음에는 그저 들여다보고 귀를 기울이기만 하다가 가게 놀이 손님으로 참여하면서 '명화 한 점'을 건네주었는데, 놀이 속에 등장한 명화 한 점에 유아들이 스스로 호기심을 가지고 서로 대화를 나누다가 이윽고 명화 감상으로 연결됐다. 놀이쌤이 그동안 진행해본 활동 중에서 가장 미괄식적인 방법이 아니었을까 싶다.

두괄식적인 활동 지도 방법에서는 "이 그림은 밀레라는 유명한 화가가 그린 만종이라는 그림이에요. 따라해 보세요. 밀레의 만종! 몇 명이 있어요? 뭘 하고 있는 것 같아요? 저녁일까? 이른 아침일까?" 등 교사가 모든 것을 알고 있고, 또 교사가 알고 있는 것만큼 유아들이 답을 해야 하는 전형적인 주입식 활동이 진행되었으리라.

교사가 놀이에 참여하고 건네준 그림이 명화 감상으로 연결되는 것을 볼 때 다른 활동에도 이와 유사한 방식으로 접근해도 좋겠다는 생각이 든다. 예를 들어 유아가 더 듣고 싶은 노래를 선택하고 녹음한 파일이 담겨 있는 비활성화 휴대폰 기기를 주거나 노랫말이 적힌 가사 판을 놀이 공간에 부착해주면서 새 노래 또는 동시로 연결해주는 것도 좋을 것 같다. 놀이와 활동이 분절되지 않고 의미 있게 유아의 삶에서 이어질 수 있도록 놀이쌤은 관찰을 기반으로 하여 적절한 개입의 시기를 알아야 한다.

유아의 놀이를 주의 깊게 들여다보고 유아 주도적 놀이가 이어질 수 있도록 지원하면서, 놀이의 끝부분에서 놀이와 활동이 자연스럽게 연결될 수 있게 미괄식 만남으로 접근하는 것은 어떨까!

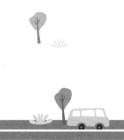

유치원과 집을 연결하는 1미터 끈 놀이

🔍 놀이의 의미와 가치

유아의 자발적 놀이를 지지하고 지원하면서 놀이쌤은 새로운 문제에 부딪쳤다. 교사가 계획한 활동과 놀이는 언제, 어떻게 기존의 놀이와 접목하는 것이 좋을까? 또 사회문화의 변화에 따라 새롭게 만들어진 용어와 그 안에 담긴 가치는 유아들과 어떻게 공유할 수 있을까?

특히 코로나19로 인한 사회적 거리두기에 따라 교실에서도 '1미터 간격 유지'라는 생활 안전 수칙을 지켜야 하는데, 사회적 규칙 준수만을 강조할 경우 교사는 자칫 유아들을 통제하는 역할에만 치중할 수 있다. 놀이쌤은 필요한 규칙을 유아 스스로 내면화해 자신과 타인을 보호하는 안전한 놀이가 이루어지도록 유도해야 한다.

놀이쌤은 유아들이 수학적으로 이해하기 어려운 1미터라는 거리 개념을 1미터 끈이라는 구체적인 놀이 자료를 활용해 유치원과 가정에서 즐거운 탐구 놀이로 펼쳐지는 이야기를 소개하고자 한다.

놀이 활동의 흐름

코로나19가 계속되면서 사회적 거리누기를 실천해야 하는 교사는 유아들이 구체적인 활동을 통해 물리적 거리의 개념을 알아가도록 했다. 1미터 끈을 이용해 유아들 간의 물리적 거리에서 오는 심리적 간극을 좁힐 수 있도록 다채로운 놀이와 신체 건강을 증진시키는 활동으로 연결 지으며 협력적인 놀이와 생활 속 규칙을 실천할 수 있도록 지원했다.

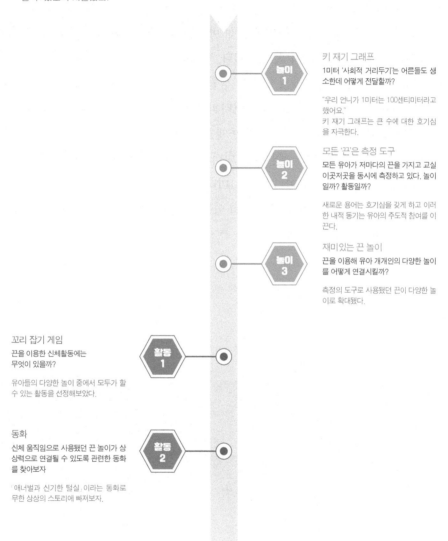

놀이 1

키 재기 그래프

1미터 '사회적 거리두기'는 어른들도 생소한데 어떻게 전달할까?

"우리 언니가 1미터는 100센티미터라고 했어요."
키 재기 그래프는 큰 수에 대한 호기심을 자극한다.

놀이 2

모든 '끈'은 측정 도구

모든 유아가 저마다의 끈을 가지고 교실 이곳저곳을 동시에 측정하고 있다. 놀이일까? 활동일까?

새로운 용어는 호기심을 갖게 하고 이러한 내적 동기는 유아의 주도적 참여를 이끈다.

놀이 3

재미있는 끈 놀이

끈을 이용해 유아 개개인의 다양한 놀이를 어떻게 연결시킬까?

측정의 도구로 사용됐던 끈이 다양한 놀이로 확대됐다.

활동 1

꼬리 잡기 게임

끈을 이용한 신체활동에는 무엇이 있을까?

유아들의 다양한 놀이 중에서 모두가 할 수 있는 활동을 선정해보았다.

활동 2

동화

신체 움직임으로 사용됐던 끈 놀이가 상상력으로 연결될 수 있도록 관련한 동화를 찾아보자

'애너벌과 신기한 털실.이라는 동화로 무한 상상의 스토리에 빠져보자.

놀이 흐름

episode 1 새로운 사회적 용어 1미터

코로나19는 그동안 우리 모두에게 낯선 바이러스 전염, 사회적 거리두기, 방역 등
의 새로운 용어를 일상에서 접하게 했다. 학급의 친구들이 모두 다 등원하지 못한
상황에서 놀이쌤은 유아들의 안전한 생활과 놀이권에 대한 고민을 동시에 하게
된다. 유아에게는 다소 추상적인 1미터의 단위와 거리를 어떻게 설명하면 좋을
까 하며 조심스레 사회적 거리두기 문제를 꺼내놓았다. 그때 초등학교 2학년 언
니를 둔 세빈이가 "선생님~ 언니가 1미터는 100센티미터라고 했어요."라고 말을
이어준다. 그러자 다른 유아가 "나는 1미터가 훨씬 넘어."라고 말하며 1미터를 키
높이와 연결 지었다. 이렇게 해서 교실 입구 키 재기 그래프는 자연스럽게 사회적
거리두기에서 제시한 거리인 1미터를 측정하는 시발점이 됐다.

> 유아에게 100이라는 숫자는 단위를 나타내는 수학적 의미보다 가장 큰 단위를 표현할 때 사용되
> 는 상징적 이미지의 수이기도 하다. 유아에게는 익숙하지 않은 미터의 개념과 교실 가장자리 벽면
> 에 부착되어 있던 키 재기 그래프는 미터를 가시적으로 보고 느낄 수 있는 관심의 대상이 됐다.

① 1미터 끈으로 융판의 길이   ② 줄자를 이용해 1미터 끈 만들기
　 알아보기

내가 만든 1미터 끈이 친구랑 달라요

'1미터'라는 용어와 길이에 관심을 가진 유아들은 직접 리본 테이프를 잘라 1미터 끈을 만든다. "여기 키 재는 그래프 숫자 100에 끈을 맞추어 자르면 돼."라는 민정이의 이야기에 유아들은 저마다 숫자에 끈을 대고 가위로 자른다. "어? 이상하다. 똑같은 1미터 끈인데 왜 준서랑 길이가 다르지?"라고 준영이가 의아하다는 듯 어깨를 들썩이며 말한다.

놀이쌤은 유아들이 길이를 측정하는 순간 끈의 시작점이 다르기 때문에 서로의 길이가 다르다는 것을 말해주고 싶었으나 유아 스스로 알아차릴 수 있도록 기다려주기로 했다.

길이가 다른 끈을 살펴며 그 이유에 관심을 보였던 유아들은 점차 끈을 자르는 친구들의 모습을 관찰하면서 측정을 위한 시작점의 위치가 각각 다름을 확인하게 됐다. 시작점 위치를 바닥에서부터 시작하는 유아와 숫자 '0'에서부터 시작한 유아, 그리고 시작점은 상관없이 스티커로 표시된 숫자 100에 맞추어 무작정 끈을 자르는 유아 등 길이를 재는 친구들의 모습이 서로 다르다는 것을 발견한다. 그리고 잘못된 점을 수정하며 '0'의 숫자에서 시작하여 '100'의 숫자에서 잘라야 함을 친구들에게 알려주고, 더 정확하게 자르기 위해서는 서로 끈을 잡아주는 협동이 필요함을 배운다.

"이제 우리 똑같은 1미터다.", "맞아 우린 쌍둥이야."라며 똑같은 길이에 의미를 부여하는 유아들의 모습에서 마스크 너머로 방글방글 웃는 함박 미소가 보이는 듯하다. 잠시 후 놀이쌤의 시야에 조용히 이곳저곳을 다니며 1미터 끈으로 교실 속 물건들의 길이를 측정하는 윤호가 보였다. 윤호를 따라 책상의 길이를 재는 유아들은 '짧다, 길다'라는 용어를 혼잣말로 하면서 물건의 길이를 재는 놀이에 몰두하고 있었다. 유아 개개인의 손에 들린 1미터 끈은 어느새 측정 도구가 되었다.

놀이쌤은 너무나 빠른 속도로 1미터의 길이에 관심을 보이는 유아들이 구체적인 사물을 이용해 1미터 끈을 만드는 과정이 놀라웠다. 또한 각자가 만든 1미터 끈의 길이가 서로 다른 원인을 찾으며 올바른 측정을 위해서는 숫자 0으로부터 시작해야 한다는 것을 알아가는 과정 역시 놀라웠다. 모두가 협력하며 길이를 재고 측정하는 교실의 분위기는 다소 산만해 보였지만 나름의 질서가 있었다. 그리고 교실 곳곳에서 물건의 길이를 재며 측정의 새로운 경험을 나누는 유아들의 모습은 제법 진지했다. 놀이쌤은 지금 유아들이 하는 이 특별한 경험이 놀이일까, 활동일까 스스로에게 질문을 던져본다. 그러나 분명한 것은 놀이와 활동의 경계가 모호한 이 순간에도 모두가 즐겁게 참여하며 새로운 배움을 즐기고 있다는 점이다.

① 1미터 끈으로 1미터 길이 재기

② 1미터 끈으로 물건의 길이 재기

episode 3 ⟩ 재미있는 1미터 끈 놀이

어느 순간 1미터의 끈은 유아 개개인이 매일 지니고 다니는 필수품이 됐다.

줄을 설 때 거리두기에 대해 별도의 설명을 하지 않아도 유아들은 경험을 통해 알게 된 1미터를 어림짐작해서 간격을 두고 설 수 있다.

유아의 가방 속 필수품이 된 1미터 끈은 측정하는 도구에서 던지고 받는 놀잇감으로, 다양한 동작을 표현하는 소품으로, 모래밭에 숨겼다가 찾는 보물로,

잡기 놀이를 위한 동물 꼬리로 계속 변신한다.

1미터 끈을 챙겨서 바깥 놀이를 나간 원빈이의 한 손에는 벌레통이 쥐어져 있다. 동그랗게 몸을 돌돌 만 콩벌레를 잡은 원빈이는 빨간색 1미터 끈을 흙바닥에 내려놓으며 "여기가 레드카펫이야. 콩벌레 행진!!!"이라고 말한다. 옆에서 개미를 잡은 준영이가 "개미도 같이 입장하겠습니다!"라고 말하며 빨간색 1미터 끈 위에 개미를 살포시 내려놓는다.

교사가 주도해서 줄을 이용한 놀이가 진행됐다면 이처럼 활기찬 놀이로 이어졌을까? 유아들은 천성 적으로 놀이 욕구가 있다고 했다. 잠재된 호기심이 자극을 받는 순간 누가 가르쳐주지 않아도 서로 소통하며 경험을 통해 획득한 정보와 기술을 나누고 친구와 재미있게 놀이하는 방법을 배운다는 것 을 다시 한번 생각해본다.

① 1미터 끈을 이용한 리본체조

② 1미터 끈으로 머리띠 만들기

③ 나의 보물 숨기기

④ 바깥 놀이에서 레드카펫으로 변신한 1미터 끈

가방 속 1미터 끈은 유치원과 집, 놀이와 활동 그리고 경험과 배움을 자연스럽게 연결해주는 특별한 끈이 되어가고 있다. 놀이쌤은 개별적으로 또는 몇몇 유아들 간에 공유되는 놀이 중 하나를 전체 활동으로 연결 지어도 좋겠다고 판단했다. 코로나19로 대외적인 놀이와 신체 놀이가 위축된 만큼 유아들의 건강한 움직임을 고려해 게임이 좋겠다는 생각을 했다.

유아들과 끈을 이용해 다양한 놀이를 공유한 후 모두의 의견에 따라 '꼬리잡기'를 자유 대형 게임으로 선정했다.

놀이쌤은 유아들에게 게임을 위해 자유롭게 서되 사회적 거리두기인 1미터의 간격을 두고 설 수 있는지 질문했다. 유아들 모두 선수가 된 것처럼 바지 허리춤에 1미터 끈을 끼우고 나름의 간격을 유지하며 게임의 신호를 기다린다. 이때 희수가 "미진아 너무 끈이 짧아서 불공평해."라고 하자 "맞아 맞아. 끈은 이 정도가 좋겠어."라며 미진이가 맞장구를 쳤다. 그러자 유아들은 동시에 허리춤에 들어간 끈을 꺼내 비슷하게 조절한다. 이젠 자를 이용해 길이를 재지 않아도 어림잡아 비슷하게 만드는 것이 가능해졌다.

① 1미터 간격으로 줄 서기

② 1미터 끈으로 꼬리잡기

📍 관찰에 기초한 놀이 지원

생활 안전을 위한 1미터 거리두기 키 재기 그래프와 연결	코로나19가 유행하면서 일상의 안전을 위해 서로 닿지 않게 줄을 서야 하는 '사회적 거리두기' 규칙에 대해 유아들과 함께 알아보면서 '1미터'라는 길이에 관심을 갖게 되고, 이것은 키 재기 그래프의 길이와 비교하는 활동으로 이어진다.
신체 움직임을 위한 게임	유아에게 여러 가지 끈 놀이를 소개하고 공유하는 시간을 갖는다. 코로나19로 위축된 신체활동을 활발히 전개하고자 대집단활동으로 끈 놀이를 연계한다. 1미터 끈으로 꼬리잡기를 하기 위해 자유 대형으로 줄 서기를 하면서 놀이쌤은 유아들에게 사회적 거리두기에서 권장한 1미터 간격을 두고 설 수 있도록 안내한다.
상상 놀이를 지원하는 동화 찾기	측정 도구로 사용된 1미터 끈은 다양한 놀이를 표현하는 소재로도 활용됐다. 1미터 끈을 상상 놀이와 연계해 새로운 창작 놀이로 이어갔으면 좋겠다는 생각을 한 놀이쌤은 놀이 지원을 위해 유아의 상상력을 자극하는 동화를 찾아보기로 한다.

교육과정 관련

신체활동 즐기기	신체를 인식하고 움직인다. / 신체 움직임을 조절한다.
	질병을 예방하는 방법을 알고 실천한다.

- 유아는 1미터라는 제한된 길이를 측정하기 위해 양팔을 크게 움직이며 감각기관을 활용해 조절하기를 시도한다. 생활 속 안전을 위해 학습한 1미터 거리두기의 필요성을 알고 실천한다.

듣기와 말하기	자신의 경험, 느낌, 생각을 말한다.
	상황에 적절한 단어를 사용하여 말한다.

- 1미터 끈을 활용해 교실 내외의 다양한 물건을 측정하면서 새롭게 경험한 사실을 말한다.
- 경험을 나누는 과정에서 '짧다', '길다' 등과 같은 수학적 용어와 '숨긴다', '레드카펫이 된다' 등 상황에 맞는 단어를 사용해 말을 이어간다.

나를 알고 존중하기	나를 알고 소중히 여긴다.
더불어 생활하기	약속과 규칙의 필요성을 알고 지킨다.

- 유아는 길이 측정을 위한 탐색과 끈을 이용한 새로운 놀이를 이어가면서 앎에 대한 자신감을 갖게 된다.
- 외적인 권유에 따라 규칙을 준수하는 것이 아닌 스스로 학습한 내용을 삶에 적용하면서 규칙의 필요성과 관계성을 배워나가며, 성장하는 자신의 모습을 소중하게 여긴다.

창의적으로 표현하기	신체나 도구를 활용하여 움직임과 춤으로 자유롭게 표현한다.
	극놀이로 경험이나 이야기를 표현한다.

- 1미터 끈 놀이는 유아 개인의 필요에 따라 다양한 색과 길이로 재창조되며, 다양한 동작과 표현으로 이어진다.
- 빨간색의 끈은 콩벌레와 개미를 위한 레드카펫으로 변신하면서 새로운 역할놀이로 이어지는 경험을 한다.

생활 속에서 탐구하기	일상에서 길이, 무게 등의 속성을 비교한다.

- 자기가 만든 1미터 끈을 친구의 것과 길이를 비교해보고, 1미터 끈으로 직접 재어보는 놀이를 통해 일상에서 길이와 측정에 관심을 갖는다.

놀이쌤의 고민과 성찰

1미터라는 물리적 길이에 대한 호기심으로 시작한 끈 놀이는 끈의 특성을 살리면서 새롭고 다채로운 놀이로 이어졌다. 만약 유아들에게 지금껏 경험해보지 못한, 사회적 거리두기에 꼭 필요한 1미터의 간격에 대해 교사가 일방적으로 설명했다면 다양하고 창조적인 끈 놀이는 이어지지 않았으리라. 또한 유아들의 자발적 협조도 기대하기 어려웠을 게 분명하다.

놀이를 통해 유아가 습득한 1미터 사회적 거리두기는 놀이쌤이 계획한 게임 활동으로도 확인할 수 있었다. 유아는 놀이 경험을 생활과 연결해 스스로 안전 규칙을 터득하고 지켰다. 경험이 배움으로 이어지면 유아들은 주변 세상을 좀 더 쉽게 이해하게 되고, 스스로 시공간을 넘나드는 놀이로 발전시켜나간다는 점을 새삼 확인하게 됐다.

과거와 미래가 연결되는
공룡 에듀테크

▶ 만5세반 ▶ 줌(ZOOM) 놀이 ▶ 월 2회 전개

놀이의 의미와 가치

공룡, 옛날 지구에 살았던 거대한 동물로 현재는 그 어디서도 볼 수 없는 멸종 동물이다. 이 멸종 동물에 대한 유아들의 관심과 흥미가 공룡의 크기만큼이나 거대하다는 것은 늘 현장에서 느끼는 바다. 과거의 동물이지만 미래교육의 핵심 키워드로 떠오르는 테크놀로지를 활용해 교실에서 적용해본다면 보다 더 생생한 체험, 몰입적인 경험으로 공룡과의 의미 있는 만남이 이루어지지 않을까? 무엇보다도 놀이쌤은 요즘 부쩍 '미래교육'이라는 말에 관심이 많아 유아들에게 '디지털 환경'을 자연스럽게 지원해주고 싶은 마음이 간절했다.

에듀테크(Edu-Tech)로 공룡 놀이와 활동을 충분히 지원할 수 있지 않을까? 에듀테크는 교육(Education)과 기술(Technology)이 결합된 신조어로 인공지능, 로봇, 증강현실(AR), 가상현실(VR) 등 최신 테크놀로지를 교육적으로 활용하는 것을 말한다. 멸종된 동물 공룡과 최신 테크놀로지의 만남을 앞두고 놀이쌤은 거대한 공룡의 크기만큼이나 마음이 설렌다.

놀이 활동의 흐름

유아가 가정에서 가져온 공룡 책, 공룡 브로슈어, 공룡 티셔츠, 공룡 인형, 공룡 증강현실(AR) 카드 등이 공룡 놀이와 활동으로 자연스레 연결됐다. 초등학교 1학년 교실과 줌(ZOOM)으로 연결해 실시간 쌍방향으로 공룡에 대한 이야기를 나누고 함께 공룡 골든벨도 진행하면서 공룡 이야기는 에듀테크와 연결될 수 있었다.

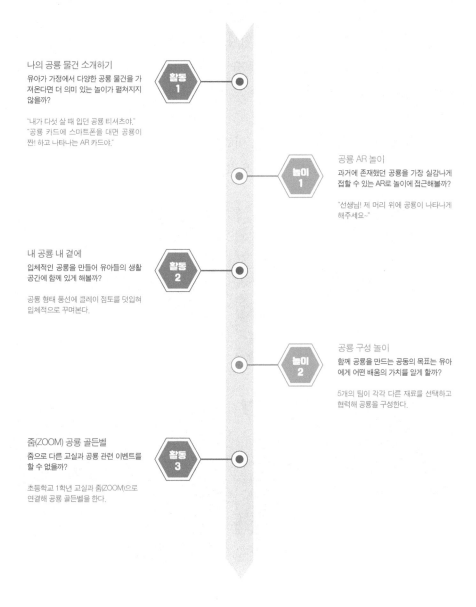

나의 공룡 물건 소개하기
유아가 가정에서 다양한 공룡 물건을 가져온다면 더 의미 있는 놀이가 펼쳐지지 않을까?

"내가 다섯 살 때 입던 공룡 티셔츠야."
"공룡 카드에 스마트폰을 대면 공룡이 짠! 하고 나타나는 AR 카드야."

활동 1

놀이 1

공룡 AR 놀이
과거에 존재했던 공룡을 가장 실감나게 접할 수 있는 AR로 놀이에 접근해볼까?

"선생님! 제 머리 위에 공룡이 나타나게 해주세요~"

내 공룡 내 곁에
입체적인 공룡을 만들어 유아들의 생활 공간에 함께 있게 해볼까?

공룡 형태 풍선에 클레이 점토를 덧입혀 입체적으로 꾸며본다.

활동 2

놀이 2

공룡 구성 놀이
함께 공룡을 만드는 공동의 목표는 유아에게 어떤 배움의 가치를 알게 할까?

5개의 팀이 각각 다른 재료를 선택하고 협력해 공룡을 구성한다.

줌(ZOOM) 공룡 골든벨
줌으로 다른 교실과 공룡 관련 이벤트를 할 수 없을까?

초등학교 1학년 교실과 줌(ZOOM)으로 연결해 공룡 골든벨을 한다.

활동 3

놀이 흐름

교실, 공룡 상점이 되다

공룡을 주제로 한 놀이는 유아들이 각자 집에서 가져온 다양한 물건들을 소개하면서 시작됐다. 공룡 책, 공룡 브로슈어, 공룡 티셔츠, 공룡 인형, 공룡 증강현실(AR) 카드 등 다양한 공룡 물건들로 꽉 찬 교실을 보고 유아들은 이렇게 외쳤다.

"와! 공룡 상점에 온 것 같아요~", "이건 내가 다섯 살 때 입었던 공룡 티셔츠야.", "이 공룡 카드는 스마트폰이 있으면 진짜 공룡이 튀어나오는 AR 카드야."

① 공룡 브로마이드 소개하기

② 다양한 공룡 모형 전시하기

③ "공룡 그림 카드로 어떤 놀이할까?"

④ 작아진 공룡 티셔츠

교실에 진짜 공룡이 나타났다!

많은 공룡 물건들 중에서도 유아들이 가장 많은 관심을 보인 것은 공룡 AR 카드
다. 스마트폰과 TV를 미러링으로 연결하고 공룡 AR 카드를 이용해 공룡 3D를
아주 간단하게 보여주었는데, 공룡 소리 효과와 함께 입체적으로 공룡을 크게,
작게, 또는 위, 아래, 옆 등 위치를 바꾸어가며 실제 모습처럼 탐색할 수 있었다.

놀이쌤은 3D로 보기나 증강현실(AR) 실행하기 등에 대한 충분한 지식이나 사전 경험은 없었지만
간단한 검색과 비교적 쉬운 방법으로 실행할 수 있게 됐다. 구글에서 공룡을 검색하고 3D로 보기를
선택하면 공룡을 볼 수 있었는데, 심지어 현재 공간에서 공룡을 볼 수 있는 증강현실이 구현되자 유
아들은 엄청난 일이 일어난 듯 흥분을 감추지 못했다.

① 구글에서 '공룡'을 검색하고 3D로　② 스마트폰과 TV를 미러링한 후 '내　③ TV 속에 나타난 공룡을 탐색하고
　보기 선택하기　　　　　　　　　　　가 있는 공간에서 보기' 실행하기　　'실제 크기 보기' 선택하기

④ 실제 크기 공룡을 AR로 구현하기

⑤ AR로 공룡을 경험하기

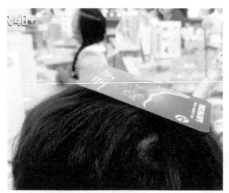

⑥ 공룡 AR 카드를 머리 위에 올려놓기

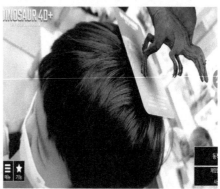

⑦ 공룡 AR 카드와 연동된 앱을 실행해 해당 카드 공룡을 불러내기.

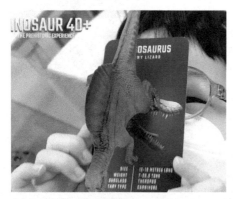

⑧ "저는 코 위에 나타나게 해주세요."

⑨ 놀이쌤도 AR 카드 놀이 참여하기

늘 곁에 두고 싶은 공룡, 내가 만들기

증강현실(AR)로 구현된 공룡은 스마트 기기와의 연결이 끊어지면 사라진다는 것을 알게 된 유아들은, "우리 항상 곁에 두고 놀 수 있는 공룡을 만들자"라고 하며 자신만의 공룡 놀잇감을 만들기 시작했다. 클레이 점토를 공룡 모양 풍선에 붙여서 공룡 풍선을 완성하고는 가림막에 올려두기도 하고 교실에 있는 홍콩야자 화분에 공룡 풍선을 놓아두기도 했다. 기존 공룡 모형에 기다란 빨대 블록을 끼워 새로운 롱다리 공룡을 표현하기도 하고 바깥에서 뜯어온 쑥 한 줄기를 공룡 모형의 입에 끼우고 초식 공룡으로 변신시키기도 했다.

① 클레이 점토로 공룡 풍선 만들기

② '공룡 풍선 마이크'로 줌(ZOOM)에 참여하기

③ 빨대를 공룡 다리에 연결해서 표현하기

④ 초식 공룡에게 쑥 먹이기

⑤ 샌드아트 놀이에서 공룡을 표상하기

함께 공룡 만들어볼래?

혼자 놀이인 공룡 놀잇감 만들기가 끝나자 유아들은 여러 명이 함께 가지고 놀
수 있는 공룡을 만들고 싶어 했다. 먼저 유희실에 색깔별 레고 조각을 학급 유
아들의 수만큼 숨겨 보물찾기를 했다. 유아들은 숨긴 보물 조각들을 찾아내고
색깔대로 팀을 만들어 형형색색의 공룡을 구성하기 시작했다.

유아들은 주로 큰 블록을 이용하여 공룡을 만들었다. 이는 공룡은 몸집이 크다는 인식 때문인 것 같다.

① 대형 블록으로 공룡 만들기

② 여러 소품들을 이용하여 공룡 만들기

③ 종이 벽돌로 공룡 만들기

④ 스테고사우루스를 구성하고 함께 기념 촬영하기

episode 5 초등 1학년과 함께하는 줌(ZOOM) 공룡 골든벨

우리 반 유아들은 월 2회 초등학교 1학년 형들과 줌(ZOOM)에서 만나고 있다.

공룡 놀이를 진행하는 시기에는 1학년과 함께 공룡 골든벨 놀이를 하자고 유아들이 먼저 제안했다. 공룡에 대해서만큼은 자신감이 넘쳐 보였다. 1학년 담당교사도 공룡 골든벨에 대해 적극적으로 동의했다. 골든벨 놀이 준비를 위해 빨대 블록으로 O·X 표시를 만들었고, 화면을 공유해 1학년 언니, 오빠들과 함께 공룡 퀴즈를 풀 수 있었다. 골든벨이 끝나고 나서는 보석 스티커로 원하는 공룡을 만들어보는 시간을 가지며 마무리했다.

① 빨대 블록으로 O·X 만들기

② 1학년과 함께하는 O·X 골든벨

③ 줌(ZOOM)에서 1학년 선생님과 인사 나누기

④ 보석 스티커로 공룡 구성하기

관찰에 기초한 놀이 지원

증강현실(AR), 줌(ZOOM), 구글 등 에듀테크로 지원하기	유아가 가정에서 가져온 공룡 증강현실(AR) 카드로 모두가 AR에 관심을 가지게 됐다. 해당 카드를 가져온 유아가 놀이쌤보다도 사용 방법이나 과정을 더 잘 알고 있어서 도움을 받을 수 있었다. AR이나 줌(ZOOM) 등을 지원할 때는 '진행되고 있는 놀이나 활동에 적절한 방법인가?', '놀이와 활동을 어떻게 에듀테크를 활용해서 연결할 것인가?'를 고려하는 것이 중요하다.

교육과정 관련

안전하게 생활하기	TV, 컴퓨터, 스마트폰 등을 바르게 사용한다.

• 놀이에서 활용하는 TV, 컴퓨터, 스마트폰을 바르고 안전하게 사용한다.

읽기와 쓰기에 관심 가지기	주변의 상징, 글자 등의 읽기에 관심을 가진다.
	자신의 생각을 글자와 비슷한 형태로 표현한다.
책과 이야기 즐기기	책에 관심을 가지고 상상하기를 즐긴다.

• 공룡 골든벨에 참여하면서 O · X의 상징, 퀴즈가 제시된 문장에 관심을 가지며 자신의 생각을 글자와 비슷한 형태로 표현하는 기회를 가진다.
• 집에서 가져온 공룡 책 등을 보며 상상하기를 즐긴다.

나를 알고 존중하기	나의 감정을 알고 상황에 맞게 표현한다.
더불어 생활하기	친구와 서로 도우며 사이좋게 지낸다. / 친구와의 갈등을 긍정적인 방법으로 해결한다.

• 공룡 놀이에 참여하는 과정에서 자신의 다양한 감정을 인식하고 상황에 맞게 표현하며, 친구와 의견이 맞지 않거나 갈등이 생기면 긍정적인 방법으로 해결한다.
• 여러 가지 자료를 활용해 공룡을 구성하는 활동에 참여하면서 친구들의 생각을 존중하고 협력하여 참여한다.

창의적으로 표현하기	다양한 미술 재료와 도구로 자신의 생각과 느낌을 표현한다.

• 유아들은 다양한 미술 재료와 도구로 공룡을 꾸미고 표현한다

생활 속에서 탐구하기	도구와 기계에 대해 관심을 갖는다.
자연과 더불어 살기	주변의 동식물에 관심을 가진다.

• 공룡 AR 카드를 증강현실로 구현하는 놀이, 실시간 줌 이야기 나누기에서 스마트 기기와 TV, 컴퓨터와 연결하며 해당 기기 사용에 관심을 가진다.
• 공룡과 연관된 놀이와 활동에 참여하면서 공룡의 특징, 공룡의 생활 등에 관심을 가진다.

놀이쌤은 공룡 놀이를 진행하면서 증강현실(AR)과 증강현실 전용카드, 구글의 3D 보기 등의 최신 테크놀로지를 교실에 처음 적용해보았는데, 증강현실로 나타나는 공룡을 흥미롭게 잠깐 보는 것으로 끝나는 게 아니라, 미디어를 이용한 신박한 놀이를 경험할 수 있었다.

유아들은 교실에 나타난 가상 공룡의 형상에 작은 공룡 모형을 가까이 대어보며 공룡들끼리 만남을 주선했다. 가상과 현실을 넘나드는 유아들의 창의적 발상이 인상적이지 않은가? 거대한 가상 공룡의 크기를 목도하며 유아들은 상상했던 공룡이 실제로 얼마나 큰지를 실감할 수 있었고, 그러한 입체적 경험은 공룡 놀이에 더욱 몰입하게 했다.

놀이쌤은 꾸준히 놀이와 에듀테크의 의미 있는 만남을 위해 오늘도 더 좋은 방법을 찾아볼 생각이다.

10층으로 꾸미는
겨울 놀이 이야기

▶4세반 ▶자유놀이 시간 ▶5주 전개

📍 놀이의 의미와 가치

우리 교실 한쪽 벽면에는 커다란 게시판이 걸려 있다. 생활 주제와 관련한 내용이 가득해야 할 게시판은 언젠가부터 텅 비어 있다. 게시판의 푸른색 바탕이 겨울 날씨처럼 공허한 느낌을 자아낸다. 놀이쌤은 게시판을 바라보며 예전의 경험을 떠올린다. "얘들아, 우리 눈꽃송이 만들어 여기다 붙여보자." 교사의 제안에 마지못해 참여하는 유아와 "하기 싫어요."라며 솔직하게 거부하는 유아도 있다. "겨울나무를 만들어보면 어떨까?" 라는 교사의 제안에 미술에 관심을 가진 몇몇 유아만 참여하다 이내 곧 자신이 원하는 놀이 영역으로 가버린다.

　놀이쌤은 게시판의 용도에 대한 본질적 고민을 한다. 게시판이 유아에게 커다란 종이처럼 표현의 도구가 될 수는 없을까? 이러한 놀이쌤의 고민은 유아 놀이로 이어졌다. 유아가 주도적으로 게시판을 꾸미고 활용할 수 있도록 제공했고, 유아들은 함께 의논하며 게시판 꾸미기 놀이를 전개했다. 게시판 꾸미기의 주체가 교사로부터 유아에게 전환될 때, 게시판은 어떻게 달라질까? 유아들은 어떻게 참여하고 배움을 만들어갈까? 기대해본다.

놀이 활동의 흐름

환경을 전시했던 게시판이 유아가 마음껏 꾸밀 수 있는 표현의 공간이 되도록 놀이쌤은 유아들의 참여를 이끌었다. 놀이쌤은 유아 주도의 놀이와 활동이 서로 연결되어 더욱 활발하게 지속될 수 있도록 관찰하고 지원했다.

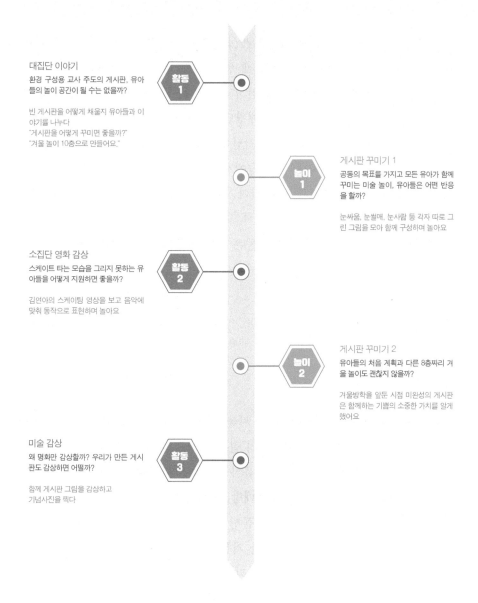

대집단 이야기

환경 구성용 교사 주도의 게시판, 유아들의 놀이 공간이 될 수는 없을까?

빈 게시판을 어떻게 채울지 유아들과 이야기를 나누다
"게시판을 어떻게 꾸미면 좋을까?"
"겨울 놀이 10층으로 만들어요."

활동 1

놀이 1

게시판 꾸미기 1

공동의 목표를 가지고 모든 유아가 함께 꾸미는 미술 놀이, 유아들은 어떤 반응을 할까?

눈싸움, 눈썰매, 눈사람 등 각자 따로 그린 그림을 모아 함께 구성하며 놀아요

소집단 영화 감상

스케이트 타는 모습을 그리지 못하는 유아들을 어떻게 지원하면 좋을까?

김연아의 스케이팅 영상을 보고 음악에 맞춰 동작으로 표현하며 놀아요

활동 2

놀이 2

게시판 꾸미기 2

유아들의 처음 계획과 다른 8층짜리 겨울 놀이도 괜찮지 않을까?

겨울방학을 앞둔 시점 미완성의 게시판은 함께하는 기쁨의 소중한 가치를 알게 했어요

미술 감상

왜 명화만 감상할까? 우리가 만든 게시판도 감상하면 어떨까?

함께 게시판 그림을 감상하고 기념사진을 찍다

활동 3

📍 놀이 흐름

episode 1 **교실의 큰 게시판, 새로운 고민이 시작되다**

교실 뒤쪽 벽면에 고정되어 있는 큰 게시판에 무엇을 전시해야 할까? 유아들의 자유로운 놀이가 활발해지면서 새롭게 생겨난 놀이쌤의 고민이다.

게시판을 채워야 한다는 부담을 안고 놀이쌤은 몇 날 며칠을 검색하고 고민을 했지만 머릿속에는 그동안 반복해왔던 색종이로 눈사람 접기, 눈 결정체 오려 붙이기 등 크리스마스 배경만 생각난다. 고정적 사고에서 벗어나기 위해 놀이쌤은 이야기 나누기 시간에 유아들에게 물어본다. "얘들아, 선생님이 고민이 생겼어."라는 말에 유아들의 눈이 반짝거린다. "저기 교실 뒤에 커다란 게시판을 어떻게 꾸밀지 생각이 나지 않아. 너희들이 좋은 아이디어를 줄 수 있을까?" 그러자 마치 기다렸다는 듯이 유아들은 저마다의 생각을 이야기한다. "눈사람요.", "겨울 꾸며요, 산타할아버지요~"

🧑 유아들 또한 지금까지 수없이 보아왔던 겨울 게시판을 이야기한다. 생각해보니 학년이 바뀌고 교실이 바뀌었지만 계절과 주제와 행사에 따른 게시판의 내용이 한결같았음을 유아들의 즉각적인 반응에서 새삼스레 느낀다.

그때 지윤이가 말한다. "100층짜리 겨울 집요.", "100층은 너무 많아." 승윤이가 말한다. "그럼 겨울 놀이 10층짜리 집 만들어요, 겨울 놀이하는 것을 10층으로 만들면 돼요." 승윤이의 제안에 유아들은 어느새 10개의 놀이를 만들기 위해 머리를 맞댄다. "눈싸움방, 눈썰매방, 눈사람방, 스케이트방, 크리스마스트리방, 산타할아버지와 루돌프방, 선물방, 올라프(눈사람)방, 엘사와 안나, 크리스토퍼방, 얼음낚시방." 각자 생각한 겨울에 하고 싶은 놀이와 겨울 하면 생각나는 것들을 떠올리며 그렇게 10층짜리 겨울 놀이방을 만들기로 했다.

각자의 생각을 이야기하느라 소란스럽긴 했지만 유아들은 신나게 이야기를 주고받았다. 이야기 중간중간 유아들의 함박웃음 소리가 경쾌하게 터진다. "정말 그게 좋겠어요."라며 한 번 더 다짐하듯 말하는 유아, "맞아, 나도 그거 생각했어."라며 친구의 의견에 동조하는 유아 등 어느새 비어 있는 게시판은 유아들의 생각으로 꽉 찼다. 앞으로 만들어질 우리의 게시판이 기대되는 것은 놀이쌤의 새로운 경험이기도 하다.

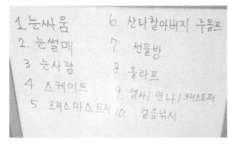

① 친구들의 생각 모으기

② 겨울놀이 10층짜리 집

episode 2 게시판의 형태 만들어가기

이제 게시판을 구성하는 주체는 유아이다. 놀이쌤은 유아들이 제안한 여러 겨울 놀이방들을 어떻게 꾸며야 할지 궁금해서 놀이자로서 질문을 하게 된다.

"얼음낚시방은 어떻게 만드는 거야?" 놀이쌤의 궁금증에 한 유아가 "얼음 색의 종이를 붙이고 물고기들을 그리면 돼요."라고 대답한다.

어느새 교실에는 색종이 상자를 만드는 유아가 보이고, 그 색종이 상자에 로봇과 인형 등 받고 싶은 크리스마스 선물을 그려서 붙이는 유아들이 보인다. "우리 이 선물 꼭 받았으면 좋겠지?"라며 친구들과 간절한 소망을 담아 두 손을 꼭 잡은 유아들. 그때 눈사람을 만들어서 붙이던 유정이와 민재가 놀이쌤에게 와서는 "선생님은 올라프를 만들어서 붙이면 어때요?"라고 제안한다.

올라프를 그리며 유아들의 놀이를 관찰하는 놀이쌤은 저절로 흐뭇한 웃음이

나온다. 게시판 꾸미기 활동에 적극적으로 참여하는 유아들이 신기해 보였기 때문이다. 그때 색종이 별 접기에 도전하는 지안이가 놀이쌤의 눈에 들어왔다.

4세반 유아에게는 다소 어려운 색종이 별 접기. 이전 같으면 "선생님, 이거 접어주세요."라고 쪼르르 달려와 말했을 텐데 올라프 그림을 그리는 내게 부탁하기가 어려웠나 보다. 별을 접어서 붙여야 완성될 것 같은 간절함에 지안이는 친구들을 찾아 돌아다니며 별을 접은 방법을 묻고 종이접기 책을 뚫어져라 쳐다보며 요리조리 생각하는 눈치다.

게시판은 놀이쌤에게 즐겁지 않은 공간이다. 비어 있는 공간을 채워야 한다는 부담감이 컸고 게시판을 채우기 위해서는 특별한 시간을 할애해야 했다. 그러나 그 공간을 유아들에게 허용하자 너무나도 창의적인 놀이 공간으로 변했다. 서서 활동하는 유아부터 누워 있는 유아까지 자세도 가지가지이다. 가로형으로 되어 있는 게시판의 구조에 10층을 어떻게 표현할까에 대한 교사의 걱정과 달리 유아들은 10개의 방이 곧 10층, 누구도 이에 대해 반론을 제기하지 않았다. 유아들이 자율적으로 참여하고 주도적으로 만들어가는 게시판은 놀라운 힘을 발휘했다.

① 선물상자방　　　　　　　② 얼음낚시방

episode 3　　어떻게 꾸밀까? '영상 감상'으로 해결하다

스케이트방을 꾸미는 유아들은 고민에 빠졌다. 스케이트 타는 모습을 다양하

게 표현하고 싶은 마음과는 달리 동작을 표현하는 데 어려움을 느낀 것이다.

놀이쌤은 스케이트방 꾸미기에 참여한 몇몇 유아와 소집단활동으로 김연아가 피겨스케이팅 선수로 활약하던 당시의 동영상을 시청했다. 스케이트를 타는 역동적인 모습을 영상으로 시청한 유아들은 커다란 종이를 원했고, 표현하는 방식도 이전보다 훨씬 더 다양해졌다. 그리고 유아들은 이내 천 실내화를 신고 바닥을 미끄러지듯이 스케이트 타는 시늉을 하며 즐거워한다.

놀이쌤은 조그맣게 음악을 틀어주었다. 그러자 유아들은 마치 피겨스케이팅 선수라도 된 것처럼 음악에 맞추어 온갖 동작을 시도하며 놀이를 이어간다. 조금 전 시청한 동작을 애써 표현하려는 유아도 있다. 음악 소리를 듣고 교실에서 놀이하던 몇몇 유아가 나와서 함께 몸을 움직이며 리듬 타기에 동참한다.

놀이쌤은 유아들의 놀이를 관찰하면서 무엇을 지원해야 할지를 끊임없이 고민한다. 그림 그리기는 관찰로부터 시작된다. 자세히 관찰한 적이 없는 모습을 상상하여 그릴 수도 있지만 때로는 유아들에게 구체적인 자료를 제공하는 것도 필요하다. 사진이나 그림보다는 동영상이 움직임을 관찰하기에 더 적절하다고 판단하여 소집단 감상으로 전개했다.

episode 4 ◀ 영상 경험을 반영하여 표현하다

피겨스케이팅 영상을 감상한 유아들은 선수의 우아한 모습이나 점프 동작보다 스케이트에 더 관심을 보인다. 유아들은 스케이트를 자유롭게 디자인하고, 알록달록한 스케이트를 제작하여 나란히 진열한다. 유아들은 스케이트 디자이너가 되어 자기만의 창작 과정에 몰입한다.

유아들이 함께 계획했던 '겨울 놀이 10층집'을 게시하는 과정에서 눈사람방과 올라프방이 합쳐졌고, 눈싸움방과 눈썰매방은 작품 구성에 대한 유아들 간의 생각이 달랐는데, 의견이 조율되지 않아 보류하기로 했다.

놀이는 유연하다. 시간과 목적에 구애받지 않고 놀이는 오늘과 내일을 이어갔다. 따로 역할을 정하지 않았지만 유아들은 자율적으로 움직이며 자신이 관심 있고 잘하는 영역에 참여하며 놀이했고, 벽면에 고정된 게시판을 자신들의 놀이 공간으로 재창조했다. 즐거움은 놀이와 활동의 경계를 허물었으며, 공동의 목표는 함께 만들어가는 기쁨의 가치를 느끼기에 충분했다.

① 역동적인 스케이트 모습 그리기

② 얼음성 그리기

episode 5 ▶ 아름다운 미완성

여러 날에 걸쳐 이어진 게시판 꾸미기 놀이가 막바지에 이른다. 겨울방학을 앞둔 시점에서 '겨울 놀이 8층집'이 모습을 드러낸다.

"10층집을 만들고 싶었는데 아깝다." 10층집을 완성하지 못한 아쉬움에 유아들은 창문에 장식되어 있는 색종이 포인세티아 꽃을 몇 개 떼어서 붙여본다. 놀이쌤도 종이로 접은 아기 산타 몇 개를 붙인다.

"우리가 만든 작품을 함께 감상해보자." 놀이쌤의 제안에 유아들은 작품을 둘러싸고는 눈을 지그시 뜨고 감상 모드에 들어간다. "올라프가 크니까 좋아.", "난 얼음성이 제일 멋있어." 각자 감상한 것을 나눈 후 함께 만든 게시판 앞에 서서 기념사진도 찍는다.

놀이는 결과보다 과정이 중요하다고 생각한다. 비록 계획대로 완성하지는 못했지만 게시판 꾸미기를 통해 함께 고민하고 협의하며 즐겁게 그리고 꾸몄던 놀이 과정 자체가 즐거움이었고 배움이었다. 놀이쌤은 유아들과 함께 오랜 시간 공들여 만든 '우리의 게시판'의 소중함을 나누기 위해 벅차오른 감동의 순간을 사진으로 찍어 유아들과 함께 기쁨을 공유했다.

① 미완성이지만 기념사진 찰칵

② 우리가 함께 만든 소중한 게시판

📍 관찰에 기초한 놀이 지원

유아가 주도하는 이야기 나누기	유아는 주도성을 갖고 놀이에 참여할 때 즐겁게 몰입한다. 이야기 나누기 또한 유아가 주도할 수 있도록 관심 있는 주제와 관련한 정보를 공유하고 문제 상황에 대해 함께 의견을 모으는 등 현재의 관심과 흥미를 담으면 유아의 집중과 참여를 이끌 수 있다. 유아들끼리 의견을 더 많이 나눌수록 함께 만들어가는 놀이의 가치는 더욱 빛난다.
놀이를 위한 소집단 동영상 감상	유아 놀이의 의미와 맥락을 더 많이 읽고 느낄수록 놀이쌤의 지원 방식은 더욱 다양해진다. 또래 집단의 놀이 관찰을 기초로 민감하게 반응하고 즉각적으로 소집단활동을 지원하는 것이 때로는 놀이를 더욱 다양하고 유연하게 하기도 한다.
움직이며 참여하는 대집단 미술 감상	'우리가 만든 작품의 감상'은 미술 감상 이상의 가치가 있다. 제시된 자료를 보고 질문의 순서에 따라 답하는 감상법에서 벗어나 유아가 자유롭게 움직이며 자신들이 보고 발견한 것들을 이야기하는 감상 시간은 또 다른 놀이가 된다. 멀리 서서 전체 구성을 감상하기, 가까이에서 특정 내용을 세밀하게 감상하기, 소재를 비교하며 감상하기, 마음에 드는 그림 골라 보기 등, 저마다의 방식으로 감상하면서 서로 이야기를 주고받는 활동은 즐겁게 배움을 공유하는 장이 된다.

교육과정 관련

신체운동·건강

신체활동 즐기기	신체 움직임을 조절한다.

- 유아는 만들고 그리고 오리고 접는 미술 놀이 과정에서 다양하게 소근육을 활용한다.

의사소통

듣기와 말하기	말이나 이야기를 관심 있게 듣는다. / 자신의 경험, 느낌, 생각을 말한다.
	상대방이 하는 이야기를 듣고 관련해서 말한다. / 바른 태도로 듣고 말한다.

- 게시판 꾸미기에 대한 이야기 나누기를 통해 유아는 자신의 경험, 느낌, 생각을 자유롭게 말하며, 친구의 이야기를 귀 기울여 듣고 바른 태도로 말하는 경험을 한다.
- 게시판을 꾸미기 위해 구성을 고민하고 나누는 또래와의 상호작용 과정에서 상대방의 이야기를 듣고 그와 관련하여 자신의 생각을 말한다.

사회관계

나를 알고 존중하기	내가 할 수 있는 것을 스스로 한다.
더불어 생활하기	서로 다른 감정, 생각, 행동을 존중한다.

- 유아는 놀이 과정에서 스스로 주제를 선택하여 그림을 그리고, 친구와 의논하며 함께 꾸미는 과정을 통해 서로의 생각을 존중하는 법을 배운다.

예술 경험

아름다움 찾아보기	예술적 요소에 관심을 갖고 찾아본다.
창의적으로 표현하기	다양한 미술 재료와 도구로 자신의 생각과 느낌을 표현한다.
예술 감상하기	서로 다른 예술 표현을 존중한다.

- 유아는 '겨울 놀이 10층' 주제로 다양한 미술 재료를 활용하여 자신의 생각과 느낌을 자유롭게 표현한다.
- 유아는 함께 만든 작품을 감상하며 서로의 표현을 존중하고 각자가 아름답게 느끼는 요소들을 공유한다.

자연탐구

자연과 더불어 살기	날씨와 계절의 변화를 생활과 관련짓는다.

- 겨울 놀이를 표현하는 과정에서 계절의 변화와 특성을 알아보고 계절에 맞는 놀이와 생활을 경험한다.

놀이쌤이 그동안 유아들이 하고 싶은 이야기를 정성껏 들어주고 공감하면서 주도적 역할을 할 수 있게 배려해서일까? 덩그러니 빈 게시판을 어떻게 꾸미면 좋을지 묻는 놀이쌤에게 유아들은 진지하게 반응했다. 게시판 꾸미기 놀이에 참여한 모든 유아는 오랜 시간 자기만의 방식으로 해결점을 찾아 이야기하고 실행하며 수정하기를 반복하면서, 단순한 놀이를 넘어선 배움을 즐겼다. 유아들의 이런 모습을 보며 놀이쌤은 놀이가 가진 커다란 잠재력에 다시금 감탄했다.

그동안 놀이쌤은 어떤 것을 할지 활동을 선택하고 결정하며, 무엇을 가르쳐야 하는지 목표를 우선시하며 교사로서의 관점을 더 중시했다. 그러나 유아들의 놀이를 관찰하면서 놀이쌤은 유아들의 흥미와 자발적 참여를 최대한 이끌어내고 참여 과정에서 즐겁게 몰입하여 놀이할 수 있도록 지원하는 것이 무엇보다 중요함을 깨달았다. 교사 중심에서 유아 중심으로 관점을 바꾸어야 함을 알게 된 것이다. 서로에 대한 신뢰를 바탕으로 존중하고 배려하는 분위기를 조성하고, 놀이의 주도권을 유아들에게 제공할 때 '놀이다운 놀이'가 만들어짐을 다시금 느끼게 된다.

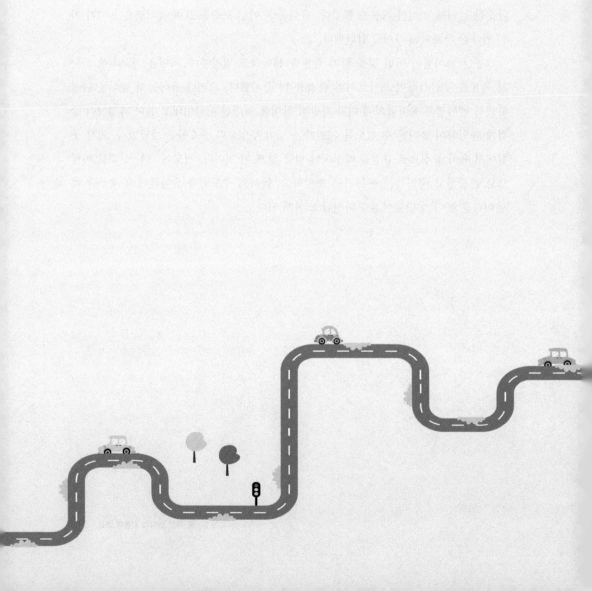

PART 05

고민 풀고
놀이 풀고

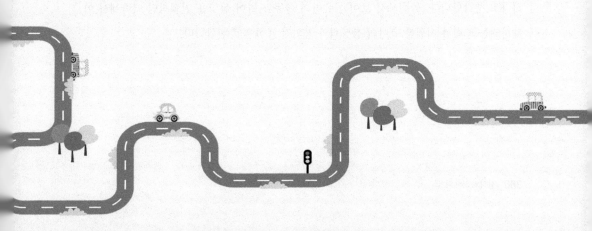

Q1 어떻게 유아 놀이의 의미를 읽고 지원해야 할까요?

정미쌤　놀이를 따라가며 의미를 읽는 것이 어렵게 느껴지는 것은 사실이지만 이것은 유아의 놀이를 자세히 들여다보는 것에서부터 시작됩니다. 자세히 들여다본다는 것은 유아의 대화, 행동뿐 아니라 유아의 눈빛, 몸짓, 시선, 말의 억양 등 세밀한 부분까지 읽어내야 함을 의미하죠. 읽어낸 내용은 유아의 입장에서 유머와 창의력으로, 또는 전체를 보는 통찰력을 통해 자료 지원, 물리적 도움, 공간의 변화, 아이디어 제안, 중재, 인정 및 칭찬 등 다양한 방법으로 지원할 수 있습니다. 여기에서 유아가 무엇을 원하고 무엇이 놀이에 적절한지를 판단하여 지원해주는 것이 중요합니다.

연진쌤　교사가 유아 놀이의 의미를 읽을 수 있을 때와 그렇지 않았을 때 어떤 차이가 있는지 이 책의 2장 '내가 누구게? 가면놀이' 사례로 들어보겠습니다. 만약 당시 교사가 냄비 뚜껑의 작은 구멍으로 세상을 보는 유아의 행동에서 의미를 읽지 못했다면, 또는 친구의 행동을 보고 "가면 같은데"라는 유아의 상상력을 무시하고 냄비 뚜껑의 손잡이를 끼우도록 했다면 과연 놀이는 어떻게 되었을까요? 유아 개인으로부터 시작된 호기심이 반 전체의 놀이로 확장하며 유아에게 특별한 경험이 될 수 있었던 것은, 유아가 느끼는 호기심과 놀이에 대한 흥미를 교사도 동일하게 느끼고 다음 놀이에 대한 기대감을 갖고 놀이 환경을 조성해주었기 때문일 것입니다. 이런 면에서 놀이의 의미 읽기는 매우 중요하다고 생각합니다. 놀이에서 보이는 유아의 행동과 놀이 상황을 전체적인 맥락에서 이해하려는 노력과 지원은 유아의 상상력과 창의적 표현을 촉진합니다.

선혜쌤　　놀이의 의미를 읽기 위해서는 먼저 관심을 갖고 자세히 들여다보는 노력이 필요합니다. 전체 유아들이 대충 어떻게 놀이하는지를 보는 데 그치지 않고, 개별 '유아'의 목소리를 들을 줄 알아야 합니다. 무슨 말을 하는지, 무슨 상황인지 자세히 보아야 보입니다. 그리고 들여다본 놀이의 흔적을 기억하기 좋게 남긴 후, 빠른 시간 내에 다시 되새겨보는 시간을 가져보길 권합니다. 그래야 '유아'가 무엇을 경험했는지, 어떻게 지원해야 배움을 확장하는지 파악할 수 있기 때문입니다. 개별 유아의 놀이에 세밀한 관심과 민감성을 갖는 것이 놀이의 의미 읽기의 시작이라고 생각합니다.

정숙쌤　　놀이 의미 읽기의 출발점은 놀이하는 유아의 유능성을 믿고 신뢰하는 것으로부터 시작됩니다. 교사가 유아의 잠재된 놀이 욕구를 읽지 못하고 유아가 선택한 놀이에 대한 확신을 갖지 못한다면 여러 가지 이유로 유아의 행동을 제한하거나 불안한 마음으로 놀이를 지켜보게 될 것입니다. 교사의 직관적인 판단으로 지원하기 이전에 유아가 무엇을 경험하고 배우는지, 어떻게 놀이를 이어가는지를 관찰하고, 유아의 생각과 의견에 귀 기울여 듣고 지지해 주는 것이 우선 될 때 진정한 유아 중심의 놀이가 실천될 것입니다.

Q2 놀이 중 위험한 행동을 할 때
어떻게 대처해야 할까요?

정숙쌤 유아는 막대기를 휘두르며 칼싸움 놀이를 하거나 철사와 같이 날카로운 도구로 장난을 하는 등 위험한 상황을 만들기도 합니다. 하지만 이러한 행동은 유아가 놀이하면서 필요한 규칙을 만들고 협상하는 과정에서 순화되기도 합니다. 유아들은 놀이를 하면서 자연스럽게 막대기와 철사의 특성을 확인하게 되고, 안전하고 즐겁게 놀이하기 위해 어떻게 사용해야 하는지 터득하게 됩니다. 발견한 특성을 반영하여 규칙을 변경하고 협상하면서 유아 스스로 조율해가는 유능함이 발휘될 것이라 생각됩니다.

연진쌤 놀이가 전환되는 과정에서 유아는 위험하게 행동할 때가 있습니다. 예를 들어 높은 곳에서 공을 굴리기 위해 의자 2~3개를 포개기, 책상 아래 좁은 공간으로 여러 명이 몸을 비집고 들어가 앉기, 바닥에 엎드린 유아의 등 위로 다른 유아가 겹쳐 몸을 포개기 등 다양한 상황이 발생합니다. 이때 교사는 유아들을 향해 "위험해."라는 말과 동시에 행동부터 제재를 가하게 되지요. 과연 그게 최선일까요? 교사는 위험해 보이는 행동이 유아가 자신의 놀이에서 발생하는 문제를 스스로 해결하기 위한 행동인지, 놀이의 맥락상 필요한 행동인지, 아니면 단순한 장난과 몸 놀이인지, 또는 공격성을 띤 행동인지를 구분하여 유아 놀이의 진행 여부를 결정해야 합니다. 유아의 놀이 맥락을 읽을 수 있는 교사라면 생활지도가 필요한 것인지, 아니면 안전한 놀이로 이어지기 위해 대안을 찾아야 할 것인지 판단할 수 있고, 적절한 상호작용을 통해 유아 놀이를 발전시킬 수 있을 것입니다.

유선쌤 처음부터 위험한 놀이가 시작되기보다 우연히 만든 놀잇감이 모티브가 되어 칼싸움 놀이가 시작되거나 전쟁 놀이로 이어지는 경우가 있습니다. 유아는 자신들만의 놀이에 어떤 의미를 부여하며 놀이에 재미를 느끼고 몰입할 때 도전하게 되며 다소 위험한 놀이로 연계되기도 합니다. 이때 교사는 무조건 행동을 멈출 것을 요구하기보다는 그 놀이를 잠시 인정하며 관찰하고 있다가 개입하여 위험하거나 다칠 수도 있는 시점이나 행동에 대해 일러주고, 어떻게 하면 안전하게 놀이할 수 있는지 이야기를 합니다. 물론 이야기를 한다고 해서 금방 놀이의 방법이 바뀌지는 않지만 스스로 놀이의 수위를 조절하여 놀이하려는 유아들의 노력을 볼 수 있었습니다.

윤정쌤　아무리 잘 놀아도 한 번 다치면 아무 소용이 없다고들 합니다. 그래서 교사들은 놀이와 안전에서 한 가지를 택하라고 한다면 안전을 택합니다. 그러나 위험한 행동을 하는 데도 이유가 있을 것입니다. 모험과 도전을 즐기는 성향의 유아일지도 모릅니다. 지나친 안전 문제로 자유보다 통제가 많은 교실에서는 유아의 거친 행동이 더 많이 일어나기도 합니다. 무조건 못하도록 하기보다는 자율의 즐거움과 안전의 책임을 연결하여 유아들이 이해할 수 있도록 놀이 환경을 제공합니다. 재미와 안전의 균형을 찾아갈 수 있는 지원이 필요하다고 생각됩니다.

철옥쌤　위험한 행동으로 유아의 안전에 문제가 있다면 신속한 대처가 필요하다고 생각합니다. 다만, 안전을 이유로 놀이를 지나치게 제한하는 것보다는 놀이의 위험 요소에 대해 유아들과 의견을 나누고 공감하는 과정이 필요한 것 같습니다. 교실의 다양한 놀잇감과 소재에 대한 탐색으로 사물의 속성을 파악하는 것도 스스로 안전을 지키는 방법이라고 봅니다. 유아들은 놀이를 하며 스스로 위험을 감지하고 규칙을 만들거나 행동을 조절해가기도 합니다.

Q3 놀이와 배움은 어떻게 연결할 수 있을까요?

선혜쌤　'배움'이라는 것을 교사의 눈으로 바라보지 않았으면 합니다. 우리는 그동안 '인지적·언어적인 성장'을 중심으로 배움을 확인해왔기 때문에 자칫 유아들의 배움도 그렇게 해석할까 염려가 됩니다. 놀이를 통한 유아의 '배움'을 '성장'으로만 보지 말고 '경험'으로 이해했으면 합니다. 놀이를 하다가 실패하는 경험도 소중한 배움이 되고, 또래와의 갈등을 풀기 위해 먼저 다가가기를 시도하는 과정도 소중한 배움이 될 수 있습니다. 놀이 과정에 나누는 의사소통, 도전의 한계를 느끼고 멈추는 경험, 낯선 놀잇감을 호기심을 갖고 탐색하는 과정 등 모두가 소중한 배움이 됩니다. 그것을 보고 읽을 줄 아는 교사의 개방적인 눈과 마음이 우선이었으면 합니다.

혜심쌤　놀이는 유아가 세상과 소통하는 유아기 고유의 언어이자 배움의 맥락으로 이해할 필요가 있습니다. 놀이하며 찾아내고, 만들고 생성해내는 놀이의 의미가 곧 배움이라고 할 수 있습니다. 유아가 놀이에서 무엇을 경험하고, 어떻게 배우며, 어떻게 놀이를 이어가는지를 들여다보면 놀이 속에 녹아 있는 배움의 경험을 누리과정 5개 영역의 내용과 연결 지어 읽을 수 있고, 5개 영역의 내용과 그 이상을 경험하고 있음을 볼 수 있습니다.

정숙쌤　재활용품을 모아두는 복도에 다양한 크기의 박스 몇 개가 있었는데 유아들은 그중 가장 큰 박스를 끌고 와서 무엇을 만들지 탐색하고 궁리하다가 집을 만들었습니다. 박스 표면에 그림을 그리고 꾸미며 놀이하다가 문이 있어야 할 것 같다고 문을 만들어 달더니, 곧 초인종이 필요하다고 합니다. 그리고 '집콕 놀이'를 하고 있다고 말했습니다. 이때 한 유아가 의자에 상자 하나를 싣고 와서 택배 배달을 왔다고 초인종을 눌렀습니다.

박스 크기에 따라 무엇을 만들지 스스로 배우며, 코로나19라는 새로운 사회적 흐름과 삶을 반영하여 놀이를 이어가는 유아들, 그 배움이 정말 멋지지 않나요?

철옥쌤   비가 내린 어느 날 오후 운동장을 가로질러 귀가하던 유아들이 빗물 웅덩이를 발견하곤 첨벙첨벙 물웅덩이를 밟기 시작했습니다. 빗물이 튀고 질퍽거리자 유아들은 더 신이 났습니다. 교사는 웅덩이에 비친 유아들의 모습을 카메라에 담았습니다. 다음 날 사진을 보여주자 유아들은 화장실에 우산을 펴고 물을 뿌리며 놀고, 비와 웅덩이, 그림자에 계속 관심을 가졌습니다. 교사는 관련한 내용의 동화책과 노래 등을 지원했고, 유아들은 웅덩이 재탐색과 그림자 놀이로 이어갔습니다. 놀이가 곧 배움이고 배움이 놀이가 되는 과정 아닐까요?

Q4 놀이 중심 교육을 어려워하는 교사를
어떻게 도울 수 있을까요?

학선쌤   먼저 교사는 놀이 중심 교육을 자신이 얼마나 이해하는지, 어느 정도 수용하는지, 실천 의지는 어떤지 살펴보는 것부터 시작해보기를 권합니다. 놀이 중심 교육의 가치와 철학에 동의하고 수용하는 것이 중요하기 때문입니다. 막연히 혹은 당연하다고 생각한 것부터 다시 한번 숙고하다 보면 자신의 철학이 더 공고해지고 실천 의지도 높아집니다. 놀이의 가치와 중요성을 다룬 책과 다큐멘터리 자료는 다행히 많습니다. 이를 동료와 함께 먼저 나누어보세요. 동료 교사와 함께 철학을 공유하면 어렵게만 느껴지는 놀이 중심 교육이 수월해집니다.

선혜쌤   우선 놀이 중심 교육에 대한 막연한 두려움을 털고 용기를 내어 시도하는 도전이 필요합니다. 그 첫걸음은 교육과정을 이해하는 데서 출발해야겠지요? 먼저 교육부의 3종 자료(해설서, 이해자료, 실행자료)를 정독하고 나름대로 놀이 중심 교육을 이해한 후, 학습공동체를 통해 전문가나 동료 교사들과 함께 연구하고 분석하는 이론 정립 과정이 필요합니다. 이어서 교실의 놀이를 개방하고 놀이 사례를 함께 읽고 분석하는 공동연구를 시도해보세요. '놀이의 의미 읽기'는 저절로 습득되는 것이 아니라 훈련이 필요해요. 『2019 개정 누리과정의 놀이이해자료』에서 제시하는 사례별 '놀이 경험 이해'를 분석하면서 놀이 의미 읽기를 먼저 익힌 후, 동료들과 학급의 놀이 사례로 의미 읽기를 반복하여 연습해보세요. 꾸준히 노력하면 어느 순간 놀이를 자세히 들여다보고 의미를 읽는 눈이 뜨일 것입니다.

혜심쌤   놀이 중심 교육과정의 첫 단추는 유아의 유능함을 믿고 유아의 이야기를 경청하면서 유아가 무엇에 관심과 흥미를 보이는지 관찰하는 것에서부터 시작합니다. 유아들은 처음에는 놀이 자료를 제공해주어도 어떻게 놀이해야 할지 망설입니다. 이때 교사가 유아가 놀이 자료를 탐색할 수 있는 충분한 시간을 주고 기다려준다면 놀이 자료를 자신의 수준으로 변형하여 놀이합니다. 충분히 기다려주는 것이 중요하답니다. 그러고 나서 유아와 함께 놀이를 즐기며 긍정적으로 교감하는 상호작용을 하기도 하고, 유아가 다양한 놀이와 활동을 경험할 수 있도록 시간, 공간, 관계, 자료를 지원하는 교사의 역할을 고민해보면 어떨까요?

윤정쌤 "혼자 가면 빨리 가지만 함께 가면 멀리 간다."라고 합니다. 혼자 고민하고 혼자 잘하고 있다고 생각하면 크게 성장하기 어렵습니다. 나보다 경력이 짧은 선생님에게서도, 이제 퇴임이 얼마 남지 않은 선생님에게서도, 나와 선의의 경쟁을 하는 선생님에게서도 반짝반짝하는 아이디어가 나오고, 그런 아이디어들이 모이면 누구도 생각지 못한 근사한 놀이 아이디어가 될 것입니다. 동료와 함께 성장하는 행복한 교사가 되시길 바랍니다.

정미쌤 유아의 놀이를 자세히 관찰하다 보면 유아들을 지원해줄 수 있는 기회가 생깁니다. 이런 과정을 거치다 보면 어느 순간부터 놀이의 의미를 이해할 수 있게 되고 언제, 어떤 지원을 해줄 수 있는지 노하우가 생기지요. 틈틈이 장학 자료나 서적을 읽고 동료들과 함께하는 학습공동체 속에서 놀이 사례나 아이디어를 공유하다 보면 유아의 놀이 맥락을 더 잘 지원할 수 있지 않을까요?

Q5 놀이 중심 교육에 대한 학부모 이해 교육,
어떤 방법이 있을까요?

선혜쌤   입학 전 예비 학부모를 대상으로 교육과정 설명회를 하는 것도 매우 효과적입니다. 입학 직전은 유치원 교육에 가장 관심이 많은 시기로 참여율이 매우 높기 때문입니다. 설명회에서는 먼저 『2019 개정 누리과정 해설서』에서 제시하는 놀이 중심 교육의 방향성을 공유하는 것이 필요해요. 추구하는 인간상과 유아와 놀이에 대한 가치관 등을 공유함으로써 교육을 바라보는 관점과 방향을 맞출 수 있게 됩니다. 그리고 덧붙여 유치원의 사례를 중심으로 자녀가 직접 경험할 놀이의 의미와 가치를 소개할 필요가 있어요. 생생한 사진이나 영상에 담긴 놀이 사례와 그것을 분석한 의미와 가치를 공유함으로써 유아와 놀이를 이해하는 공통의 눈과 마음을 나눌 수 있습니다. 실제로 설명회를 통해 학부모가 긍정적으로 공감하고 놀이 중심 교육을 신뢰함을 경험할 수 있었습니다.

연진쌤   학부모가 궁금해하는 사안과 기관에서 전달해야 할 사안, 함께 비전과 가치를 공유해야 할 사안 등을 구분하는 것부터 시작하길 제안합니다. 그리고 각 사안에 대해 어떤 내용을, 언제 어떤 방법으로 진행할지 고민해야겠지요. 학부모가 놀이에 대해 불안감을 갖는 대부분의 이유는 놀이에 담긴 교육적 가치와 유아 성장과 직결되는 놀이의 중요성을 제대로 인식하지 못해서입니다. 교사는 유아가 흥미를 갖고 놀이에 몰입할 때 어떤 배움이 일어나고 유아가 주도성을 갖는 것이 왜 중요한지 등, 놀이가 지닌 교육적 효과를 학부모 교육과 워크숍, 사후 안내문, 홈페이지, 상담 등을 통해 지속적으로 제공해야 할 것입니다.

정숙쌤　개정 누리과정을 운영하기 위한 변화의 시작점은 바로 '관계'입니다. 놀이 중심 교육과정의 실행과 안착을 위해서는 학부모를 협력적 관계로 인식하고 학부모가 주체로 참여하여 지지할 수 있도록 긍정적 관계를 가져야 합니다. 놀이 중심 교육과정의 이해 연수, 소모임, 놀이 사례 나눔, 간담회 등 다양한 방법으로 학부모와 소통하며, 놀이를 통한 배움과 성장을 공유하고, 놀이 지원을 위해 함께 고민하는 공동체가 되도록 합니다. 미래교육에서는 교육공동체가 협력하여 교육과정을 함께 만들어가는 학교 자치를 강조하고 있습니다. 학부모가 주도성을 갖고 자치적인 역할을 할 수 있도록 다양한 방식의 참여를 유도하고 학부모도 배우며 성장할 수 있도록 지원합니다.

유선쌤　학부모는 자녀가 어떤 놀이를 하며 지내는지, 유치원 생활에 대해 많이 궁금해합니다. 학부모 교육을 통해 이론적인 놀이의 가치나 중요성에 대한 이해도를 높이는 것도 물론 중요하겠지만, 자녀가 유치원에서 하는 놀이에 대한 정보를 제공하며 소통하는 노력이 필요합니다. 놀이를 하며 얻게 된 배움, 성장 과정, 친구 관계 등을 가정과 연계하고 자녀 교육의 해법을 함께 찾아 해결하는 소통을 통해 놀이 중심 교육과정에 대한 신뢰와 이해가 점점 향상되도록 합니다.

Q6 **항상 같은 놀이만 하는 유아,
어떻게 지원하면 좋을까요?**

혜심쌤　　유아가 한가지 놀이나 활동만 하는 것처럼 보여도 들여다보면 매 순간 다른 놀이, 이야기를 하고 있답니다. 현재의 놀이를 충분히 즐기다 보면 자연스럽게 관심이 주변으로 돌려지면서 새로운 놀이로 변형되거나 확장되지요. 교사는 개별 유아의 경험을 인정하고 가치 있게 여겨야 합니다. 그러려면 유아의 개별 특성에 적합한 놀이 경험과 놀이 자료를 찾아 지원해야겠지요. 또한 친구의 놀이 과정이나 기록을 공유하여 즐거운 마음으로 놀이에 참여할 수 있도록 기다려주는 것도 필요합니다.

정숙쌤　　매일 같은 놀잇감으로 같은 놀이만 하는 유아가 걱정된다면 유아의 놀이를 주의 깊게 들여다보거나 영상을 찍어서 유아가 놀이 속에서 어떤 말과 행동을 하는지, 반복하는 행동은 무엇인지 살펴볼 필요가 있습니다. 반복되는 놀이 속에서 발견한 새로운 사실이 있다면 그 부분을 '놀이 공유 시간'을 통해 친구들에게 소개함으로써 다른 친구들이 관심을 가지고 공동체 안에서 함께 놀이할 수 있도록 지원합니다.

윤정쌤　　유아의 내면을 들여다볼 필요가 있습니다. 반복 놀이로 보이지만 동일한 놀이 속에서 다양한 방식의 놀이가 전개되는 것과 지나치게 한가지 놀잇감에 애착을 보이고 단순한 하나의 놀이를 반복하는 것과는 큰 차이가 있습니다. 따라서 교사는 학기 초에 가정환경과 유아의 개별적 기질과 특성 등을 학부모와 소통하며 파악해야 합니다. 유치원 환경에 대한 낯섦, 사회적 기술 부족으로 놀이 탐색을 못하는 유아라면 교사의 정서적 지원과 함께 놀이하기 등의 방법으로 자연스럽게 놀이 참여와 놀이 방법을 알아가도록 기회를 제공합니다. 유아 스스로 놀이의 즐거움을 찾도록 지원해야 합니다.

Q7 단순한 놀이가 반복될 때 어떻게 지원하면 좋을까요?

정숙쌤　귀신 흉내를 내며 잡고 몰려다니는 단순한 반복 놀이도 자세히 들여다보면 몸을 움직여 놀이하면서 신체를 조절하고 통제하는 방법을 배우고 있고, 다른 사람의 감정을 읽고 스스로의 감정을 조절하는 경험을 하는 것을 보게 됩니다. 무조건 부정적으로만 보고 제한하기보다는 교사가 함께 놀이하면서 기분을 공감해보면 어떨까요? 실내의 소란스러움이 부담스럽다면 실외에서 마음껏 뛰놀게 하는 것도 방법일 수 있습니다.

연진쌤　반복 놀이는 다음 놀이를 이끄는 매개체의 역할을 합니다. 다만 전이 시간에 짧게 반복적으로 나타나는 몸놀이와 교실에서 빈번하게 일어나는 행동으로 다른 유아들에게 방해가 되는지 구별해서 볼 필요가 있습니다. 만약 후자의 경우라면 교사는 교실의 놀이 재료와 놀이 공간 구성 등 전반적인 교실의 놀이 환경을 점검해보는 것이 필요합니다. 그러나 무엇보다 달리고 뛰고 슬라이딩하는 것을 좋아하는 유아의 특성을 이해함으로써 유아의 이런 행동에 좀 더 여유롭게 대응하는 교사의 자세도 필요합니다.

유선쌤　교사의 입장에서는 단순하게 보여도 유아들에게는 현재의 놀이를 반복하고 지속하게 만드는 재미와 흥미의 요소가 담긴 즐거운 놀이일 수 있습니다. 교사가 놀이자로 참여하여 함께 놀이하다 보면 유아의 놀이를 이해하게 되고, 재미있는 요소를 찾아 확장시킬 수도 있습니다. 동등한 입장으로 참여하여 새로운 놀이 방법을 선보이며 동기를 부여할 수도 있고 새로운 재료를 제공함으로써 놀이의 방향을 전환시킬 수도 있습니다. 교사의 개입이 유아의 놀이 흥미를 반감시키는 건 아닌지 유아와 소통하여 결정하고, 교사가 의도한 환경일지라도 유아가 주도적으로 놀이에 참여하고 놀이를 발전시키는 주체가 될 수 있도록 해야 합니다.

Q8 놀이와 생활교육은
어떻게 병행해야 할까요?

연진쌤　자유로운 놀이는 새로운 규칙을 생성합니다. 자유롭다는 것은 규칙의 무질서가 아닌 유아가 놀이의 선택과 결정권을 갖고 주도적으로 참여하여 표현하는 것을 의미합니다. 유아가 자신의 방식으로 놀이를 진행할 경우 새로운 규칙이 만들어지고 때로는 유아들 간의 서로 다른 규칙으로 문제가 발생하기도 합니다. 이때 생활지도가 필요할 수 있습니다. 그러나 문제 상황은 곧 교육의 기회가 됨을 기억해주세요. 서로 다른 생각을 조율해가는 것을 배우고, 생각의 차이는 다름을 존중하는 것을 배우는 기회가 됩니다. 자유로움이 생활 습관을 소홀하게 한다는 걱정보다는 책임을 수반한 자유로움을 통해 유아가 삶의 가치를 배우며 성장할 수 있도록 교사의 생각 전환과 지원이 필요합니다.

정숙쌤　교사가 규칙을 정하고 가르치기보다는 놀이를 하면서 필요한 규칙을 스스로 만들고 지킬 수 있는 자율성을 허용한다면 유아들은 놀이에 필요한 규칙을 만들고 협상하며, 책임감을 가지고 놀이 규칙을 지키는 유능함을 보일 것입니다. 안전에 주의를 기울이되, 안전이라는 이유로 굳이 유아의 행동을 제한하고 이를 위한 규칙 준수를 강조하지 않아도 된다고 생각합니다.

유선쌤　기본 생활 습관은 삶의 기본 그릇을 형성하는 중요한 요소라고 생각합니다. 교사는 학급 내 구성원이 모두 참여하여 함께 정한 약속을 유아 스스로 지켜나가는 것, 규칙을 계속 유지하는 것, 또는 기존의 규칙을 변경하는 것 등을 유아와 함께 이야기하며 수정하는 과정을 갖는 것이 더욱 효과적일 것 같습니다. 잘못을 탓하는 말투와 묵시적 지적보다는 긍정적 훈육을 통해 자신의 행동에 대해 책임지는 것을 배우고, 스스로 옳고 그름을 판단할 수 있도록 도울 수 있다고 생각합니다.

Q9 놀이와 활동은 어떻게 연결하면 좋을까요?

연진쌤　교사는 주제와 연결된 활동과 유아의 놀이를 지원하는 활동의 차이를 인식하고 유아 놀이의 전체 맥락에서 활동을 연결시키기 위해 고민해야 합니다. 교사가 놀이 지원을 위한 활동을 선택할 때 다음과 같은 질문을 스스로에게 던져보는 것도 도움이 됩니다. '나의 지원이 유아의 놀이를 발전시키는 데 도움이 되는가?', '놀이 과정에서 유아가 궁금해하는 것을 해결할 수 있는가?', '유아 개개인의 놀이를 공유하는 데 필요한가?', '유아의 호기심을 유발하고 새로운 놀이 도전에 자극을 주는가?'

학선쌤　유아의 놀이 맥락과 교육과정 운영의 필요 차원에서 활동을 전개하고자 결정했다면 이에 대한 세부적인 계획이 수립되어야 합니다. 전개 시기, 목적, 형태, 방법, 자료, 평가 방법 등을 계획하고 활동 전개를 위한 교사의 발문, 자료의 활용, 유아의 참여 방법을 세밀하게 구성하고 활동으로 운영해 유아에게 의미 있는 배움이 일어나도록 지원하시기 바랍니다. 덧붙여 유아가 활동도 놀이처럼 느낄 수 있도록 다양한 놀이 요소를 반영하면 좋을 듯합니다.

철옥쌤　2019 개정 누리과정에서는 일상생활과 활동에도 유아의 흥미와 관심을 반영하여 유아가 즐겁게 경험하며 배우도록 지원할 수 있다고 제시하고 있습니다. 현재 유아가 하고 있는 놀이에 부합하면서 유아의 흥미와 새로운 동기가 부여될 수 있도록 관련된 동화 듣기, 노래 부르기, 요리하기, 함께 자료 찾기 등을 제안하여 활동하는 것입니다. 또한 유아의 건강과 안전을 위해 필수적으로 요구되는 기본 생활 습관 지도나 안전교육 활동을 운영할 수 있습니다.

Q10 놀이를 하지 않는 유아에 대한 놀이 관찰 기록은 어떻게 해야 할까요?

연진쌤　유아마다 놀이 경험이 다르므로 놀이 자극이 주어졌을 때의 반응도 다양합니다. 놀이를 바로 시작하지 못하는 유아를 재촉하거나 이것저것 놀잇감을 제시하면서 관심을 끌려고 하기보다 유아가 지켜보는 대상, 상황, 놀잇감을 기록, 분석하면 유아의 행동을 쉽게 이해할 수 있습니다. 교사가 이해한 유아의 행동 패턴을 유아나 부모와 함께 이야기를 나누고 지원 방법을 찾아보세요.

학선쌤　기록의 필요성이 분명한 경우에는 관찰 초점을 사전에 메모해두는 것이 도움이 됩니다. 예를 들어 유아가 다른 유아의 놀이를 지켜만 볼 때 '단순히 친구가 하는 놀이가 재밌어서', '함께 놀고 싶은데 말을 할 수 없어서', '친구 놀이를 모방할 때 마음이 편해서', '오늘 놀이 컨디션이 좋지 않아서', '자신이 원하는 놀이 방식을 찾기 위해서' 등 더 많은 관찰 기준을 가지고 유아의 행동을 본다면 넓은 관점으로 무엇을 어떻게 지원할 수 있는지를 알게 될 것입니다. 몇몇의 유아는 새로운 놀이를 시작할 때 위와 같은 행동을 보이기도 합니다. 간혹 정서적으로 불안할 때도 같은 행동을 보이기도 하므로 이에 대한 관찰을 염두에 둘 필요가 있습니다. 상황에 따른 유아의 행위를 정확하게 알 때 유아 개개인에게 맞는 지원을 할 수 있지 않을까요?

철옥쌤　유아에게 나타나는 하나의 행동은 한 가지의 이유만으로 설명하기 어려울 때가 많습니다. 유아를 보다 잘 이해하기 위해서는 부모와 함께 고민하는 과정이 필요하겠지요? 다른 유아와의 역동적인 관계, 유아 개인의 기질과 성격적 특성, 사회적 기술의 차이 등 다양한 측면에서 관찰하고 파악하여 지원해야 할 것입니다. 그러기 위해서는 해당 유아에 대한 다양한 방식의 관찰과 평가가 이루어져야 할 것입니다.

Q11   어떻게 하면 놀이 자료를 적기에 지원할 수 있을까요?

혜심쌤   유아는 순간순간 규칙을 바꾸면서 놀이할 수 있는 유능한 존재들입니다. 원하는 놀이 자료가 없다면 그 상황에서 무엇으로 대체할 수 있는지 유아 스스로 창의적으로 탐구하고 문제를 해결합니다. 또한 유아는 놀이를 즉각적으로 변형할 수 있는 상상력을 발휘하기도 합니다. 이런 상황이 새로운 놀이로의 전환점이 될 수 있습니다.

선혜쌤   '2019 개정 누리과정'에서 놀이 자료는 자신의 감정과 생각 등을 자유롭게 표현하는 수단이자 세상에 대한 이해를 넓혀나가는 데 중요한 역할을 하는 매개물이라고 제시하고 있습니다. 교사는 유아의 자유로운 표현과 상상에 도움이 되도록 필요한 시기에 다양한 자료를 지원하는 것이 중요합니다.

자료를 기다리는 시간으로 인해 유아의 놀이가 제한되지 않도록 평상시에 다양한 자료를 넉넉히 구비하고, 유아들이 자유롭게 사용할 수 있도록 자료실을 개방하는 것도 하나의 방법이 될 수 있습니다. 또한 즉각적인 자료의 구입을 위해서 행정실과의 소통과 합의도 필요합니다.

윤정쌤   유아의 놀이가 활성화되고 확장되기 위해서는 적절한 시기에 놀이 자료를 지원할 필요가 있습니다. 놀이 상황에 필요한 자료이지만 구입하는 데 어려움이 있다면 놀이 자료를 속성에 따라 분류해보고 꼭 구입해야 하는 자료인지, 재활용품이라 가정과의 연계가 필요한 자료인지, 소모품인지, 재사용이 가능한지 등으로 분류하고 연간 예산 및 교육과정과 연계해 사전 구매 계획을 세우고 준비합니다.

Q12 유아들의 놀이 결과물은 어느 기간 동안 어떻게 전시하면 좋을까요?

정미쌤   놀이 결과물의 전시 기간을 정하는 것은 유아마다, 작품마다 다를 것이라고 생각합니다. 전시 기간과 장소를 교사가 임의로 정하기보다는 유아들에게 의미 있고 소중한 작품이므로 유아들과 토의하여 결정합니다. 그리고 토의 결과가 다른 유아들에게 불편함을 주는 것은 아닌지 다시 한번 생각해보도록 합니다. 이후 결정한 방식을 시행하면서 또 다른 문제가 발생할 경우 다시 토의하여 수정하는 과정을 경험하도록 합니다.

혜심쌤   놀이 결과물은 놀이의 과정이며 흔적입니다. 놀이가 진행되는 동안 놀이가 일어났던 장소에 그대로 두는 것이 가장 좋겠으나 방과후 과정과 교실을 공유하거나 다른 활동으로 인해 전시 공간으로의 활용이 어려운 경우 놀이 장면이나 결과물 등을 사진이나 동영상으로 찍어 제시하는 것도 좋은 방법일 것입니다. 놀이의 역사를 공유하면 유아들도 놀이의 흐름을 알고 맥락을 유지하여 놀이를 확장시켜 나갈 수 있습니다.

유선쌤   유아는 놀이에서 생성된 결과물을 전시, 유지하고 싶어하는데 방과후 과정으로 연계되거나 특별실 놀이의 경우 다음 친구들을 위해 어쩔 수 없이 정리해야 할 때는 너무 아쉬워합니다. 다양한 전시 공간 마련하기, 놀이 결과물을 사진으로 찍어 게시하기, 자신의 놀이 결과물이 다음 친구들에 의해 변형되거나 없어지는 경우가 있음을 인정하기, 방과후 과정과 교실을 함께 사용할 경우 공동의 작품으로 연결하여 함께 구성하는 방법 등, 놀이 결과물의 전시 방법에 대해 유아들과 함께 고민하는 과정으로 해결하면 좋을 듯합니다.

Q13 등원하는 유아와 원격수업을 하는 유아 간
놀이를 어떻게 연결해주면 좋을까요?

윤정쌤 평소 이런저런 이야기를 들려주던 유아도 비대면 상황에서는 아무 말도 안 하는 경우가 있습니다. 여러 명이 접속한 상황이라면 대답하는 유아가 없기도 합니다. 그래서 원격수업에서는 돌봄 참여 유아가 공동 DJ 혹은 출연자가 된 것처럼 교사의 옆자리에 앉아서 원격수업에 참여했습니다. 놀이쌤의 질문에 대답도 하고 자신이 만든 작품도 원격수업 중인 친구들에게 소개하며 즐거운 원격수업을 할 수 있었습니다.

학선쌤 돌봄으로 계속 등원하는 유아들은 선생님과 함께 놀이와 수업을 하고, 원격수업을 하는 유아들은 학부모가 활동 사진과 영상을 소통 앱에 올립니다. 담임선생님은 학부모가 올린 사진(영상물)에 댓글을 남깁니다. 댓글의 내용은 유아 활동의 의미 분석, 유치원에서 활동하는 모습과의 비교, 학부모의 활동 지원을 위한 팁입니다. 등원과 원격수업 유아 사이의 활동 공유는 학부모 입장을 고려해 시행하지 않았습니다.

철옥쌤 특별한 상황으로 인해 같은 반 친구가 동시에 모일 수 없는 상황을 공유하고, 함께 놀이는 못하지만 유아들 간의 소통을 연결하기 위해 유아가 자신의 놀이를 설명하는 것을 영상으로 녹화하기, 전개 과정을 사진으로 전시하기, 블록 작품을 계속 이어 만들기 등으로 놀이를 전개했습니다. 유아들의 놀이 영상을 녹화해 가정에 있는 유아들과 공유하거나, 놀이 꾸러미에 공유된 놀잇감을 담아 같은 놀잇감이지만 서로 다르게 전개되는 과정을 나누기도 했습니다.

원격수업은
어떻게 운영하고 있나요?

철옥쌤　유아·놀이 중심 교육에 대한 고민은 원격수업에서도 동일합니다. 놀이 꾸러미 내용 구성, 다양한 콘텐츠 활용, 실시간 쌍방향 만남 등에서 유아가 주도성을 갖고 놀이 주체가 되도록 하는 것에 대한 고민입니다. 등원 수업 주제를 원격수업과 이어가기, 가정에서의 활동을 유치원에서 이어가기, 실시간 영상으로 소통하기 등을 유치원 환경에 따라 적절히 활용하고 있습니다. 무엇보다 중요한 것은 비대면 상황에서도 유아와 유아, 유아와 교사, 교사와 학부모의 소통은 계속돼야 한다는 것입니다.

정미쌤　처음 접하는 원격수업은 모두에게 긴장감과 어려움을 준 것 같습니다. 그럼에도 유치원의 여건과 교사 개인의 관심에 따라 다채로운 원격수업이 진행되었죠. 이때 가장 큰 고민의 지점은 가정과 유치원의 연계, 유아들 간의 놀이 연계, 온라인과 직접 체험의 연계를 어떻게 할 것인가였습니다.

　이러한 고민을 충족하기 위해서 실시간 원격으로 놀이 과정과 결과 소개하기, 놀이 재료를 유아가 선택하기, 여러 교사가 협력하여 만든 동화와 노래 영상을 유튜브로 공유하기 등 기존과는 다른 교수 방법을 적용하였습니다. 이러한 과정은 유아뿐 아니라 학부모와도 더 긴밀한 소통의 기회가 된 것 같습니다.

윤정쌤　30분간의 원격수업을 위해 철저한 계획이 필요했습니다. 유아가 수업에 참여하는 방식이기는 하나 이를 위한 준비는 학부모의 몫이지요 웹과 앱상에서의 원격수업 방식에 대한 학부모 이해와 참여 정도에 따라 원격수업의 질과 방향이 달라짐에 따라 학부모의 사전교육은 중요합니다.

Q15 놀이 후 사후 놀이 이야기는
어떤 내용으로, 언제 공유하면 좋을까요?

철옥쌤 '놀이 이야기'는 학부모가 놀이에 관심을 갖고 함께 지원할 수 있도록 '소통의 의미'를 담고 있으므로 '의미 있는 놀이 흔적'을 사진이나 글로 제시하면 좋을 듯합니다. 놀이에서의 경험이나 배움을 덧붙이면 놀이의 가치를 이해하는 데 도움이 됩니다. 우리 유치원은 주로 놀이 완료 시점에 놀이 이야기를 공유하지만 놀이 중간중간에도 그 과정을 공유합니다. 공유할수록 가정과의 협력이 더 잘 이루어짐을 경험했기 때문입니다. 놀이 이야기는 교사와 부모가 함께 유아를 지원하는 공유 방법이자 연결고리이면 좋겠습니다.

정미쌤 현재 우리 유치원은 놀이 이야기를 2주에 한 번씩 공유하고 있습니다. 이야기 선별 과정에서 교사는 다수가 흥미롭게 참여한 놀이, 가정 연계가 효과적인 놀이, 개인의 의미 있는 놀이 등 비중을 어떻게 두어야 하는지 어떤 방법으로 기록화하여 전해야 할지 고민이 많습니다. 주로 소개되는 내용은 놀이 장면이 담긴 사진, 유아의 이야기, 교사의 지원, 놀이와 배움, 다음 단계의 놀이에 대한 기대감 등입니다.

윤정쌤 놀이 이야기는 놀이가 시작된 배경, 유아의 의미 있는 대화, 누리과정과 연계한 배움과 성장 등을 중심으로 기록하여 가정과 공유합니다. 무엇보다 중요한 것은 '사후안 작성의 본질'입니다. 학급의 모든 유아들의 활동을 사진으로 담아 전달하는 수고보다는, 학부모가 사후안을 통해 놀이의 특징과 놀이를 전개하는 유아 개개인의 서로 다른 특성을 이해하고, 놀이 가치의 중요성을 깨달으며, 적극적으로 지지할 수 있도록 하는 것이 우선되어야 합니다. 이를 위해 사후안의 형식도 그 내용에 따라 유연하게 바뀌는 것이 좋겠습니다.

참고 문헌

교육부, 『2019 개정누리과정 고시문』, 2019.

교육부, 『2019 개정누리과정 해설서』, 2019.

교육부, 『2019 개정누리과정 놀이이해자료』, 2019.

교육부, 『2019 개정누리과정 놀이실행자료』, 2019.

신은수 · 김명순 · 신동주 · 이종희 · 최석란, 『놀이와 유아』, 이화여자대학교출판부, 2004.

게랄트 휘터, 『존엄하게 산다는 것』, 인플루엔셜, 2019.

피터 그레이, 『언스쿨링』, 박영스토리, 2015.

정재승, 『열 두 발자국』, 2018.

김태형, 『실컷 논 아이가 행복한 어른이 된다』, 2019.

교육부, 『유아를 위한 원격교육 프로그램』, 2020.

교육부, 『유아 원격교육을 위한 부모 지원자료』, 2020.